Rafael Delgado

Los parientes ricos

Los parientes ricos
© Rafael Delgado

 **Lectorum**

D. R. © Editorial Lectorum, S. A. de C. V., 2016
Batalla de Casa Blanca, Manzana 147 A, Lote 1621
Col. Leyes de Reforma, 3a. Sección
C. P. 09310, México D. F.
Tel. 5581 3202
www.lectorum.com.mx
ventas@lectorum.com.mx

Primera edición: abril de 2016

ISBN: 978-1539594642

D. R. © Portada: Carlos Varela

I

—Pues bien, esperaremos... —dijo el clérigo, en tono decisivo, dirigiéndose resueltamente a la sala, seguido de don Cosme.

Uno y otro entraron en el saloncito, y después de dejar en una silla próxima a la puerta capas y sombreros, se instalaron cómodamente en el estrado.

La criada, una muchacha de buen hablar, limpia, fresca y sonrosada, un sí es no es modosita, saludó con ademan modesto y cortés, y se volvió al jardincito enflorecido con las mil rosas de una primavera fecunda y siempre pródiga.

—Dejemos en paz a los señores —díjose Filomena— que, a juzgar por su llaneza, serán acaso, amigos, si no es que parientes, de los amos.

El clérigo y su compañero, repantigados en las mecedoras, no decían palabra, y se entretenían silenciosamente en examinar el recinto.

—¡Calor insufrible! —dijo el canónigo, secándose la frente y el cuello con amplio pañuelo de hierbas.

—¡Calor! —repitió— como no había vuelto a sentir desde que salí de Tixtla hace mas de veinte anos!

—¡No sé —exclamó su amojamado interlocutor— cómo pueden vivir las gentes en esta ciudad, donde cuando no llueve agua, llueve fuego!...

—¡No se queje usted, amigo don Cosme! Temperatura mas cálida tendrán a estas horas nuestros amigos. Hoy habrán llegado a Veracruz, y si hoy no desembarcan mañana saltarán a tierra; recibirán el mensaje que pusimos esta mañana, hablarán con el cura, a quien el señor arzobispo los ha recomendado, y al día siguiente los tendremos aquí. Los muchachos querrán llegar a México horas después, pero mi compadre los obligará a detenerse aquí unos tres o cuatro días. Diré la misa de réquiem en la capilla; comeremos acá con doña Dolores, con las niñas y con los muchachos: visitaremos con mi compadre a una media docena de viejos amigos, y enseguidita, al tren!... Ocho horas de ferrocarril, y cátese usted, señor don Cosme, en su casa, y en nuestra diaria partida de tresillo.

—¡Dios lo haga, señor doctor! —contestó don Cosme- ¡Dios lo haga! Ya no estoy en edad para estos viajes y para estos ajetreos... Desde año 56 no había yo vuelto a salir de la capital... Y tenga usted por cierto que de allí no volveré a salir, como no sea para ir al sepulcro, cuando me duerma yo en el Señor y, como lo tengo pedido, y me lo tiene prometido Antonio Pedraza, me lleven a su hacienda de los Chopos para darme cristiano enterramiento.

—El hombre pone... y Dios dispone, don Cosme Dice la Sagrada Escritura...

—Y... dígame usted —interrumpió Linares, variando de tema, fijos los vivarachos ojuelos en un retrato al oleo, obra de excelente artista y colocado arriba del sofá— ¿es cierto que esta familia se encuentra en situación precaria, a causa de no sé qué litigio ganado hace poco por un extranjero, y a causa también de viejos y amargos rencores de familia? Parece, me han dicho, que la catástrofe vino a raíz de la muerte de don Ramón, y durante la ausencia larguísima de don Juan.

—Es verdad, amigo Linares, es verdad; como es cierto que estas gentes no han querido acudir a mi compadre en demanda de auxilio y de segura salvación.

—Por descontado que don Juan...

—Sin duda; pero Lolita no echa en olvido ciertos disgustillos que por cuestiones e ideas políticas, separaron a su marido y a su cuñado. Ramón era testarudo como un aragonés; Juan no desmiente su abolengo vizcaíno... Pero mi compadre (usted le conoce) ha estado, y está dispuesto a proteger y otorgar favor y ayuda a sus parientes. Así me lo escribió desde Lourdes, ha menos de seis meses, y a eso viene, y por eso no fue a Sevilla a pasar la Semana Santa, y por eso, y con el objeto de allanar cualesquiera dificultades que se presenten, he venido yo por encargo de nuestro amigo; que para recibirle y verle diez o veinte horas antes de su llegada a México no era necesario el viaje que hemos hecho, corriendo mil peligros en el tren, ni pasar por esos cerros de Maltrata y por esos puentes alzados hasta las nubes, ni faltar al Coro, ni tener que confiar a un compañero los sermones del Mes de María que he debido predicar ayer y hoy y el que debo predicar mañana en la Profesa, en San Bernardo y en Jesús María.

—¡Sea para bien!

—Lolita es persona de carácter (ya la conocerá usted), es mujer expedita y de talento, y no me será fácil convencerla ...

—¡Con la elocuencia de usted, señor doctor...!

—No habrá elocuencias que valgan! No me será fácil convencerla de que debe, por ella y por sus hijos, solicitar de mi compadre que esta muy rico, como quien dice nadando en oro...

—¡Sí, señor doctor, podrido en pesos!

—...que debe apelar a su cuñado, que es generoso, y hasta manirroto, sí, manirroto, en demanda de ayuda... ya sabe usted que Juan no se tienta el corazón para gastar el

4

dinero... Díganlo si no las obras de caridad que sostiene; el auxilio que desde hace más de veinte o treinta años (y me quedo corto) viene prestando a las iglesias pobres; dígalo si no el Seminario ese, levantado por él desde los cimientos...

—¡Don Juan, señor doctor —exclamó, incorporándose de su asiento el de Linares—, don Juan es un modelo de buenos cristianos! ¡Mil veces lo he dicho! ¡Mil veces! No por él se diría aquello de que para los opulentos suele estar cerrada la puerta del cielo.

El canónigo inclinó la cabeza en señal de asentimiento, se arregló el solideo, se compuso solemnemente el alzacuello con el índice y el medio de la diestra, y prosiguió:

—¡Al fin persona de buena cuna! Hombre de sólidos principios y de sanas ideas...

E interrumpiéndose un instante, y como atento a ruidos y voces que llegaban del corredor, dijo:

—Me parece que esas gentes llegaron ya. Oíanse en el zaguán voces femeniles...

El canónigo y su compañero guardaron silencio. El clérigo se mecía dulcemente en su sillón; don Cosme se preparaba a encender un purillo recortado, cuya aspereza y cuya palidez denunciaban la mala clase del artículo y lo burdo de la hechura. El viejo inclinado hacia el lado derecho, en busca de la luz que entraba por la ventana, revolvía el cigarro entre los sarmentosos dedos, sin dar con la espira que indicaba la torcedura de la hoja, sin acertar con la línea de la pecosa capa.

Dos lindas jóvenes, una alta y rubia, la otra baja y morena, sencilla y elegantemente vestidas, pasaron por el corredor hacia las habitaciones interiores. La segunda se apoyaba en el brazo de su compañera.

Tras ellas apareció doña Dolores, la cual entró en la sala.

II

—¡Muy bien! ¡Lindísimo! ¡Ni un aviso con algún amigo, ni cuatro letritas por el correo, ni un telegrama! ¡Muy bien, señor Fernández!

Eso decía la dama, dirigiéndose hacia el estrado, a tiempo que el clérigo se adelantaba tendiendo los brazos para abrazarla —en ademan litúrgico— a la manera como el preste abraza al diácono en las misas cantadas.

—¡Dolores! ¡Dolores! —repetía el canónigo—. Siempre tan famosa y tan bien conservada! ¡Por usted no pasan los años!

La señora ahogó un suspiro.

—Pero vamos: —dijo el eclesiástico, presentando a su compañero—. Amigo don Cosme: la señora de Collantes. El señor don Cosme Linares excelente caballero, el fundador de la hermandad de las "Rosas Guadalupanas", viejo amigo de Juan, persona de excelentes prendas...

Y cambiadas las frases de cortesía, sentóse la dama en el sofá, y los visitantes volvieron a sus sillones.

La señora repitió sus quejas.

—¿Por qué no avisar? ¡Los habríamos hospedado acá con tanto gusto!... La casa es chica, pero no tanto que ustedes hubieran estado mal instalados. Además: habríamos ido a recibirlos a la estación. ¡Vaya, señor doctor! ¿Ya no somos amigos? Si Ramón viviera no quedaría contento de usted... Pero... ¡Si no le perdono a usted esta manera de venir! Yo... ¡Siempre preguntando por usted; siempre informándome de su salud, y de todo!... Y, a propósito, a propósito: mis felicitaciones, sí, mis felicitaciones por la canonjía. Leímos la noticia en *La voz de México* y nos dio mucho gusto, y dije a las muchachas (ya vera usted, no tardarán en venir) que era preciso mandar a usted nuestros parabienes... Margarita era la encargada de escribir, porque con los muchachos no se cuenta, y Elena la pobre Elena, ¿sabe usted la desgracia?

El canónigo hizo un ademan afirmativo.

—Pero con tantas penas, con tantas amarguras, ¡Ya sabrá usted! y luego la mudanza... Mudar una casa en la cual nada se había movido durante tantos años, más de ochenta, según me contaba Ramón; luego, el instalarse aquí; después, la enfermedad de Ramoncito, que el pobrecillo se vio a la muerte...Y así fue pasando el tiempo no llegó el día en que Margarita escribiera. Pero usted perdonará. ¡Bien sabe cómo le queremos!

—Sí, Dolores —respondió el canónigo—, mucho les agradezco su cariño y sus recuerdos. El P. López, a quien vemos por allá frecuentemente, me ha llevado las memorias y saludos de ustedes. No bien llega, y le digo: ¿qué dice Pluviosilla? Me habla de ustedes y de todos los amigos. Por él he sabido los cuidados y las amarguras de usted. De todo ello trataremos con la calma debida.

Y variando de conversación prosiguió:

—Pero... cómo he sentido el calor. Sólo en Guerrero le he sentido igual... Y sabe usted que tienen una bonita casa...

—Muy chica... —replicó la señora.

—Ya lo veo; pero un lindo jardín. Ya me fijé en él. Muchas flores ¿eh?

—Es el tiempo de ellas. Ahora hay pocas... Las muchachas, en este mes, cortan todas para mandarlas a Santa Marta.

—Bien hecho: ¡que engalanen los altares de la Madre de Dios!

—Si ustedes gustan iremos al patio... para que vean cuanto tenemos, antes que obscurezca. Probablemente al señor Linares le gustarán las flores.

—¡Sí, señora! —murmuró don Cosme con la frialdad de un sordo a quien le alaban una pieza de música.

—Pues vamos, Dolores... Vamos a ver ese jardín famoso...

—¿Tomarán ustedes chocolate? Mientras lo hacen veremos las flores... Tenemos ahora magníficas rosas.

—¿Habrá dalias?

—En la otra casa llegamos a reunir una magnífica colección. Aquí se nos han perdido muchas. Pero no son flores de estos meses. Ya en julio principian...

Y todos se levantaron. En ese momento llegaban las señoritas.

Una, la morena, de gran belleza, y en quien la juventud hacía alarde de todos sus dones y de su exuberante opulencia, era conducida por su hermana, ciega desde antes de cumplir quince años, a consecuencia de no sabemos qué enfermedad que la ciencia no supo vencer en la niña, pero sin lograr que la luz volviera a las pupilas de ésta, inclinaba la frente al andar, y se encorvaba un poco, habituada a ir y venir en el interior de la casa, siempre a tientas y siempre apoyándose en las paredes o en los muebles. Brillaba en aquellos ojos fulgor mortecino, pero eran grandes, rasgados, límpidos; negras las pupilas; los párpados vivos y orlados de largas y levantadas pestañas.

En su hermana, en la gentil Margarita, había la soberbia altivez de una estatua griega. Pálida, con palideces de lirio, de púrpura los labios, de flor de lino las pupilas, había en ella cierta suprema majestad de princesa. Parecía una piadosa Antígona que guiara no a un Edipo desventurado, sino a la más bella de las jóvenes tebanas cegada por la implacable crueldad de los dioses. En la rubia toda la dulce y regocijada hermosura de la azucena; en la morena la belleza ardiente de una centifolia abierta por el rocío, al despuntar los albores de una mañana de mayo.

—¡Qué hermosas! —pensaba don Cosme.

—¡Qué lindas y que grandes! —repetía el clérigo— ¡Con razón nos hemos hecho viejos! ¡Quién las vio, como tú, de chiquillas, picarillas y traviesas!

—¡Margarita: chocolate para los señores!

Elena sonreía al oír las frases joviales del canónigo que hacían contraste con la sequedad y reserva de don Cosme.

Todos se dirigieron hacia el patio. Elena apoyada en el brazo de doña Dolores; el clérigo al lado de ésta; don Cosme en el opuesto, junto a la ceguezuela.

¡Cuán esplendido se ocultaba el sol tras la colina de la Sauceda! ¡¡Qué limpio y azul el cielo de Pluviosilla! ¡Qué ardiente el celaje! ¡Qué nubes aquellas que parecían inmóviles sobre la cima dorada del Citlaltépetl!

III

—¡Qué grato frescor el de este patio! —dijo el sacerdote.

—¡Como que Filomena acaba de regarle! —respondió la dama— ¡Y vaya si le ha regado bien! Vea usted... ha inundado algunas callejas... Pero no teman ustedes la humedad.

La señora y la señorita se detuvieron; el clérigo y su amigo se adelantaron hacia el centro del patio.

Ardía el poniente. Sobre la hermosa colina que limita y da sombra a la Sauceda, el mejor paseo de la ciudad, declinaba el sol en una espléndida gloria de púrpura; se hundía como en un piélago de doble múrice, cuyo oleaje carminado se extendía impetuoso hacia las regiones del norte.

El canónigo contempló breve rato las magnificencias del flamígero crepúsculo, y llamando la atención de don Cosme hacia la suprema hermosura de aquella puesta de sol, díjole, haciendo un gesto:

—Mañana tendremos sur... ¡Buena música nos dará esta noche!

Sonrieron las señoras, que se habían detenido, y avanzaron hasta la fuente, en la cual parloteaba el chorro, y en cuyas aguas agitadas se revolvían asustados rojos y dorados ciprinos. La dama mostraba el simpático conjunto del jardincito. Elena mojaba sus dedos en el agua que había en el borde de la fuente.

—Esta azalea —decía doña Dolores, señalando una caja arborífera— era la favorita de Ramón. Los jardineros llamaban a esta planta "Perla de Alemania". No es rara; pero aquí, en Pluviosilla, florece ricamente, durante el invierno. Es un encanto verla. Se cubre de flores níveas... Cada corola luce en el fondo suaves tintas verdes...

Y suspirando agregó:

—Cuando murió el pobre Ramón, la planta estaba enflorecida, como si se hubiera adornado para despedirse de su dueño, y las niñas cortaron todas las flores, todas, e hicieron una corona...

Humedeciéronse los ojos de la dama. El clérigo se apresuró a interrumpirla:

—¿Y cuál es el nombre de esas hojas tan frescas y tan lindas, listadas de morado y también moradas por el revés?...

En aquel instante se acercó Margarita:

—¿Esas? ¡Ah! Son "calateas". Es una soberbia planta de sombra. Es el mejor adorno de nuestras casas; pero es delicadísima: el frío la mata; los rayos del sol la queman. Vean ustedes mis flores preferidas. Para papá las azaleas; para mamá las dalias. Elena no gusta más que de las violetas; a mí me encantan las rosas... Ahora hay pocas. En este mes, todas las mañanas, cortamos las flores abiertas en la noche y las mandamos a Santa Marta. Vea usted, señor doctor.

La blonda doncella, seguida del canónigo y de don Cosme, fue deteniéndose frente a cada rosal.

Habíalos de mil especies; a cual más bellos; desde los rastreros que se tienden como alcatifas en la tierra, hasta los más altivos y osados que trepan a las tapias, queriendo escaparse por los techos. La rosa centifolia lucía su falda sérica, pródiga de su aroma deleitable y místico; la blanca alardeaba de su opacidad butírica, y se desmayaba rendida al peso de sus ramilletes; la "reina", fina, aristocrática, sedienta de luz, ofrecía sus póculos incomparables; la "dorada" entreabría sus capullos pujantes y lucía sus cráteras olímpicas; la "Napoleón" vívida y sangrienta era la nota ardiente de aquella sinfonía primaveral; la "té", menuda y grácil, vibraba en haces sus botoncillos delicados; la musgosa rasgaba su envoltura de felpa glauca, como ansiosa de desplegar su nítida veste; la "Malmaisón", sensual, voluptuosa, languidecía de amor; la "Concha", risueña y amable, extendía sobre la fuente sus ramos floribundos; la "duquesita" se empinaba para que vieran su ingenua elegancia, y la "triunfo de México", láctea aquí, con bordes carminados allá, flamante al morir, soltaba sus pétalos, orgullosa de sus miríficas, arcanas apariencias. En un ángulo, arrimada al muro, protegida de las madreselvas embriagantes y de los jazmines de España, crecía la singular "jalapeñita", muy modesta con su túnica de gasa. Cerca, cubriendo la tapia, alargaba sus tallos flexibles la trepadora mácula, y la fémina entrelazaba sus guías punzantes con las de su compañera jalde, y se deshacía en lluvia de hojuelas inodoras y mustias sobre el follaje obscuro de la rosamosqueta, riza y albeante.

Don Cosme se mostró cortés, siguiendo a la joven, pero insensible a tales bellezas. No así el canónigo, que parecía embelesado en la conversación de Margarita y con las pompas del jardín.

El chocolate estaba servido. Así lo anunció Filomena, y en tanto que la rubia doncella cortaba rosas y hacía dos ramilletes para obsequiar con ellos a las visitas, en el corredor y cerca de la puerta de la sala, el doctor y su amigo gustaron del excelente refrigerio: del soconusco aromático, de los bollos incitantes y de los panecillos mantecados y suaves, todo servido en fina porcelana antigua, puestos los pocillos en virreinales mancerinas de plata.

—¡Qué lujos los tuyos! —exclamó el canónigo, metiendo en la jícara un bizcochuelo—. ¡Mira qué ricos chirimbolos!

—¡De los que ya son raros! —añadió don Cosme.

—¿A esto le llama usted lujo, señor doctor?

—Sí, Dolores; lujo es éste, y lujo del bueno, del antiguo y serio; de aquél de nuestros abuelos que no se pagaban de oropeles y trampantojos. ¡Ya de esto no hay! ¡Ya es raro ver una mancerina! Pero, en cambio, ¡qué de cacharros vistosos sin valor ni merito!

El clérigo se deleitaba contemplando el rico plato, limpio y brillante.

—Las mancerinas esas eran de los abuelos, o de los bisabuelos de Ramón, ¡qué sé yo! Han pasado de padres a hijos... y créame usted, señor doctor, créame usted, las conservamos como un tesoro. Rara vez salen, como no sea en casos y circunstancias como éstas... Se trataba de usted, y del señor...

Don Cosme sonrió y dio las gracias con un ademán.

El señor Fernández prorrumpió:

—¡Mucho te lo agradezco, Dolores! Ya verás, o verá usted, que no nos portamos mal, y que hacemos a tu chocolate los honores debidos...

—¿Y por qué —repuso la dama—, por qué a veces me tutea usted y en otras me da tan respetuoso tratamiento? ¡Bien! ¡No escribir, no avisar de la llegada, no poner ni un mensaje para que le esperásemos y ahora tratarme de usted, cuando siempre me tuteó!

—Tienes razón, hija, tienes razón. La falta de costumbre. ¿Desde cuándo no nos veíamos? Pues... ¡friolera! ¡Desde hace más de treinta años, desde que pasé por aquí con el señor Garza, desterrado como él... Cuando regresé vi a Ramón, sí, pero a ti no. Estabas con tu padre en una hacienda. Así me lo dijeron las Arteaga. Y dime: ¿viven todavía esas señoras?

—Sí, señor, viven; y muy fuertes y bien conservadas.

—Si tenemos tiempo, ya las veremos...

—No están aquí ahora. Están en Villaverde. Año a año pasan allí una temporada.

—Bien; pues me las saludaras cariñosamente. ¡Si supieras cuántos esfuerzos hice para que su hermano volviera al buen camino! Pero todo fue inútil. ¡Dios haya tenido piedad de su alma!

Apuraba don Cosme el vaso de agua limpidísima, cuando Margarita llegó con sus ramilletes.

Dio a cada cual el suyo, y enseguida, mientras jugaba con una rosa pálida, apoyóse en el respaldo del mecedor ocupado por Elena. Acarició la dulcemente como a una chiquitina mimosa, y terminó por colocar entre los negros cabellos de la ceguezuela la hermosa y gallarda flor.

—Volvamos a tus mancerinas. Dolores —dijo solemnemente el canónigo— consérvalas cuidadosamente; ¡mira que ya de eso no hay, y que son precioso recuerdo de familia!

—¡Bien que las cuido, señor doctor! —Y añadió entristecida: —Por cierto que en la enfermedad de Ramoncito estuve a punto de venderlas... Pero las niñas se opusieron a ello.

—Sí —exclamó Margarita—, yo dije que no; ¡que antes se vendieran otras cosas!

—Yo tampoco quise... —murmuró plácidamente Elena— Y tengan ustedes en cuenta que yo... ya no las veo, pero les tengo cariño. Me conformo con tocarlas. Yo las guardo, y yo las cuido.

Llamaban a la puerta. Acudió Filomena; un criado del hotel venía en busca del señor Fernández, para quien traía un mensaje.

—Con permiso de ustedes... —dijo el clérigo, rompió la envoltura, y leyó en alta voz: "Viaje feliz. Prevenga familia. Mañana nos veremos. Iremos coche especial, en ordinario. Juan". Y agregó con acento afable y franco: —Ya lo saben ustedes.

La dama hizo un gesto de contrariedad; Margarita permaneció impasible; Elena sonrió, y se apresuró a decir:

—Mamá: tú y Margarita irán a recibir a mi tío. Saludarán a todos de parte mía...

—¡Y tu también, chiquilla, tú también! —replicó el canónigo.

—No; me es penoso ir a sitios de gran concurrencia... usted comprenderá...

—Sí, tienes razón criatura; pero irás al hotel, a visitar a tus tíos y a tus primos. Así lo desean.

—Pero... —dijo doña Dolores.

—Mujer: ¡no hay pero que valga! Es necesario olvidar los viejos disgustos... Ya hablaremos tú y yo, largamente, como lo requiere el caso. ¡A qué temores! ¡A qué, siendo tan buena como eres, ese rencorcillo pertinaz! ¡Ea! ¡Como siempre!

—Vea usted, señor doctor —replicó la señora—, si no han anunciado su venida; si en tantos años, jamás, ni a Ramón ni a mí nos escribieron; si cuando enviudé no se dignaron darnos el pésame, si...

—¡Eh, señor don Cosme! ¡Con el tenteempié despachado no le faltarán las fuerzas!...Váyase a ver al P. López, y vuelvan los dos por mí. En Santa Marta nos espera; no pierda usted el tiempo, y de pasadita visite a otros amigos: a Castro Pérez que aquí reside actualmente; a los hijos de su primo de usted, don Cosme II, como le dice mi tocayo... Yo me quedo a departir con Lolita. Tenemos que arreglar importantes negocios.

—Lamento, señor, que no este aquí alguno de los muchachos para que le acompañara. ¿Conoce usted bien la ciudad?

—Sí —contestó don Cosme—, en los treinta años que falto aquí no estará Pluviosilla tan mudada que en ella se extravíe quien en ella pasó la juventud. ¡Felices tiempos aquéllos, mi señora! ¡No me despido, y hasta luego...! ¡Volveré por usted, señor doctor! De paso visitaré al Santísimo, y rezaré el rosario.

Y se fue. La blonda doncella le acompañó hasta la puerta, después de darle graciosamente la capa y el sombrero.

IV

—Sí, Lola: ya es tiempo de olvidar lo que fue causa de tantos disgustos. ¿Cuál fue el origen de ellos? La maldita y aborrecible política. Mi tocayo conservador, liberal tu marido... ¡qué había de suceder! Después vino lo de la casa aquella.

—Mi marido la salvó. El denunció el capital. Juan se oponía a ello, y si Ramón no lo hubiera hecho, ¡qué habría sucedido! No sólo él, otros muchos como él, y de los que militaban en el partido conservador, hicieron lo mismo, y ninguna persona sensata lo tuvo a mal... Mi esposo quería salvar lo suyo. No denunció un sólo capital impuesto en finca ajena. Denunció ése, quince mil pesos, y debe usted saber que después, cuando fue posible, arregló el asunto con la Mitra de Puebla. De ese capital no tomó Ramón ¡ni un peso! Créalo usted: ¡así fue!

—¡Lo sé, lo sé todo, hija mía! En aquellos tiempos los ánimos estaban exaltadísimos, mucho, mucho, y Juan era intransigente. Él perdió más de ochenta mil duros. Después, ya lo sabes, Dios le ha bendecido. Está muy rico. ¡Cuando Dios dice a dar no para...!

—¡Sí!, lo sé! Pero, con toda franqueza, padre mío, ¿era eso motivo fundado para que Juan riñera con Ramón? y para que dijera, porque lo dijo, sí que lo dijo, lo sé de buena tinta, cuando empezaron para Ramón las dificultades, a poco de la quiebra de los Durand, ¡que mi esposo se merecía eso y mucho más: que debía ver en los quebrantos de su fortuna un castigo de Dios! Esto le dolió mucho a Ramón, y tanto que sólo yo sé los días y las noches tan amargas que pasamos. Mi esposo todo lo perdonó; ¡pero jamás consiguió olvidarlo!

—Como tú no lo conseguirás, hija mía. Y, ¿sabes por qué? ¿Sabes por qué? ¡Porque no quieres echarlo en olvido!

—¡Me duele aún el corazón, señor doctor! ¡El hermano más querido! Llegó el asunto a tal grado que no sólo ellos no se veían, ni se hablaban, sino que Juan prohibió a los muchachos y a Carmen que nos visitaran. Venían a Pluviosilla y no ponían un pie en esta casa. Nosotros nos vimos obligados a seguir su ejemplo, y fuimos a México, cuando Elena se enfermó, fuimos para consultar con el doctor Carmona y tampoco pusimos los pies en la casa de ellos. Una vez, en el teatro (me acuerdo bien de que en esa noche, cantaba Ángela Peralta *la Sonámbula*, ocupamos una platea cerca de la que ellos tenían. Nosotros no esperábamos tener en la ópera tales vecinos... A la mitad del primer acto entraron ellos. Nos vieron, y no saludaron. Nosotros hicimos lo mismo. De buena gana me habría yo ido con mis hijos, pero Ramón me dijo que no, y sufrí resignada aquel martirio. ¿Quiere usted, señor doctor que ahora, después de todo lo que pasó, me presente yo a recibir a mi cuñado?... No me parece decoroso el hacerlo... ¿Lo haría usted en lugar mío?

—Sí; porque, siguiendo el ejemplo de Jesucristo, perdonaría a quienes me han hecho mal.

—¡Sí yo he perdonado!...

—Sí, pero no olvidas. Mira, Lola, humíllate; humíllate, hija mía, en bien de tus hijos. Mi tocayo está dispuesto a favorecerte, a auxiliar a ustedes; a prestarte ayuda, y ayuda eficaz, para que la situación de ustedes varíe desde luego, y para que puedas atender a la educación de tus hijos. Puedes estar segura de ello: no tendrás mucho que hablar. Apenas digas a mi compadre media palabra, te concederá cuanto le pidas. ¡Cuanto le pidas!

—Tal vez; pero yo no pediré nada. Señor, si pienso que eso parecería como pedir limosna.

Doña Dolores decía esto acongojada, casi sollozante.

—Pero hija mía —prosiguió el canónigo— ¿en qué piensas? ¿Te has detenido, diez minutos si quiera, a meditar en las tristes consecuencias de ese empeño tuyo en vivir alejada de tus parientes? Porque, digas lo que digas, mujer, parientes tuyos son. Tú harás por lo que a ti te toca, cuanto quieras, sí, cuanto quieras, hasta perecer de miseria y de hambre; hasta verte obligada a pedir limosna; hasta morir en la cama asquerosa de un hospital. Y supongo que los hospitales de Pluviosilla no han de ser modelo de limpieza y aseo... Sí, Lola, sí, tú estás en tu derecho para hacer lo que quieras... Pero, dime, mujer, dime: ¿y tus hijos? ¿y esas niñas? ¿y esa infeliz cieguecita? Dios te tomará, un día, cuenta estrecha de esta tenacidad suya, de ese orgullo, que puede ser causa de muy graves desgracias. ¿Sabes tú cuáles son los designios de la Providencia? Hoy el cielo te depara en tu hermano político un protector, un benefactor, que con la mayor nobleza, con caritativo celo, desea favorecerte, y favorecer a tus hijos... ¿Vas a cerrar la puerta al bien de Dios? ¿Vas a contestar con silencio de rencor, con odio de enemigo implacable, a la delicada bondad de tu hermano? No; no harás tal desatino hija mía, porque yo, el viejo amigo de tu esposo (a quien Dios tenga en gloria) no lo he de permitir. Dime que cedes; dime que aceptarás el favor de Juan; dime que mañana, dando al olvido ese rencorcillo...

—Si no es rencor...

—¡Pues qué es? ¿Qué nombre merece, señora mía, ese afán de no olvidar viejos disgustos? ¿Cómo deberá ser llamado? ¡Dímelo por Dios! Eres buena cristiana... lo sé, lo sabemos todos... Apelo a tu conciencia.

—Bien. Haré lo que usted desea, siempre que en ello no haya para mí ni para mis pobres hijos humillación alguna... Pero... no me obligue usted a ir a recibir a Juan y a su familia...

—¡Irás, mujer, irás!, ¡o hacer bien las cosas, o no hacerlas!

—¡No; eso sí no!

Esta respuesta, enérgicamente expresada, salió de labios de la señora como en un sollozo. El canónigo dulcificó su lenguaje.

—Mira, criatura mía: Juan recomienda en su mensaje que te prevenga yo de su llegada... Sería penoso para mí, y para él, que al saltar Juan del tren no encuentre tus brazos extendidos para recibirle.

—Padre mío... ¡Qué dirá la gente! ¡Qué dirá Pluviosilla, informada como ha estado, y como estará, de todo lo pasado!

—No te importe a ti lo que diga el mundo. ¡Bueno es el mundo para decir, cuando siempre dice cosas malas!

—Pero, señor...

—¡Nada de peros!, piensa en tus deberes de madre.

—Padre; pienso y creo...

—Oigamos, ¿qué piensas y qué crees?

—Que usted es el autor de todo esto; que usted, amigo de Ramón, y amigo que nos quiere y estima, compadecido de nosotros, de nuestras penas, ha venido preparando sabedor de nuestras desgracias y condolido esta entrevista, de la cual espera usted obtener para nosotros el favor y el auxilio de mi cuñado...

—¡Mucho te engañas, alma de Dios! ¡Mucho te engañas! Yo deseo para ustedes todo bien, y mucho me agradaría hacer o haber hecho cuanto has pensado de mi antigua y sincera amistad; pero, puedes estar segura de ello, no tienes en esto nada que agradecerme. Juan desea verte... ya me oíste leer el mensaje y ya sabes lo que dice en él...

—¡Bien, padre mío! Lo que usted guste; lo que usted quiera... Iré con mis hijos y con Margarita... pero a condición de que ellos vendrán a esta casa. Lamento no poder recibirlos en ella como en mejores tiempos.

—Vendrán, hija mía, vendrán... Pasado mañana diré en Santa Marta una misa de difuntos, así me lo ha encargado mi tocayo, por el descanso eterno de sus padres, y por el reposo santo de tu marido. Esa misa será, a la vez, como una misa de perdón. ¡Ea! ¡Olvidar... perdonar, y que Dios bendiga a todos por los siglos de los siglos!

Obscurecía... La campana de la parroquia dio el toque de oración. Levantóse el clérigo, levantóse la señora y rezaron devotamente.

—¡Santas y buenas noches, Lolita!

—¡Buenas noches!

Entonces entró Filomena y puso en el velador central una lámpara encendida.

—Te ruego —dijo el doctor— que mañana no falten tus hijos... Bien harías en recomendarles que hoy mismo me busquen en el hotel. Los espero a las nueve. Ya sabes: en el hotel de Diligencias.

14

V

Después de la cena, el canónigo y su amigo tomaban fresco y departían sabrosamente en el balcón del hotel.

Desde allí se domina la parte meridional de Pluviosilla: tres barrios que en días serenos y límpidos ofrecen al espectador magnífico panorama.

Esa noche no había nubes en el cielo, y el perfil de las montañas recortaba en graciosas ondulantes líneas la bóveda celeste. Centelleaban las estrellas con viveza y titilación singulares, y allá en el fondo, por sobre las cumbres de Xochiapan, palpitaba en cambiantes multicolores el más bello de los astros del polo meridional. Profunda calma señoreaba bosques y linfas, y la brisa perezosa y aletargada no traía en sus alas ni ruido de frondas ni rumores del inmediato río.

Extasiábase el clérigo ante las pompas de aquella noche tropical, y fijos los ojos en el firmamento, dejaba que su espíritu vagara y se perdiera en las inmensidades del cielo. De pronto, como si falto de fuerzas hubiese caído en tierra, exclamó con solemnidad beatífica:

—¡*Coeli enarrant gloriam Dei*!... Amigo mío —agregó—. ¡Y que haya hombres que sean osados a negar la existencia de Dios!

Y prosiguió en tono elocuente, como si hablara desde lo alto del púlpito en la soberbia catedral metropolitana:

—¿Quién tendió por los espacios esa cohorte de luceros? ¿Quién los distribuyó en ese piélago? ¿Quién los creó con peso y medida, y midió sus órbitas, les señaló invariable camino, regularizó su marcha, y encendió sus fuegos, y les dio brillos y colores?

Llamaron en la puerta de la habitación, llamaron al principio tímidamente y después con dos toques más fuertes, ¡tan, tan!

—¡Adentro! —dijo don Cosme— ¡Adentro!

Abrióse la puerta, y bajo el dintel aparecieron dos jóvenes.

—¡Adelante, caballeritos! —dijo el clérigo—, ¡sean ustedes bienvenidos!

Los jóvenes se acercaron, saludando cortésmente.

—Aquí tiene usted, Linares, a los hijos de Lola... —y volviéndose a éstos exclamó—:

—¿Quién es Ramoncillo? ¿Serás tú, que eres el menor! No podrías negarlo porque eres vivo retrato de mi amigo... ¡Ea! Sentaos, o venid al balcón a tomar fresco y a gozar de los encantos de ese cielo y de esas estrellas.

Pronto los cuatro tejían plática interminable.

Pablo trabajaba en el escritorio de una fabrica cercana, donde ganaba poco, pero de donde esperaba salir apto para mejor y lucrativo empleo; Ramón estaba estudiando: iba en el segundo curse de estudios preparatorios, tenia amor a las letras, y pudo fácilmente traducir no se qué latines clásicos, dichos por el clérigo. Don Cosme habló con Pablo de los rápidos progresos de la ciudad, la cual, merced a su riqueza fluvial, había llegado a ser el primero de los centros fabriles de la República, "la Manchester de México", como los hijos de Pluviosilla no se cansan de repetir. Don Cosme cuya devoción y cuyo amor a las cosas de tejas arriba, no eran parte a distraerle de los asuntos terrenos y mundanos, lamentaba que al progreso industrial no se uniera el agrícola que es fuente de constante y general bienestar. Él recordaba lo que fue Pluviosilla en los felices años del estanco del tabaco, durante los cuales hasta las mujeres más modestas podían lucir sayas de seda y mantillas costosas; aquellas mantillas españolas que dan a las damas tanta distinción y señorío, noble donaire y apostura de reinas, no como los sombrerillos en uso, todos flores chillonas y cintajos escandalosos; se dolía de ello. Aunque por muchos años ausente de Pluviosilla, la amaba con todo el corazón, como que en ella había pasado los mejores lustros de la vida. Él había sido, aunque joven, amigo de muy ilustres hijos o vecinos de la ciudad: Elguero, Couto, Pesado, Tornel. ¡Cómo hizo memoria de aquel cura del llano, de perenne recuerdo! ¡Cómo alabó a los Mendoza, a los Rangel y a los Bustos, gloria de la sagrada cátedra! El buen señor ponderaba los adelantos de la ciudad, sus casas nuevas, cómodas, bien ventiladas, hasta elegantes; censuraba los malos edificios públicos, lo mal cuidado del piso de las calles, y echaba de menos aquellas rejas de madera, desaparecidas ya, y que daban a las habitaciones no sé qué aspecto piadoso y monacal. Dijo con aprobación del canónigo, que había observado, durante las pocas horas que tenía de haber llegado, cierta corrupción de costumbres, delatada por las muchas cantinas que había visto, todas ellas llenas de mozos y de muchachos que bien podían estar ocupados en las fábricas, en los despachos o en las aulas. "En mi tiempo —decía— no veía usted nada de esto. Y si cosas así de graves saltan a la vista, ¿por qué caminos apartados y de segura perdición no andaría la inexperta y holgadora juventud?"

Volvió a caer en la plática sobre el hermoso panorama que tenían delante. Por la calle, desde la distante iglesia de la virgen de los Desamparados hasta el viejo y majestuoso templo de San Francisco, ancha y larguísima calle (mal alumbrada, en una extensión de cerca de dos mil metros, por cinco focos de luz eléctrica) iban y venían los paseantes: muchos obreros, buen número de menestrales, bastantes chicos, contadas familias, y algunas mozas de partido, como claramente lo decían a cualquier viajero aquel desenfado y aquel descoco de que hacían alarde. Algunos coches, pocos estacionados cerca del puente, y que, encendidas las linternas, semejaban cocuyos refugiados en la penumbra. Enfrente una cantina, "El Siglo Eléctrico", lanzaba a torrentes luz y música, la claridad de muchas lágrimas de Edison, y los compases de una habanera, de un danzón ardoroso, lleno de voluptuosidad, tocado con la mayor expresión requerida por el género, y cuyas notas llegaban hasta los oídos de don Cosme como en alas de un huracán de fuego. De cuando en cuando, un tranvía que llegaba de los pueblos próximos o de alguna fábrica y del cual descendían obreros cansados, empleadillos de poco sueldo que volvían a sus hogares; muchos extranjeros flemáticos, altivos, con aire de conquistadores silenciosos, y algunas humildes mujeres que se alejaban cargando su cría.

Éstas tomaban camino por las calles inmediatas; los otros entraban en la cantina frontera, o en otra su vecina, en "El Cometa de Plata", de la cual salían voces y carcajadas, y de tiempo en tiempo el ruido que al chocar producían las bolas del billar.

—¡Vea usted, señor doctor! —decía Ramón señalando hacia el frente, mostrando el paisaje velado por los crespones obscuros de la noche— allá, tras aquellas montañas, está la hacienda de Mata-Espesa, y mas allá, quedan Villaverde y la hacienda que fue del hermano de usted; en el fondo, tras las últimas cumbres, está Xochiapan, un pueblo muy bonito, del cual fue cura el P. González, que ahora es nuestro párroco; allí queda la primera fábrica que tuvo Pluviosilla; más acá al este, la Estación del Mexicano... ¿Percibe usted el humo, que tras la espesura de esos árboles, iluminado por la luz eléctrica, parece una fosforescencia misteriosa? Oiga usted... oiga usted ese ruido, acaso de un tren de carga... Ya silba la locomotora... Vea usted por allá, detrás de la capilla de la virgen de los Desamparados, una columna de humo que se acerca... Es el tren... Silva primero al pasar por la Hacienda de Fuentelimpia, la que fue de nosotros, y ahora es de unos franceses; después, en el crucero, al pasar por el camino nacional... Oye usted el ruido... ¡Con que claridad llega! Ahí va... Ya va a pasar el puente de hierro... Ahí va... ¡Ya pasó!

Un tren, como una serpiente negra coronada con penachos de humo y de chispas, pasó a lo lejos... Silbó, volvió a silbar... y entró en la estación.

—Señor don Ramoncito —dijo el canónigo en frase afable, mañana he de decir misa en Santa Marta... Allá te espero... Después nos acompañarás a recibir a tus tíos y a tus primos. Pablo irá con tu mamá y con tu hermana...

—Yo no puedo ir... —observó Pablo.

—¿Por qué? —preguntó alarmado el clérigo.

—Porque... no puedo faltar al escritorio. Como no he dado aviso, sería yo merecedor de un réspice y...

—Tienes razón. Ramón irá con nosotros. Allá veremos a Lola y a Margarita. Ya se que Elena no podrá ir.

Una bocanada de viento caliente pasó por el balcón e hizo vacilar en la estancia la flama de la bujía. Crujieron las vigas del techo; crujieron los maderos de las puertas, y don Cosme murmuró contrariado:

—¡Mala visita! ¡Con razón esta tarde, al ponerse el sol, estaba tan rojo el cielo! Sur tendremos...

—Sur tenemos...—replicó Pablo— Vea usted el cielo. ¡Cómo titilan las estrellas! ¡Qué brillo y qué luces!

En el reloj de la parroquia dieron las diez. En la esquina de enfrente, un sereno que dormitaba al lado de su linterna marcó la hora, dando golpes con su bastoncillo sobre las lozas de la acera... y de muy lejos, desde el fondo del valle, vino otra bocanada de viento abrasador... oíanse rumores distantes, rumores de arboledas y de bosques. . . El río, al parecer adormecido, como que despertó, y se removió en su lecho pedregoso, dejando escuchar el murmullo de su exhausta, límpida corriente...

VI

Toda la noche sopló el Sur, y sopló terrible e impetuoso de modo inesperado en días de mayo, y como sopla en noviembre, pasado el cordonazo de San Francisco. Bufaba en las avenidas, aullaba en los techos, gemía en los aleros y tejados, y parecía vocear allá a lo lejos en barrancos y bosques, en los fresnos y en los álamos del río y lanzaba agudos silbidos en los alambres del alumbrado y del telégrafo.

Cuando el canónigo, gran madrugador, listo para ir a celebrar, abrió el balcón, con deseo de contemplar la hermosura del valle a la luz arrebolada del sol naciente, un torrente de polvo y de arena vino sobre él, y le obligó a cerrar la vidriera. A través de los cristales miró hacia la calle y hacia las inmensas montañas que limitaban por el sur la vega del Albano. El cielo semejaba brillante turquesa; la luz inundaba el caserío y los cuadros de caña sacarina. El sol, esplendoroso y purpúreo, surgía inmenso, como un disco de rubí, cuya luz inundaba de sangre 1as cumbres de Mata-Espesa, los llanos de San Pablo del Río, y los cafetales de Fuentelimpia. El viento desatado alzaba nubes de polvo en las calles, levantaba faldas y arrebataba sombreros a los transeúntes, y pasaba agitando y quebrantando ramas, esparciendo frondas, doblegando copas, y derramando por todas partes sequedad y fuego. Y seguía por el valle, rumbo al poniente, y a las veces escalaba las montañas. En la colina del Recental revolvía en oleadas las mil espigas de salvajes gramíneas; y por el selvoso San Cristóbal maltrataba ramajes y deshojaba ramilletes. En un huerto cercano, entre los platanares hechos trizas, entre los sauces estropeados, sólo una araucaria excelsa, gallarda y olímpica, resistía los embates del huracán, siempre victorioso, ilesa su pértiga esbeltísima, galanas e intactas sus plumas de esmeralda.

Llamaban a misa en todos los templos. La devota Pluviosilla no desmentía su abolengo cristiano, y era maravillosa la sinfonía de todos los campanarios, traída en alas del caluroso viento... La campanita de Santa Marta, con voz atiplada y regular, gritaba urgentemente; la chiquitina de los Desamparados se quejaba solitaria y doliente; la del Carmen sonaba gravedosa; la de San Rafael nerviosilla e inquieta; la parroquial entonada y seria; la del Calvario torpe y vacilante; la de los franciscos solemne y rotunda. Todas a la vez se unían en cantos y clamores, en reclamos y rezos en quejas y notas, en armonía placentera, matinal, regocijada y piadosa, en conjunto sinfónico, a la par lírico y dramático, en vibrante coro que el viento llevaba alígero por la ciudad y por los campos.

Aún no cesaba la furia del sur, cuando el clérigo y don Cosme, acompañados del mocito salieron del hotel para ir a la estación. Al montar en el tranvía, casi frente a la iglesia de San Francisco, encontráronse con doña Dolores y con Margarita. Iba lleno el carruaje: yanquis buscadores de negocios; mercaderes que principiaban sus labores diarias; viajeros fastidiados que se quejaban de los horrores del huracán; un oficial de policía; dos gendarmes; dos pollos, en cuyo rostro se veían las huellas de la parranda y de la orgía; un agricultor vestido de blanco y ostentando en la copa de su jarano felposo tamaños monogramas.

Al llegar a la estación, cuando todos se apresuraban a salir del carruaje, Ramoncito hizo notar que Pablo, antes de irse a sus labores, había pedido un coche especial para que todos regresaran al hotel, y que el tranvía estaría allí a la hora oportuna; que era conveniente permanecer allí, a fin de evitarse las molestias del incómodo y descubierto andén.

Don Cosme, retirado en un ángulo del vehículo, y mientras el doctor Fernández departía con doña Dolores y con Margarita, y en tanto que el muchacho se informaba en las oficinas de la Dirección de si el tren no venía retrasado, el bueno de don Cosme examinaba atentamente a las señoras.

Cincuenta años tenía doña Dolores, pero estaba bien conservada y parecía de menor edad. Había sido hermosísima, una de las mujeres mas guapas de Villaverde. Pálida, con cierto aire de elegancia y distinción, con grandes ojos negros, con gesto agraciado y abundosa cabellera, en la cual, sobre la frente, brillaban unas cuantas hebras de plata, no había perdido mucho de su belleza juvenil. Gruesa, sin obesidad, sana y robusta, doña Dolores, más que la madre de Margarita, parecía la hermana mayor.

La joven, desbordante de juventud y de gracia, alta, esbelta y graciosa, rubia la cabellera como haz de trigo maduro, azules los ojos, de carmín los labios, dulce la sonrisa, delgada la cintura, donairoso el andar, era, al decir de muchas gentes, verdadero retrato de su abuela materna, y más que de ésta, de una hermana de don Ramón, muerta en la flor de la vida.

Efectivamente: en la blonda y simpática señorita perduraban, como una herencia de familia, la hermosura y rasgos típicos y fisonómicos comunes a todas las hembras de su linaje paterno. En Pluviosilla y Villaverde, desde antaño, es proverbial este dicho: "Las Collantes: hermosas las de ahora e iguales a las de antes".

Ni Dolores, ni Margarita, cuando acaeció lo que vamos contando, iban ataviadas con los suntuosos adornos que da la opulencia, o por lo menos con las galas que proporciona amplio y seguro bienestar. La madre llevaba negra saya de gro; la hija ligero y sencillísimo vestido de muselina blanca, sembrada de florecillas azules, cortado a maravilla, que hacía lucir la grácil esbeltez de su dueña. La señora: tocado de blondas y cintas del color de la saya; la joven: lindo sombrero de paja, decorado con cintas crema y con una guía de rosas veraniegas. Una con guantes obscuros; la otra sin ellos.

A la mirada pertinaz y escudriñadora de los ojuelos de don Cosme, no se escapó detalle alguno. En esto, como en otras cosas, era como su primo y tocayo de Villaverde, aquel otro don Cosme Linares a quien ya conocerán mis lectores, tertulio constante del licenciado Castro Pérez, y tan amigo de éste como de don Quintín Porras, flor de los tabeliones villaverdinos. "Bien se ve —decía para sus adentros el anciano— que en la: casa de estas mujeres no es el dinero lo que abunda. Ese vestidillo galano ha costado poco; ese sombrerillo ha sido hecho a domicilio; ese cuello de seda está marchito... Cuanto a la señora, es patente que ese vestido tiene años de servirle; esos guantes están diciendo a gritos cosas de mejores días... Y en fin que positivamente, esa familia ha venido tan a menos, que pronto tendrán en casa mala huespeda, la miseria, la horrorosa miseria, flaca, hambrienta, y exangüe. Pero, no han perdido aún estas pobres gentes la elegancia distinguida de las personas de buena cuna, ¡nacidas y criadas en la abundancia! Y ese muchacho viste bien... Sí señor, muy bien, pero la tela de ese traje... procede de alguna fábrica del país. A todo tirar de la Ensenada de todos Santos..."

Entregado a estas observaciones y a estos juicios estaba nuestro hombre, cuando Ramoncito entró en el vagón precipitadamente diciendo:

—No tardará mucho en llegar el tren... Ya salió del Saltadero.

Muchos pasajeros, apercibidos para ocupar los vagones, recogían bultos y maletillas; iban y venían empleados, y la multitud se separaba en grupos a lo largo de la vía, al borde del andén y bajo los fresnos del jardincito, según la clase de cada uno, y se preparaba a mirar la llegada del tren. Cerca del restaurante los que irían en la tercera; frente a la Administración los de segunda; más arriba los de primera. El mocito condujo al clérigo y a sus acompañantes, hasta el extremo de la arboleda.

El viento languidecía, pero de tiempo en tiempo soplaba con ímpetu feroz, trayendo torrentes de arena y de carbón. Llovía fuego. Acababan de dar las diez de la mañana, y, sin embargo, la temperatura era como la de medio día. Los edificios fronteros al andén, todos con techos de zinc, ennegridos por el humo, y el suelo de la vía del vastísimo patio cubiertos de menudos trozos de carbón y balastados con peladillas obscuras, recogían y almacenaban el calor solar, y lanzaban sobre la concurrencia oleadas abrasadoras y sofocantes.

Silbó la locomotora en cercana curva; aumentó el movimiento. de los que esperaban el tren; volvió a silbar la maquina, una doble maquina majestuosa y soberbia, dando al aire dos inmensos penachos de humo gris; sonó la campana de aviso, y el tren llegó, y se detuvo.

Nuestros personajes se precipitaron hacia el último coche. En la puerta del vagón venían dos criados franceses. Cada uno traía magníficos ramos de gardenias. Por el ventanillo inmediato a la extremidad posterior del coche, asomaba un caballero delgado y canoso, cubierta la cabeza con una gorra de seda; en los siguientes, dos jóvenes que llevaban sombreros de paja; en el otro una señora mayor y una señorita...

—¡Ellos son —gritó uno de los jóvenes—. ¡Papá! ¡Aquí están!

Los criados, muy ceremoniosos, abrieron la puerta del vagón y en él entraron las señoras y el canónigo, seguidos de Ramoncito y don Cosme

VII

Don Juan se mostró muy cariñoso con la familia de su hermano, y muy contento de su regreso a la patria. Decíase aburrido y fastidiado de la vida europea, por mucho que ésta fuese cómoda y agradable. El buen señor se complacía en visitar las calles nuevas, los nuevos edificios, y se detenía como extático ante los montañosos panoramas de la ciudad nativa. No cesaba de hacer memoria de casas de antaño, de sucesos remotos y de personas muertas o idas. ¡Y qué cariñoso y jovial se manifestaba con su cuñada y con Margarita! ¡Cuán afectuoso con el muchacho! ¡Qué gusto me causa ver a ustedes! —decía a cada rato- ¡No cambiaría yo estas horas por las muchas pasadas en París y en Roma y en Madrid! Y mira tú, Lola —agregaba— ya supondrás tú cuán llena de interés para mí ha sido siempre la Ciudad Eterna... Desde niño soñaba yo con visitar las catacumbas, con recorrer las basílicas, con pasear en el Pinicio y con pasearme entre las ruinas del Foro. Nunca, ni en los días más penosos para mí, en épocas de la gran lucha para consolidar mi fortuna, perdí la esperanza de ir a Roma, y de postrarme a los pies del Vicario de Jesucristo. Dios realizó mis sueños, y no una vez, sino cien, he besado los pies del Soberano pontífice. Pío IX me dio su bendición y tuvo para mí y para los míos palabras cariñosas y consoladoras. León XIII ha colmado de bendiciones a mi esposa y a mis hijos, y llevó su benevolencia paternal para conmigo hasta concederme dos señaladas muestras de su incomparable bondad. Se dignó darme con sus propias manos el Pan Eucarístico, y puso en mi pecho la Cruz de Jerusalén.

Créeme, Lola, créeme, sólo esto es para mí inferior al placer que en mi alma causan el aspecto de esta tierruca tan amada, la vista de estas montañas, la contemplación de rostros no vistos por mí en tantos y tantos años de ausencia; el recuerdo de mi mocedad bulliciosa; la memoria de tantos y tantos seres amados perdidos para siempre, y cuyos ojos no pude cerrar, y cuyas últimas palabras no pude recoger...

El buen señor saltaba de gozo como un niño, y en la efusión de su alegría acariciaba a Margarita por modo paternal, abrazaba afectuosamente a doña Dolores y bromeaba a más y mejor al mocito, quien estaba seducido por la dulce jovialidad de su tío.

Doña Carmen parecía reservada y poco afable. No pasaba minuto en que no lanzara una queja acerca de las molestias de la navegación y del viaje. Ella por su gusto, no habría venido. En Europa vivía muy contenta, muy contenta. Allí no sentía correr los años ni los meses, ni los días. ¡Era tan cómoda y tan grata la vida en París! ¡Para ella nada como París, nada! ¡Qué paseos! ¡Qué de teatros! ¡Qué de tiendas y qué establecimientos! ¡Qué comida! Le habían contado, y ella había sabido mucho, por los periódicos, acerca de los adelantos y del embellecimiento de México; pero... ¡ay! ¡Cuánto iba a padecer en la vetusta ciudad virreinal! ¡Cómo iba a fastidiarse —mientras en México viviera— sin más espectáculos que una mala compañía de ópera, cada año; teniendo que subir y bajar todos los días, por las calles de San Francisco y de Plateros, e ir tarde con tarde a la Calzada de la Reforma y cómo iba a echar de menos aquella misa de cada domingo en San Sulpicio, aquellas fiestas tan graves y solemnes de Notre Dame, y aquel culto tan conmovedor y dulce de Nuestra Señora de las Victorias! Y en cuanto a la mesa... ¡ni ostras de Ostende, ni espárragos de Lübee, ni fresas de Niza!

La señorita, en constante plática con su prima, no se cansaba de contarle cosas de Francia. Larguísimo fue el primer capítulo de modas, la joven estaba enterada hasta del más insignificante pormenor de trajes y vestidos. Esto o aquello era lo que estaba en privanza; tales o cuales cosas habían pasado, acaso para no volver nunca, y, según los dichos de los sastres más famosos en la estación próxima tendríamos muchas novedades. Lo correspondiente a espectáculos tuvo también su capítulo, mejor dicho sus capítulos, que la niña habló desde lo que a la ópera tocaba hasta de lo referente a las últimas carreras y al gran premio.

Margarita la escuchaba atenta y jovial; Elena la oía triste y silenciosa. Alfonso y Juan se fueron de paseo con Ramoncito, y se fueron resueltos a que Pablo dejara sus quehaceres y pidiera permiso a sus jefes para que todos subieran y bajaran por las calles de Pluviosilla, que los recién llegados comparaban —no sin gran desagrado de doña Dolores— con las calles de una poblacioncilla andaluza, donde los mancebos habían pasado un verano en compañía de ciertos amigos y condiscípulos, hijos de un cierto marqués, poseedor de una finca vinífera y famoso amigo de don Juan.

Este se echó a la calle solo; no quiso compañero, pues deseaba ir por todas partes como desconocido viajero, a fin de ver si reconocía casas y sitios que antaño fueron familiares para él; juzgar libremente de los avances o retrocesos de la tórrida ciudad, y en suma para que en su ánimo renacieran o renovaran recuerdos e impresiones de su ya muy lejana mocedad. Después buscaría a los pocos amigos suyos que en Pluviosilla le quedaban. Por lo pronto no pensaba más que en ir a visitar barrios y edificios, en conocer las fábricas de que tanto le habían hablado y de las cuales tantos prodigios se decían... Y se fue; el canónigo y don Cosme se fueron también camino de Santa Marta. A pasear convidaba la tarde, tibia y dorada. Las señoras y las señoritas quedáronse en el hotel, ocupadas en gravísimo asunto, en sacar trapos y perendengues, traídos por don Juan para obsequiar a sus sobrinas: telas y joyas; cintas y sombrerillos; guantes y naderías.

Doña Carmen se mostraba jovial; doña Dolores afable y agradecida; Margarita contenta; Elena regocijada, por mucho que no le fuera dable admirar los ricos y elegantes obsequios de su tío. María ponderaba la belleza de cada objeto y el gallardo lujo de cada prenda, y de cada cosa decía, y repetía, que mejores no las había en París.

VIII

Tales fueron las súplicas de los primos y tales artes se dieron que, al fin, lograron vencer la justa resistencia de Pablo para solicitar de sus jefes licencia por dos días para no concurrir en el escritorio.

—¡Temo que el jefe tome a mal mi demanda! —repetía el mancebo—. Necesito del empleo...

—No temas... —replicaba Juan—, no temas... Si al fin no has de quedarte aquí y te irás a México con nosotros. ¡Ni que ganaras aquí los miles de francos! Papá lo tiene resuelto. Todos se irán... En México, puedes estar seguro de ello, allá en casa, o en cualquiera otra parte, tendrás colocación, y la tendrás cómoda, buena y productiva...

Y Pablo no pudo resistir más a las tenaces exigencias de sus primos, pidió permiso, y éste le fue concedido con la mayor buena voluntad.

A Pablo no le placían los modos de Juanito (así le llamaba) y en ellos veía cierta repulsiva insolencia y una característica frivolidad. Desagradóle en él, desde luego, cierta facundia irrestañable, que le llevaba de un asunto a otro, y de este sucesivamente a cien y cien más, deshojando los asuntos, malogrando el tema de cualquiera conversación, siempre con el anhelo de opacar y menospreciar cuanto tenía a la vista para exaltar y poner por las nubes las gentes y las cosas europeas. Viajes, libros, teatros, personas, eminencias políticas, celebridades literarias, poetas, sabios, artistas, modas y usos, costumbres y deportes, vicios aristocráticos, disipaciones y placeres, todo, todo pasaba en la vertiginosa charla del mozo como en apariencia cromotrópica. Listo de lengua, vivaz de ingenio, pero superficial, frívolo, inconstante y baltonero deshojaba todo y por todo pasaba, sin dar reposo ni tregua a quienes le oían y sin permitir siquiera que le escuchasen.

Charló a su sabor de los placeres que París brinda afanosa a la mocedad, e hízolo de tal manera y por tales caminos, que Pablo se vio obligado a detenerle.

Hablaba delante de Ramón, que era de lo más respetuoso con su hermano, y el mancebo no creyó conveniente que así y en semejantes términos, y de modo tan crudo, levantara Juanito ante el muchacho velos tupidos que no era cuerdo levantar frente a un chiquillo que aún no cumplía los quince años de edad.

—Yo de nada me espanto —dijo Pablo— pero piensa que no hay necesidad de que Ramón sepa esas cosas.

Entonces su primo contestó levantando los hombros desdeñosamente y prosiguió en su charla, velando crudezas y carnalidades, que hacían que el chico se pusiera rojo como una amapola, al serle revelados misterios y secretos impropios de su edad, más no por eso menos tentadores ni menos capaces de encender su fantasía.

Pero, a decir lo cierto, que bien se compadecían, por manera simpática, los dichos y juicios del mancebo con su aspecto elegante, con el corte de sus vestidos, con su cuerpecillo pálido y exangüe, con sus grandes pupilas negras e intensamente luminosas, con sus ojeras violáceas, con la palidez ebúrnea de aquel rostro aristocrático, con aquellos labios carnosos y sensuales, y con los bigotillos sedosos de agudas guías, vueltos hacia adelante con cierto donaire y cierta gentileza de arresto y bizarría.

—¡Si tú fueras conmigo a París! ¡Si tú fueras! —exclamaba Juanito a cada instante.

Pablo sonreía, y sonreía Ramón, y Alfonso, al parecer reflexivo, atendía más a las caritas de rosa con quienes topaba al paso que a la conversación de su hermano.

Pálido como éste, como él distinguido, como él endeble y exangüe, con notable acento francés en el habla, Alfonso, igualmente elegante, tenía en la mirada no sé qué melancólica dulzura, cierta bondad compasiva, cierta expresión ensoñadora y lánguida, delatoras de misteriosas secretas añoranzas. Era aquella alma como añojal ansioso de cultivo, como puerto abandonado que parece pedir a gritos hábiles mañas de jardinero experto; avecilla que se ahoga en el suntuoso salón y en la jaula de cristal y suspira por los campos y anhela horizontes inmensos, prados enflorecidos y aguas límpidas y gárrulas... Traído y llevado de aquí para allá, a punto de abrirse en su corazón las flores de la vida; arrastrado inconscientemente de salón en salón y por el asfalto de las aceras de París, sentía que su alma marchita podía recobrar aromas y colores en el retiro de los campos, entre aquellas montañas del valle de Pluviosilla, sobre las cuales principiaban a asomar temblones y límpidos los espléndidos luceros del cielo tropical.

Llegaban al hotel. Se encendían las tiendas, lanzaba su claridad melancólica la luz eléctrica, el círculo mercantil brillaba, dejando ver sus salones desiertos, y al otro lado de la calle, entre sus bordas de sauces y bananeros, protegidos por sus álamos, cantaba el río plácido idilio, y enviaba hacia lo alto, hacia la calle caldeada por los fuegos del día, fresco ambiente, rumores de linfa alegre. Un tranvía pasaba a la sazón lanzando al viento la queja prosaica y vulgar de su cuerno de aviso...

—Alfonso —llámole Juan—. ¿Estás ido? ¡Mira... mira! ¡Ahí tienes el Sena!

Pablo y Ramón celebraron el dicho con una carcajada. Alfonso permaneció en silencio, contemplando el caserío, la cordillera, el cielo, el volcán cuyo ápice níveo iba perdiéndose entre las sombras de la noche.

—¡Es la hora verde! —dijo Juan— ¿Dónde habrá una cantina?

—¡Allí! —respondió su hermano, mostrándole la de "El Siglo Eléctrico".

—Pues vamos.

Llegaron a la cantina y tomaron asiento.

—¿Qué toman? —preguntó el criado

—¿Qué quieren? —dijo Juan

—Nada —contestó Ramoncillo.

—Sí; ¡algo! —replicó su primo.

—Pues... ¡un refresco!

—¿Y tú, Pablo?

—Cerveza.

—¿Y tú?

—Una limonada.

—Muchacho, ya lo oyes —dijo Juan al criado—: un vaso de cerveza, dos limonadas y para: mí... ¡un ajenjo sin jarabe y con un trozo de hielo!

—¿Bebes ajenjo? —prorrumpió Pablo.

—¡Siempre, antes de comer!

IX

Pablo dejó a sus primos en la cantina y fuese con Ramoncito al hotel, donde se encontró a sus hermanas y a doña Dolores. Allí estaban también don Cosme y el canónigo, los cuales habían llegado con el capitalista.

Don Juan había recorrido media ciudad. Venía el buen señor muy satisfecho de los adelantos de Pluviosilla, y maravillado de su prosperidad. "¡Qué rápida extensión en tan pocos años! —repetía—. ¡No me lo esperaba yo!" Lamentaba, eso sí, que a tales prosperidades no fuesen unidas las obras de embellecimiento que reclamaba la ciudad, y que debían ser como natural consecuencia del aumento de población y del acrecimiento de las fortunas—. "¡Ya es tiempo —no cesaba de replicar—, ya es tiempo de que piensen en el embellecimiento y adorno de Pluviosilla! ¡Con tanta gente y tantas fábricas deben estar repletas de oro las arcas municipales! ¡Así tiene que ser, pues de otra manera todos estos brillos que me han dejado absorto, no serían más que esplendores de oropel! Así, tal como me la encuentro, paréceme Pluviosilla una beldad agreste cuyos encantos y cuya núbil lozanía piden galas y adornos para lucir y triunfar. Ciudad muy linda es ésta, muy favorecida por el cielo... ¿Qué necesita? Cómodas calles, elegantes edificios, avenidas adoquinadas que hagan fácil el tránsito de los carruajes. ¿Por qué no hay aquí muchos coches? Porque con calles como éstas es imposible que los haya. El teatro, aunque de traza regular, pide aseo y elegancia en pasillos y escaleras; pide un "foyer" suntuoso..." Y de todo hablaba, de todo parecía instruido, en el poco tiempo que había durado el paseo. El mozo fue recibido muy cariñosamente por sus tíos y por su prima. Se quejaban de no haberle visto en todo el día... El muchacho se disculpaba alegando deberes de su empleo. Permanecía en la "Fábrica del Albano" durante todo el día, de seis a seis... Pero, como era debido, en esta ocasión había pedido licencia de dos días para no ir al despacho. Le tenían a sus órdenes, y con los recién llegados iría a todas partes.

—Comeréis acá todos, ¿no es eso? —dijo el capitalista—. No me falta apetito; pero me esperaréis un rato. Vosotros los muchachos charlad aquí; o id en busca de Alfonso y de Juan. Mientras yo arreglaré con Lola un asunto importante, y para ello necesito de mi señor doctor. El bueno de don Cosme conversará con Carmen.

Las señoritas, incluso Elena, se dispusieron a salir. Pablo y Ramón irían con ellas.

—¡No tarden! —recomendó doña Carmen—. Vayan en busca de mis hijos ...

El doctor y su amigo decían a doña Dolores que todo quedaba dispuesto en Santa Marta para la misa de requiem, y dispuesto con el decoro debido y con la cristiana elegancia que el caso requería. La misa sería aplicada por el descanso eterno de todos los difuntos de la familia. El servicio fúnebre no duraría mucho; principiaría a las nueve, a muy buena hora, según los deseos de don Juan, para evitar molestias a doña Carmen y a María, muy necesitadas de descanso. Todos estaban cansados; al cansancio de la navegación se unían en ellos la mala noche pasada en Veracruz, y la madrugada consiguiente para tomar el tren...

—¡Charlen ustedes, charlen mientras vuelven los chicos! —exclamó don Juan—. Señor doctor, venga usted conmigo. La conferencia será breve.

Y dándose aires de galante pisaverde, y haciendo reir a todos, tarareando con su cascada voz un pasaje de Fausto, ofreció el brazo a doña Dolores:

—*Ma bella damigella...*

Reían las señoritas, reía don Cosme, y doña Carmen movía la cabeza como diciendo: "¡Qué cosas tiene mi marido!"

Ramón se puso serio, como si la galante humorada de su tío no le fuese agradable.

Se levantó la señora, tomó el brazo de su cuñado, y uno y otra entraron en la inmediata habitación. Siguiólos el clérigo solemnemente, y al llegar a la puerta, dijo en tono oratorio, señalando a la pareja.

—¡Soberbio! ¡Fausto y Margarita!

—Y... ¡Mefistófeles! —murmuró María al oído de su gallarda prima.

X

—Vamos, mi señora cuñada, tome usted asiento, ¡aquí cerca de mí!... Señor doctor: en la poltrona estará usted con la mayor comodidad! Vamos al asunto...

Y don Juan se acomodó en el sofá, y encendiendo un cigarrillo prosiguió:

—No quiero ocuparme, Lola, en disertar de lo pasado. Me basta el presente. Lo actual es lo que me interesa, y de ello trataremos en pocas palabras. ¿No es verdad mi señor compadre? Dime, Lola, dime, con toda franqueza... ¿cómo andas de dinero?

Doña Dolores cruzó sus manos sobre el regazo y fijó tristemente la mirada en la alfombra.

—Supongo que la abundancia no reina en tu casa, y que poco, casi nada, o nada, te quedó a la muerte de Ramón... Según me han informado, sus negocios iban de mal en peor. Me imagino que todos sus esfuerzos serían inútiles, y que al morir tendría la ruina muy cerca... No quiero, ya lo tengo dicho, hablar de cosas pasadas, tristes y enojosas; pero... ¡Si Ramón hubiera seguido mis consejos, otro habría sido el resultado de sus negocios! ¡Eh! Lo que no tiene remedio... ¡dejarlo...! Puedes creerme, Lola, puedes creerme; ustedes me han juzgado mal... Confieso que fui severo, intransigente, hasta duro... ¡Qué quieres! ¡Los años!, ¡la edad! ¡El medio en que vivíamos! Yo no había visto tierras, ni había viajado, ni me eran conocidas muchas cosas... Ahora, libre de prejuicios y de ciertas preocupaciones, a salvo de ciertos influjos, miro muchas cosas de muy distinta manera... Mas no piense usted, doctor, por esto que digo, que he mudado de opiniones, de principios y de ideas, no señor... Tan buen cristiano como siempre; católico como en mi juventud, y si usted quiere... conservador como antes, aunque en este punto he modificado mucho mi criterio... Me estoy yendo por donde no debo ir... Vamos, Lolilla, respóndeme... cómo andas de dinero... Mal, ¿no es así?

La señora respondió afirmativamente con una inclinación de cabeza. El canónigo jugaba con la cinta de su reloj. Don Juan fumaba dulcemente su cigarrillo... Lanzó una bocanada de humo y siguió diciendo:

—Vives difícilmente, sin duda. A lo que pienso, no cuentas con mas elementos que con los que Pablo te proporciona. ¿Cuánto gana ese chico?

—¡Sesenta duros! —respondió la dama tristemene.

—Poco es, sin duda alguna, muy poco. Te compadezco, sí, porque con esa suma, ni haciendo milagros tendrás para los gastos indispensables, para vivir y atender a tus hijos...

—Cierto es que mientras Pablo trabaja, nosotras no estamos mano sobre mano. Algo ganamos. Enriqueta y yo cosemos... Esa pobre niña tiene muy buen gusto y ella es quien viste a las principales señoritas de la ciudad. Pero esto, como supondrás, no me agrada; me apena verla días enteros cortando, cosiendo y entregada a tan ruda y penosa labor. Ella fue siempre trabajadora. Jamás, o en muy rara ocasión, tuvo modista, ni en vida de su padre, ni en épocas de abundancia... Elena, la infeliz Elena no puede pres-

28

tarnos ayuda y eso le entristece y le aflige... Ramón estudia. Es mi gran esperanza... El pobrecillo nada pide, antes por lo contrario, hasta se priva de diversiones y espectáculos que, a su edad, son para un muchacho diaria y constante tentación... ¿Vestir bien? ¡Ni quién piense en ello! A mí poco me basta, muy poco; yo nada necesito; con todo me conformo; a cualquier cosa me avengo. Pero, esas niñas... Esa pobre Elena es mi constante amargura...

La buena señora, llenos de lágrimas los ojos, trémula y apenada, ahogó un sollozo.

—¡Serénate, hija mía, serénate! .. . Seca esas lagrimas, que aquí me tienes a mí, y nada te faltará. No hablemos de ello. Comprendo todo lo que pasa, y para poner remedio a tus penas he venido, a eso nada más.

¿No es verdad, doctor?

El canónigo movió la cabeza ceremoniosamente, como diciendo: "¡Es verdad!"

—Sí —continuó la dama—, ya me lo ha dicho y te lo agradezco infinito, como Ramón, desde el cielo. Poco es lo que necesitamos... muy poco. Llévate a Pablo; me duele separarme de él pero llévatelo... Colócale allá en un buen empleo, y con eso basta. El es inteligente, caballeroso, amable, simpático... Sus jefes se hacen lenguas para alabarle; dicen que cumple a maravilla con sus obligaciones, y que es modelo de integridad y de buenas costumbres... Válganle tu posición, tus relaciones y tu ayuda. Búscale allá un buen empleo, y te lo mandaré. Con eso basta. Nosotras nos quedaremos aquí. En Pluviosilla la vida no tiene exigencias... No es como antes, pero con poco se vive... Ni Margarita ni yo gustamos ya de relaciones... ¡hemos tenido tantos desengaños! Nuestra casa es el mundo para nosotras. Ya tú comprenderás que viviendo así, poco se gasta... Y puedes creerlo, vivimos con decoro. Con una cantidad suficiente que Pablo nos mande, quedará salvada la situación. Ramón seguirá estudiando... Si, como lo espero, sigue por buen camino, aplicado al estudio, saldrá persona de provecho. Yo he querido que Pablo se coloque en México, en alguna casa de comercio... ¡hay allí tantas!, pero todos mis esfuerzos han sido inútiles... Ya sabes lo que pasa a quien viene a menos... Muchos amigos, algunos de los cuales debieron a Ramón muchos favores, nos han vuelto la espalda. Alguno, antes tan amable y obsequioso, no se dignó ni a contestarme. ¡Sólo Dios sabe lo que hemos sufrido y lo que hemos llorado!

—Pues bien, señora y cuñada mía, todas esas penas acabaron desde hoy. Pablo se ira a México... Allá le colocaremos... mejor dicho, lo colocaré allá en mi casa; tú, por de pronto tendrás una mesada mientras ese chico, que está muy guapo, que me ha caído bien y que parece muy formal, gane lo que debe ganar, y tú y tus hijas se irán también. Ramoncillo, estudiará allá.

—Yo preferiría quedarme aquí, por mucho que me duela la separación de mi hijo... ¡Es tan bueno y tan cariñoso!

—¡No —replicó el capitalista— no! Todos a México. Mañana mismo principias a quitar la casa... Tu sabrás lo que llevas y lo que dejas... ¿Qué haces aquí en esta ciudad? ¿Piensas encontrar aquí un buen partido para tus hijas?

–¡La pobre no piensa en casorios!

—Pero de pensar tiene...

—No piensa en eso. Y en cuanto a Elena... la infeliz...

—¿Y si allá se consigue que una eminencia científica le devuelva la vista?

—¡Ya perdí la esperanza! Carmona, Ramos y Vélez, me han dicho que no tiene remedio ¡Esa desgracia ha sido para nosotras la peor de todas! Ramón decía que con tal de que Elenita recobrase la vista... aunque tuviera que ir de puerta en puerta, pidiendo limosna.

—¡No hay que desconfiar de la misericordia de Dios, mi señora doña Dolores! —exclamó el clérigo solemnemente.

—Aceptas lo que te propongo?– dijo don Juan.

Doña Dolores parecía vacilar. El doctor se volvió hacia ella y la miró como recordándole su compromiso.

—¡Como tú lo dispongas! —contestó la dama, venciendo el último escrúpulo—. Pero sabremos qué dice Pablo.

—Pablo hará lo que yo le diga y lo que tú le ordenes. ¡Bueno sería que los muchachos mandaran a los viejos!, ¡lúcidos que estaríamos! Vaya, mujer, deja de llorar... ¡Cosa hecha! Y... vamos a comer...

Don Juan se puso en pie, y lo mismo hicieron el clérigo y la dama. El capitalista abrazó a ésta conmovido, y la acarició dulcemente, con paternal ternura.

Oíanse voces en la habitación inmediata. Los jóvenes habían vuelto, y departían regocijados en el balcón.

—¡A comer se ha dicho! —prorrumpió don Juan en alta voz, entrando en el saloncillo, a tiempo que un criado decía en francés, desde una de las puertas del fondo:

—Los señores están servidos.

XI

El servicio fúnebre estuvo muy devoto y solemne. Santa Marta es un templo lindísimo y allí todo se hace con seriedad y como es debido. Es la iglesia más aristocrática de la ciudad —si hay aristocracia en Pluviosilla— y en tan suntuoso templo concurren todos los días, no solamente los festivos, las señoras más encopetadas, los caballeros más piadosos y las niñas más bellas de la clase pudiente.

Allí tienen asiento viejas cofradías y selectas hermandades, unas y otras capaces de echar la casa por el balcón el día de los Dolores de la Virgen, el Viernes de Lázaro y en la festividad de Nuestra Señora de Lourdes. Cierto obispo de la Diócesis dijo de Santa Marta que era el relicario de su Mitra y dijo verdad, aunque el suntuoso templo no le debió jamás merced alguna como no fuese la de honrarle con su fausta pastoral visita una noche de Navidad.

No busquéis en ninguna de las tres navecillas de aquel templo belleza arquitectónica que sabe Dios cómo, con qué trabajo, con que poquísimo dinero y en qué tiempos tan agitados y tormentosos fue levantada tal iglesia por el esfuerzo heroico de una asociación sin capitales, tan piadosa y constante como generosa y tenaz; no busquéis allí primores de arquitectura ni célebres lienzos de afamados autores; pedidle decoro y aseo, elegancia cristiana y modesto esplendor, que todo esto puede daros merced a la piedad de quienes en tal sitio concurren, y gracias a la dulzura, al talento y al buen gusto y economía de los padres capellanes, todos ellos varones apostólicos, entre los cuales han contado los hijos de Pluviosilla, doctísimos y muy santos sacerdotes.

En cualesquiera fiestas, muy particularmente en los mencionados días, aquel sagrado recinto parece un ascua de oro. Ostentan los altares vistosas galas, lucen columnas y cornisas regios tapices cerúleos, revístense las levitas con hermosos paramentos, más artísticos que valiosos, resuena bajo aquellas bóvedas excelente música, y ocupan el púlpito elocuentísimos predicadores. Es de ver entonces en aquel templo la noble concurrencia que le llena. La espléndida y no bien celebrada flora de Pluviosilla hace alarde en Santa Marta de todos sus prodigios, prodigando en aras y baldosas sus miríficas preseas. El mes de María lleva a templo tan bello inusitadas pompas. Cualquiera diría que con ellas van todas las gardenias de Villaverde y todos los lirios y azucenas de Pluviosilla. Pero Santa Marta, tan risueña y lúcida en tales fiestas, tórnase adusta y severa en tiempos cuaresmales, cuando llora penitente, y en noviembre cuando pide y ruega por los viajeros de ultrarumba. Se enluta noblemente, sin modos ni remilgos de reciente casquivana viuda, que a poco de verse sin marido principia a cansarse de su temprana soledad. Allí en días de duelo todo es grave, serio e imponente. Imponente y grave y seria se mostró esa mañana en la misa de réquiem, celebrada por el señor Fernández, en sufragio de todos los Collantes, Aguayos y Buruagas. El altar mayor —engalanado a la sazón con sus lujos florales y alegres— quedó velado por negro cortinaje, delante del cual fue puesta una piadosa imagen de Jesucristo crucificado, y tibores y ramilletes y candelabros de oro y de cristal dejaron sitio a pesados candeleros de plata sustentadores de gruesos y altos cirios. Lujoso túmulo colocado en el centro de la iglesia, bajo la cúpula esbelta y airosa, rico en terciopelos y galones, quemaba cera virgen, cuyos fulgores solemnes daban al recinto entenebrecido aspecto de basílica en regio funeral.

En lo alto del túmulo y en los costados de él, depositaron los Collantes magníficas coronas traídas exprofeso de París.

Mucho plació el servicio al capitalista. Doña Carmen, al salir, dijo a doña Dolores:

—¡Cómo me he acordado de París! Sólo una cosa eché de menos... Aquél suizo de San Sulpicio: un viejo de noble aspecto, que era conmigo de lo más cortés. ¡Qué atento! ¡Qué ceremonioso! Hija: a mí me era tan simpático que todos los domingos (ya lo sabía él) le daba yo cinco francos de propina.

De la iglesia fueron todos a casa de doña Dolores, la cual había invitado a todos para que allí se desayunaran.

¡Buen trabajo tuvo la pobre Filomena! Se pasó toda la tarde arreglando la vajilla, y casi a media noche dejó lista la mesa.

—Es preciso —decía— que esto quede bien. Los señores están acostumbrados a mucho lujo y a mucho. ¡Sí, señor! Y luego, como han de venir los mozos franceses a servir la mesa...

Y sacó de los antiguos aparadores de caoba los restos de una vajilla inglesa; restos escasos, que, por suerte, bastaron para las doce personas que debían sentarse a la mesa. Puso en el centro ricas fuentes chinescas para contener bizcochos y pasteles, y lavó y limpió las tradicionales mancerinas de plata. Elena no quería que salieran a lucir. La pobre niña se decía penosamente:

—¡No; no es propio de nuestra situación tamaño alarde de riqueza!

Y como Filomena le contestara, tratando de persuadirla, exclamó, como asaltada por inesperado incidente:

—¡Además ya no se usa! Las mancerinas no son más que unos vejestorios que más estorban que sirven... y que una guarda como cosas curiosas de la pelea pasada.

Pero a las indicaciones de doña Dolores, hubo de ceder la ceguezuela, y los platos arcaicos salieron a relucir sus caprichosas abrazaderas.

Con don Juan vinieron, como era natural, don Cosme y el canónigo, y con éste, que era persona de lo más cortesana, y por deseo de doña Dolores, francamente expresado, uno de los capellanes de Santa Marta.

¡Lista tuvo que andar Filomena para colocar en la mesa un cubierto más! Buena pena la suya cuando se vio obligada a poner una taza distinta de las demás "¿Qué hago, niña Margarita? —repetía— ¿Qué hago?"

—¡Por Dios, mujer —contestó la blanda señorita—, por Dios! Te sacaré de apuros: si te empeñas diré que yo no tomo café, y me traerás solamente un vaso de leche.

XII

—¡Bonita casa tienes!... —dijo don Juan a su cuñada, al entrar en la sala, volviendo el rostro y paseando sus miradas por el jardincito.

—Chica para nosotros... Pero, en fin, como Dios nos ayuda, cabemos en ella.

Los jóvenes se habían detenido en el corredor con doña Carmen mientras Margarita corrió hacia el interior de la casa, para dar las últimas órdenes, a pretexto de llevar los sombrerillos y los devocionarios de su tía y de su prima.

Los criados franceses fueron al comedor con Ramoncillo, quien, si era necesario, les serviría de intérprete. Pero no fueron necesarios los servicios del chico: uno de los mozos mascullaba el castellano por haber estado algunos meses en la casa de un general carlista desterrado de la Península y residente en París. Admiróse Filomena del buen porte de los camareros, y pronto se sintió tranquila.

—¡Qué guapos! —pensaba—. ¡Y qué expeditos!

Don Juan, don Cosme, los clérigos y doña Dolores, conversaban en la sala. Los eclesiásticos y don Cosme de la proyectada traslación de la Sede Episcopal a Villaverde, y el capitalista y su cuñada de la ida de Pablo con sus tíos. Quedó resuelto que el mancebo permanecería en Pluviosilla hasta que la casa fuese quitada.

—Me es necesario aquí, muy necesario, Juan. Pablo es todo en esta casa. ¡Sin él, no sé que haríamos!

—¿Y sabes, Lola —prorrumpió el capitalista—, que este retrato de Ramón es muy bueno? Ahora me gusta más que antes. Me acuerdo que lo hizo un español, y que cuando nos lo trajo, a Ramón no le gustó. Yo le dije que era obra excelente, y hoy pienso lo mismo.

E interrumpióse y agregó:

—Vende estos muebles...

—¿Venderlos? Son de madera muy fina.

—Sí; pero... pasados de moda...

—Les tengo cariño... Son un recuerdo.

—Hija: en las casas suelen ser un estorbo los recuerdos. Vende todo esto... ¿Vas a instalarte en México con este ajuar pasado de moda? ¡Líbrenos Dios! ¡Si tú hubieras visto la casa que teníamos en París! Hija, no hay que darle vueltas: para las cosas de gusto los franceses y nada más que los franceses.

El criado anunció que el desayuno estaba servido. Pronto estuvieron todos en el comedor.

—¡Vaya! ¡Vaya! Pero, Lola... ¿qué lujos son esos? —exclamó don Juan al ver las mancerinas, puestas delante del canónigo y del P. Anticelli con sendos pozuelos de chocolate— ¡Cómo me he acordado de estas mancerinas allá en París! En España, en Sevilla en la casa del señor Arzobispo, vi unas así; otras en la casa del Marqués de Alcázar...

Elena y Margarita departían alegremente con sus primos, los criados servían, y Filomena desde la pieza inmediata se admiraba de la habilidad de los franceses.

—Sí —prosiguió don Juan—, estas mancerinas, padre Anticelli, son viejas en la casa. Son de nuestros abuelos...

Y el buen sacerdote, en buen castellano, pero con acento florentino, alabó los chirimbolos y se soltó disertando acerca de la invención de los platos y del origen de su nombre.

—¡Lolita! ¡Lolita! —siguió diciendo don Juan—. No quisiera decírtelo, no quiero decírtelo, pero... ¡yo me llevo esas mancerinas! ¡Si al tenerlas delante me parece que veo a mis padres, cuando de mañanita, al volver de misa, se desayunaban uno frente a otro! Mi papá afable y cariñoso; mamá siempre risueña. Sí, me las llevo. Pídeme lo que quieras... Te las pagaré bien.

—¡No es necesario eso, Juan! —contestó penosamente la dama—. Tuyas son.

—Pues hija, puedes estar segura de ello... Te lo agradezco de todo corazón.

Algo de esto oyó Elena, pero era tan viva y animada su conversación con Juan, que no detuvo el pensamiento en lo que decían su tío y su mamá. Desde el día anterior estaba encantada del ingenio y de las genialidades de su primo. Jamás había tratado a un hombre así. El joven la atendía cariñosamente, atento a todos sus deseos, adivinándole el pensamiento, derramando sobre ella algo como una luz misteriosa cuyas ondas tibias la reanimaban en cualquier desmayo.

—¡Qué semejanza la nuestra! —pensaba la niña— ¡No parece sino que hace años que le trato y me trata! ¡Y yo, tonta de mí, que me esperaba encontrar en él, un necio y un fatuo! ¡Y qué bien habla de todo! ¡Y qué voz la suya tan agradable! ¡Y qué suave el cutis de sus manos, y qué perfume el de sus vestidos, que me embriaga como aroma de orquídea! ¡Si habla bien de todo, de todo; con gracia, con elegancia, con ternura! ¡Qué bien me ha descrito el altar y el túmulo!... Cuando me habla de París, de los paseos, de los teatros de las calles, de las fiestas, de los espléndidos bailes, me parece que veo todo...

Y la ceguezuela se gozaba en respirar el perfume exótico de los vestidos de su primo.

Margarita departía con Alfonso. La hermosura ingenua y blonda de la joven se compadecía maravillosamente con el carácter melancólico y ensoñador de su primo. Charlaban de naderías, pero de esas naderías serias que interesan y son fecundas en el mutuo cambio de ideas y sentimientos. Alfonso era un aburrido, Margarita una ensoñadora. Él gustaba de lamentarse de la existencia. Ella se complacía en despertar en su primo anhelos de vida, ilusiones que el mozo creía muertas y que Margarita aseguraba que no habían nacido aún.

Terminaba el desayuno, mejor dicho, había concluido ya, cuando una involuntaria exclamación de Juan impuso silencio a todos.

—¿Qué pasa? —preguntó doña Carmen en voz alta, con expresión temerosa.

El joven contaba y volvía a contar el número de personas que estaban a la mesa, y dijo entre asustado y sonriente:

—Somos trece.

Callaron todos. El canónigo y don Cosme se miraron como sorprendidos. El P. Anticelli rompió el silencio contrariado.

—Ma... ¡tonterías!... ¡lo mismo que si no fuésemos ni menos que las Gracias ni más que las Musas!

XIII

A decir verdad, don Juan, doña Carmen, María, Juanita y Alfonso, se levantaron de la mesa pensativos y tristes. ¡Trece en la mesa! ¡Y nadie lo había advertido! ¿Quién tuvo la peregrina ocurrencia de invitar al P. Anticelli? Unos decían que don Cosme; otros que había sido el Dr. Fernández; alguno llegó a insinuar que el buen italiano había venido sin ser llamado. Esto último desagradó a doña Dolores, la cual, contrariada y molesta, declaró terminantemente que ella había sido, y dijo nerviosa y mohina.

—¡Yo! ¡Yo fui! Yo no creo en esas cosas, y me río de esas supersticiones propias de quienes no creen en cuanto deben creer. ¡Mentira parece que personas ilustradas, que gentes cristianas y católicas paren su atención en ciertas cosas! ¡El martes! ¡El número 13! ¡El salero volcado en la mesa!, ¡las mariposas negras!, ¡los espejos rotos! ¡Tonterías, tonterías! Hay gentes que no creen en Dios, que ni reconocen su misericordia, ni temen su justicia, y se afligen, y se acongojan porque han volcado un salero...

—¡Tía! —interrumpió Juanillo— ¡Tía! Tiene usted una elocuencia digna de mi padrino el Sr. Fernández.

—¡Calla, muchacho! —replicó la dama—. Me apena lo acaecido; me apena por tus padres, y por ustedes, de quienes no sabía que dieran importancia a tales patrañas...

Pero, hijo mío, piensa, aunque te burles de mi elocuencia, que son patrañas y nada más que patrañas. Como la cosa no tiene remedio, dejarla, muchacho, ¡dejarla!

En la sala se trataba del mismo asunto. El doctor callaba prudentemente; don Cosme no despegaba los labios, pero en lo interior luchaba con sus dudas. Dado a la contemplación de lo sobrenatural y mirífico se decía: "¿Será cierto?" El P. Anticelli en frase vehemente, autoritativa, a las veces burlona, que solía rayar en severa, y hasta parecía regaño, se esforzaba inutilmente en convencer a doña Carmen y a don Juan de que tamaña superstición, muy común en Francia en las clases cultas, lo mismo que en las masas vulgares, no se compadecía con una fe ilustrada, ni con las creencias católicas. "Todas esas patrañas —repetía— proceden del Protestantismo, son fruto luterano... mi señora doña Carmen: ¿qué dice vuestro buen Ripalda? ¿Qué dice? Que peca contra la fe quien cree cosas supersticiosas, ignora, niega o duda lo que debe creer".

Pero los empeños del sabio jesuita eran ineficaces...

Doña Carmen contestaba:

—No, padre mío: no creo en eso, no; pero he visto tantos casos. Que éste se lo cuente a usted.

Y don Juan, muy gravedoso y serio, se echó a contar novelas y aventuras fatídicas. Él, en París, en Viena, en Niza, en Trouville...

—Sí —replicó el jesuita—, de Trouville procede, tal vez, aquello del bufón de Eusebio Blasco: "¡Éramos trece a la mesa: doce ostras y yo!" No, mi señor, el número trece sólo es fatal, como dice no sé quién, cuando no hay comida más que para doce. Serénese usted; aquí había desayuno para veinte.

Afuera, en el comedor, decía Juanito:

—Yo soy un espíritu fuerte... Casi casi no creo en nada... pero esto me preocupa y entristece... María apoyaba los dichos de su hermano. Pablo y Margarita se reían, disimulando su risa y tratando de llevar la platica por distinto sendero. Elena y Alfonso charlaban en el sofá.

—¡Ya me explico todo! —exclamó repentinamente Juanillo.

Todos callaron. El mozo prosiguió en voz baja, pero en tono de completa sinceridad:

—Hemos tenido en la mesa al P. Anticelli. ¿Es italiano?

—¡Si! —contestaron a una Pablo y Margarita, él con fría curiosidad, ella abriendo hermosamente sus rasgados ojos azules.

—Pues bien —prosiguió el joven—, los italianos... ¡son los primeros "gettatori" del mundo!

Margarita protestó valerosamente:

—¡Gettatore el P. Anticelli? ¡Calla, Juan, calla, por Dios! ¡Es tan bondadoso, tan afable, tan cariñoso! Suele parecer áspero, eso sí, no lo niego, pero en el fondo, ¡qué dulzura!, ¡qué nobleza!, ¡qué bondad!

En el comedor, mientras levantaban la mesa, los franceses hablaban también del accidente, ambos pensativos, el menor triste y sombrío. ¡Sepa Dios qué temores le habían asaltado!

Filomena iba y venía recogiendo la vajilla y poniendo en lugar seguro los antiguos cubiertos de plata y las vetustas mancerinas.

El P. Anticelli, agotada la conversación, se puso en pie para despedirse. Alguno le invitaba para ir a visitar la Fábrica del Albano, de la cual era don Juan uno de los más importantes accionistas.

—¡No; mil gracias! —respondió— Me aguardan otros quehaceres. Divertíos.

—¡Alegrarse! Dejaos de agüeros y de cosas tristes, que la vida es buena y la virtud alegre... ¡Que todo sea para la mayor gloria de Dios!

Despidióse el clérigo de la señora, despidióse de los demás, y como el capitalista se dispusiera para acompañarle hasta el zaguán, el jesuita le detuvo, y le hizo volver a su asiento.

—¡Ma...! —exclamó— No, señor... Afuera están los herederos. Ellos cumplirán por usted.

En el grupo juvenil se charlaba alegremente. Pablo y Ramoncito conversaban cerca del zaguán; María se entretenía en arreglar las flores de una jardinera; Elena departía con Juan, y Margarita con Alfonso.

El P. Anticelli se detuvo un instante a contemplar el grupo, y, mirando por sobre las gafas, clavó en las muchachas y en los mancebos viva y penetrante mirada.

—Jóvenes...—murmuró cortesmente— ¡que Dios os guarde!

Juan y Alfonso se miraron por manera significativa, sonrientes ambos.

—Supongo... —continuó el jesuita— que vosotros no estaréis tristes, ni creeréis en patrañas... ¡Bien!, ¡bien!

Las señoritas y los jóvenes se levantaron.

—¡Adiós, Elena! —Y volviéndose a Juan—: Esta es la buena niña... ¡Queredla mucho! —Y siguió, dirigiéndose a Margarita—: ¡Dios te bendiga, muchacha, por tu excelente corazón!

Saludó con una inclinación de cabeza, dio la mano a Pablo y a Ramoncito, e iba a salir, cuando se presentó doña Carmen.

—¿Se va usted P. Anticelli?

—¡Si, Dolores! —y prosiguió en tono jovial—. Mira cómo te las compones con estos mancebos que están tristes... ¡Creen sin duda que la amenaza es una gran desgracia!

—No, padre mío, no creen tal cosa... Es de moda eso... y de ahí que se finjan supersticiosos.

—¡Bien! ¡Bien! ¡Adiós!

Y se fue.

No bien hubo salido el P. Anticelli cuando apareció don Juan en la puerta de la sala:

—¡En marcha! —dijo— El tranvía nos estará esperando.

Todos dejaron sus asientos. Los mozos buscaban sus sombreros; las señoritas los suyos. Doña Carmen se dirigió al salón. Allí, en voz baja, habló con ella el capitalista, y luego éste gritó en francés: "¡Luis, ven acá!"

Presentóse el mozo.

—Recoge —díjole don Juan—, recoge dos platos de plata que te dará la señora... y llévalos al hotel, y guárdalos en una de mis cajas

—¿Que? —preguntó Elena, al oír esto, en momentos en que pasaba junto a doña Dolores— ¿Qué dice?

—¡Calla, hija, calla! —respondióle sigilosamente la señora— Ya te diré...

Y dando el brazo a su hija, se dirigieron ambas a la pieza inmediata. La pobre ceguezuela iba llorando.

—¡Mamá! —repetía afligida— ¿Por qué ha dicho eso mi tío? ¿Le has regalado las mancerinas?

—Me las pidió. ¡No pude negárselas!

- ¡Pero, mamá!

—¡Resignación, hija mía! Ofrece a Dios este sacrificio.

XIV

Esa noche, al volver del hotel, y ya recogidas en su alcoba, y mientras Pablo y Ramón estaban en el teatro con sus primos, Margarita y Elena hablaban de los sucesos del día.

—Estoy muy cansada —decía la ceguezuela— pero no quiero acostarme sin platicar antes contigo. ¡Cómo me he reído de las supersticiones de los muchachos y de mis tíos! ¡Si parece mentira, si no es posible que personas ilustrada den importancia a ciertas cosas! No sé si tú lo habrás observado ... A mi para comprenderlo, me bastó lo que oía yo. Todos han estado tristes. Poco hablaron durante la ida y vuelta. Mi tío estaba de mal humor, hasta brusco y áspero; a tía Carmen todo se le volvía suspirar y temer próximas desgracias; María... ¡María es una boba, una sandía, que, como no sea para decir frivolidades, no despega los labios. Para ella no hay nada como París... Yo pienso y sé cuánto vale París, pero no creo que carezca de defectos... ¿Que es muy lindo? Sí que lo será, convenido, pero ya me tiene cansada esa criatura con su París. ¿Sabes lo que me dijo? No puedes imaginártelo. Pues... me dijo, yo creí que intentaba burlarse de mí, me dijo que los alrededores de París son mas fértiles que la vega de Pluviosilla; que allí la vegetación es vigorosísima, que se dan las piñas tan hermosamente como en... el Brasil!

– ¡Ten paciencia, mujer, ten paciencia!

—¡Si no me impacienta, me causa risa y me divierte! Y... dime: ¿está bonita María?

—¿Bonita? Bonita... no; pero si agraciada y simpática. Cuerpo gracioso y esbelto; cuello airoso, carita alegre; ojitos vivarachos... La boca es mala... pero la dentadura parece hecha con dos hilos de perlas.

—¿Es elegante?

—¡Oh! Eso sí: muy elegante. Viste con sencillez. Es cierto que mucho le ayuda el buen gusto y el corte soberbio de los vestidos. Esta mañana para ir a la iglesia se puso un vestido negro, de seda opaca, que era una maravilla. Cuando pasamos al hotel para irnos a la fábrica, yo le dije que se mudara de traje y que llevara uno más ligero y vistoso, y entonces estuvimos buscando otro, tal como yo decía, por cierto que no le hallamos...

—Y por cierto que mientras, en el tranvía, ya nos cansábamos de esperar a ustedes.

—Por fin se decidió, o mejor dicho, nos decidimos por uno de paño claro y ligero. ¡Pero si tú hubieras podido ver qué lindos trajes ha traído!

—¡Y otros más que traerá!

—Como que dice que viene bien provista, muy bien provista, porque ya sabe que en México no hay sastres de señoras, y si los hay no serán como los de... París; que ya sabe que aquí las telas son malas y carísimas... no como las de... París; y que ya se imagina el mal gusto de las modistas, de las cuales la mejor no será...

—¡Como la peor modista de París!

—El traje que llevó esta mañana, aunque de invierno, e impropio para este clima y para un día tan caluroso como el de hoy, es primoroso; un traje de calle, casi de viaje, ceñido y airoso. Es de color claro, como de café crudo, sencillo, entallado de un modo elegantísimo, que deja lucir la esbeltez del cuerpo, la cintura delgadita, y el busto distinguido. Completan ese traje, cuello y puños a la inglesa con sendos botoncillos de nácar; corbata de seda, crema, con jaspes de sepia esfumados en algunas vueltas; guantes de Suecia más oscuros que el vestido, y un sombrerillo, ¡qué sombrerillo, Lena!, ¡qué sombrerillo! ¡Chiquitín, de seda también, como la corbata, de color semejante, con unas cuantas cintas más obscuras, un haz de campánulas amarillas, de un amarillo muy suave, y un puñado de *edelweiss*!

—Dejemos a María... Alfonso era el menos triste... (como que tú lo traes entusiasmado)...

—¡Jesús, criatura! No digas eso.

—Juan hablaba poco...

—¿Poco? ¡Pero, hija si no puede hablar más de lo que habla!

—No, realmente estaba triste... Estoy segura de que no tuvieron sus labios la más breve sonrisa...

—No, no estaba triste. No creas que le duró mucho el recuerdo del número trece. Como que tú le traes loco...

—¿Loco? ¡Margot! ¡Por María Santísima! ¡Qué cosas se te ocurren a ti!

—Díganlo si no los requiebros y piropos que tiene para ti... las cosas que te dice, y el modo con que te mira...

—Pues, ¿cómo me mira?

—¡Pues cómo ha de ser, Elenita mía, cómo ha de ser!

— Sí, pero, ¿cómo?

—¡Ya comprenderás!...

—No comprendo... ¿Cómo?

——¡Jesús, Lena, si preguntas más que el Ripalda!

—Margot: ¡dime cómo me mira Juan!

—¡Pues, criatura; como un doncel herido de amores!

La ceguezuela soltó una carcajada, y al desbordarse la risa de sus labios, aquellos ojos sin luz, intensamente negros, brillaron con extraordinaria belleza.

Margarita prosiguió:

—De veras: ¡qué traje tan bonito el de María! ¡Pocos había más correctos y más elegantes!

—¿Y dime —preguntó Elena— y, Alfonso es guapo?

—Yo no me detengo a observar eso.

—Margot: no seas hipocritilla.

—¿Hipócrita? ¿Por qué?

—Yo sé lo que las palabras quieren decir. ¿Piensas que yo no estuve atenta a lo que ustedes conversaban en la mesa, esta mañana? Si ya sabes que yo lo oigo todo, y a pesar mío, todo lo escucho... ¡Bien que sé a que huelen las rosas!

—Aquí no hay tal olor ni tales flores.

—¿Cómo es Alfonso, Margarita mía?

—Como todos los hombres.

—¿Es guapo?

—No es feo.

—¿Es inteligente?

—No es tonto.

—¿Se te inclina?

—¡Sépalo Dios! Y... mira: sin querer estamos parodiando a Santa Teresa.

—Ahora dime...

—¿Otra preguntita?

—Sí.

—¿Que te diga yo cómo es Juan?

—¡Criatura!

—¡Sí, sí, eso es lo que quieres saber! Y no he de responderte.

—Lo que quiero saber es otra cosa.

—¿Otra cosa?, ¡a que no!

—Sí.

—Otra cosa muy distinta.

—No; quieres saber si Juanito es guapo.

—No; porque ya me lo dijiste anoche. Me dijiste: lo es y mucho, y muy simpático, y muy elegante, y muy distinguido y...

—¡Y muy parlanchín!

—Margot, no seas así. Lo que quiero saber es... ¿quién de los dos es más apuesto? Tú dirás que Alfonso.

—Pues te diré que Juan.

—Dime la verdad, Margot; no te burles de mí... ¡No seas cruel!

—Pues... de los dos, el más guapo es... ¡Los dos igualmente!...

—Eso no puede ser.

—La verdad... la verdad: ¡Juan!, Alfonso...

—Alfonso... ¿qué?

—Alfonso es bueno.

XV

Resolvióse todo de una manera definitiva. La familia se iría a México tan luego como levantara la casa; Pablo sería llamado, si era preciso, oportunamente; Ramoncito debía continuar sus estudios en la Escuela Nacional Preparatoria —lo cual no era muy del agrado de su mamá, siempre temerosa de riesgos y perdiciones para su hijo— y doña Dolores recibiría cien pesos cada mes para atender a las necesidades de su familia.

Dióle don Juan quinientos pesos para ayuda de gastos, y tanto el capitalista como su esposa y sus hijos, manifestaron a todos sumo cariño y vivísimo deseo de tenerlos cerca. ¡Cómo se felicitaban de lo acordado, cómo se mostraban alegres y contentos!

—¡Ya lo ves —repetía doña Carmen—, ya lo ves! ¡Juan es así! Todos dicen que tiene mal carácter, que es egoísta, avaro y rencoroso... ¡Pero no es verdad, no es verdad! Yo, que le conozco bien, sé cuánto vale. ¡Vale mucho! Es delicado y sensible, y aunque a veces parece duro de corazón, no hay en él nada de eso. Él tiene sus ideas, acaso raras, no lo niego, muy raras... pero no es rencoroso. Mira tú; con ustedes podía ser frío y desamorado y ¡ya lo ves! No guarda rencor. Mucho hace por tí y por tus hijos... Pues... hará más, ¡mucho más!

Doña Dolores callaba entristecida. Sentíase humillada al recibir dinero de su cuñado, y pensaba que, en lo futuro, cada cantidad recibida importaría para ella y para sus hijos nueva y dolorosa humillación.

—¡Paciencia! —decía para sí—. ¡Paciencia! Iremos, qué se ha de hacer. Pablo tendrá un buen empleo, y entonces, poco a poco, devolveremos a Juan lo que ahora nos da... No aceptaremos ni un centavo más; viviremos económicamente. Moncillo será abogado, volverá a Pluviosilla, abrirá bufete, tendrá clientela, y todos, todos, menos Pablo, tornaremos a nuestra amada ciudad a vivir tranquilos y dichosos. Pablo subirá, sí, subirá, porque no podrá menos de ser así... y hará fortuna, y no necesitaremos de nadie. ¿Y si a Pablo se le mete en la cabeza casarse? Pues, bien, que se case, con tal que sea con persona que le convenga, con una muchacha modesta y sencilla, sin vanas aspiraciones de lujo... ¡Con tal que sea buena, aunque sea pobre! Y... bien visto el caso, pudiera ser rica. María Durand es rica, riquísima, y sin embargo es una excelente esposa. Así quiero yo una joven para mi Pablo. Además, mi hijo no es un tonto, y aunque joven le sobran mundo y experiencia, y a tiempo cuidará de traerse a su esposa, para sacarla de ese México tan frívolo y vanidoso. ¡Con razón le ha llamado alguno "perpetua feria de vanidades"!

Margarita estaba tristoncilla. Ella habría preferido no salir de Belchite. Quería mucho a Pablo, mucho, pero, si era necesario, que se fuera, que se fuera a México, que allí se colocara; que trabajara allí, que hiciera fortuna... y mientras todos estarían contentos en Pluviosilla, muy metiditos en su casa, sin exigencias, como siempre, tranquilos y olvidados. Si Ramoncillo podía seguir estudiando en el preparatorio, y basta estudiar allí cuanto se necesita para ser abogado, ¿para qué ir a México, para qué? Pero cuando discurría para sus adentros, y hablaba de todo esto, allá en el fondo de su pensamiento, entre no sé que brumas, como envuelta en velos vaporosos, surgía risueña y simpática la silueta de un mozo, de un mozo delgado, pálido, nervioso, de palabra expresiva, de mirada dulce y apasionada, de un joven ensoñador y blando, abatido siempre por misteriosas añoranzas; Alfonso, Alfonso, cuya figura distinguida no se apartaba ni un instante de la gallarda señorita.

Elena decía:

—¡A mí no me atraen ni el brillo ni los esplendores de una gran ciudad! Para mí todo es tinieblas y noche obscura. Iré a los teatros... oiré comedias y dramas, escucharé buena música, nueva, música clásica, que tanto me gusta... ¡y nada más!

Y luego, hablando consigo misma, hablando quedito, muy quedito, como temiendo que alguien la oyera, allá en lo más hondo y silencioso de su alma, murmuraba: "¡Sólo una cosa me atraerá desde México: Juan!"

El Ramoncillo se mostraba entusiasmado:

—¡Cómo me voy a pasear allí! Teniendo bien repartido el tiempo, me alcanzará para todo. Y los domingos... En la tarde: a los toros. En la noche: al teatro, o al circo. A mí no sólo me tientan espectáculos y coliseos, no, también deseo estudiar en aquellas escuelas, oír profesores elocuentes y afamados, asistir a las Cámaras cuando se discutan graves y ruidosos asuntos, y cuando haya sesiones borrascosas. ¡Tengo unas ganas de oír a Mateos! Sí, quiero verle con mis ojos, quiero desengañarme... de si es cierto que le aplauden, y si ese aplauso es sincero y no de burlas o prodigado por aquellos cuyos sentimientos halaga y enardece.

Quedó resuelto que Pablo sería llamado oportunamente; que desde luego dejaría su empleo en la fábrica, a fin de ayudar a su mamá cuanto fuera necesario para quitar la casa, y que don Juan se encargaría de buscar en México un local cómodo y decente para la familia; una casa en barrio sano y alegre, o en Tacubaya, o en Coyoacán.

El último día que pasó el capitalista en Pluviosilla, fue empleado en hacer visitas. Ya habían estado a verle el administrador de la fabrica del Albano, el licenciado Castro Pérez, el notario don Quintín Porras (quien había sido en varios asuntos apoderado de don Juan) y otras varias personas de viso con quienes nuestro personaje llevaba de antaño buenas y cordiales relaciones.

Doña Carmen salió de paseo con doña Dolores; el canónigo y don Cosme comieron en Santa Marta, invitados por los capellanes; y todos los primos se fueron de gira a la hacienda de Fuentelimpia con unos amigos de Pablo y de Ramón.

Volvieron a las seis de la tarde. Ramoncillo y su hermano a caballo con los anfitriones. Pablo y Alfonso, en un carruaje con las niñas.

¡Magnífico día! ¡Esplendida tarde! Al regresar de la hacienda, a la luz deslumbrante del sol poniente, pudieron gozar de un soberbio celaje rojizo, que parecía envolver en llamas las nieves del volcán.

—Margot —decía Alfonso al oído de su graciosa prima—, no cambio este día por el mejor de cuantos he pasado en Europa. Tu afecto y tus palabras son para mi corazón como vientecillo primaveral embalsamado con aroma de lilas.

Y Margarita no respondía, y bajaba los ojos, y se entretenía en ordenar las flores que traía en el regazo.

XVI

A las nueve de la mañana doña Dolores, con todos sus hijos, estaba ya en el hotel.

Quedaban listos los equipajes. Los franceses recogían bultos apresuradamente, pedían órdenes, y se disponían para ir a la estación.

Don Juan almorzaba con tranquilidad; doña Carmen le acompañaba; María, con sus primas, daba el último toque a su traje; y los cuatro mozos charlaban a la puerta del establecimiento.

—Procuraré —decía Juanito a Pablo—, procuraré que vayas pronto; ya verás que buenos días nos pasamos. Sin duda que tu vida no será allá tan fastidiosa como aquí. México no es París; pero ya cuidaré yo de que sea alegre para mí. Ustedes necesitan salir de la provincia. Tienen todos los jóvenes de provincia —y lo mismo pasa en Francia— cierto aire de timidez que me da risa. Parecen palomas asustadas. No, no, ni un día más. Te espero. Cuando llegues, porque tu mamá y las muchachas se irán después, te irás a vivir con nosotros. Quedaremos independientes. En el primer piso tendremos Alfonso y yo nuestras habitaciones, y camparemos por nuestra cuenta. A mí no me gusta la sujeción y la tiranía de la familia... ¡Por fortuna papá no ha gustado nunca de tenernos sujetos! Te espero: yo me daré trazas para que antes de un mes estés allá. ¿Tienes aquí novia? ¿No? ¡Mejor, qué mejor! Si la tienes y me engañas, rompe esas relaciones. No te vuelvas como Alfonso. ¡El ideal! ¡El casto! (Don Alfonso el Casto le llamo yo)... Que por cierto desengaño que tuvo en Niza, hace un año, todavía no levanta cabeza. Sí, corta esas relaciones, con cualquier pretexto... ¡ya verás! ¡Ya sé yo cómo voy a combatir en mí la nostalgia de Lutecia!

Alfonso prometió a Ramón libros nuevos. Traía muchos, de lo mejor; todo lo publicado en el último invierno: la última novela de Zolá; los últimos cuentos de Catulo Mendes. Traía también libros serios.

—No nací —agregaba—, no nací para hacer carrera... pero me gusta leer, me gusta saber de todo...

Llegó la hora de la partida. Un tranvía especial aguardaba frente al hotel; un carro elegante, tirado por dos lindos ponis —todo ello cortés obsequio del dueño de la vía urbana, antiguo amigo de don Juan. El canónigo y don Cosme no llegaban aún. Ramoncillo fue por ellos. No tardaron en venir, y pronto estuvieron en la estación.

Hervía en el andén la multitud. Llegó el tren, unieron a éste elegantísimo coche, y los criados, con ayuda de unos mozos de cordel, metieron en un furgón todo el equipaje de la familia: setenta bultos.

A despedir a la familia vinieron muchas personas.

—¡Cuántos de estos que ahora vienen a decirme adiós —pensaba don Juan— no se dignaban saludarme cuando por primera vez me ausenté de esta tierra en busca de más amplios horizontes, en busca de fortuna, y en busca de dinero! Y ahora...

Pero se mostraba cortés con todos; para todos tenía una palabra afectuosa, un recuerdo que llevaran a los suyos, una promesa, un ofrecimiento espontáneo.

En el fondo del vagón charlaban los muchachos. Juanito parloteaba de lo lindo al lado de Elena; Alfonso conversaba dulcemente y en voz baja con Margarita, y Pablo y su hermano departían con María, a quien, lo mismo que a doña Carmen, habían ofrecido frescos ramilletes de gardenias.

Los ociosos que pululaban en el andén miraban con impertinente tenaz curiosidad a los Collantes. Algunos amigos de Pablo y Ramón los saludaban con maliciosa sonrisa, y algunos pollos ponían mirada interesante en la linda personita de Margarita.

Sonó el toque de prevención. La señora y las señoritas bajaron del vagón, despidiéndose, y por el ventanillo se cambiaron las últimas frases, los últimos encargos.

Partió el tren. El doctor Fernández abrió el breviario y se puso a rezar. Don Juan, quitándose el sombrero, saludó y dijo a gritos:

—¡Adiós, Lola! Antes de un mes tendrás puesta tu casa...

Juan, Alfonso y María saludaban a sus primas. Contestaban todos, y el tren se iba alejando.

Margot estaba triste y pensativa. Elena enjugaba sus ojos.

Al salir de la estación y al subir al tranvía, cuantos pasaron saludaron cariñosamente a doña Dolores y a sus hijos.

—¿Quién es ese señor? —preguntó un transeúnte.

—¡Don Juan Collantes! —respondióle uno que pasaba— ¿No le conoce usted? ¡Es de aquí! ¡Es un millonario! Viene ahora de París... Es tío de los muchachos esos, de la rubia esa, y de la ciega. Ya todos estos salieron de apuros. ¡Y cómo se les han subido los millones... del tío!

XVII

Fácilmente, y como era de esperarse, dados aquel medio tan propicio y el carácter de los bueno y pacíficos habitantes de Pluviosilla, donde a falta de cosas importantes la más insignificante y baladí suele tomar aspectos y proporciones colosales, con la rapidez del relámpago corrió la inesperada noticia de que la familia Collantes levantaba tiendas para ir a radicar en la capital de la República.

Desde las verdes faldas de la colina del Recentral hasta el barrio de Santa Mónica, y desde el Molino de la Esperanza hasta la ermita de San Antón, no se hablaba de otro asunto. En boticas y mentideros —que los hay a docenas y muy concurridos por gentes piadosas y discretísimas— se trataba del susodicho viaje y se le comentaba de mil modos diversos. Era para muchos motivo de burlas y de sátiras, para otros de graves y profundas meditaciones, y para todos cosquilleo de envidia y de celo, uno y otro velados, no podía menos de ser así, con dulzuras de compasión y de alegría devota, muy en caja con el buen carácter de los comentadores.

Se recordó el pasado de los Collantes; se trajeron a cuento los esplendores y el auge de aquella familia, la cual, en años remotísimos, fue la primera y la más conspicua entre muchas a cual más distinguida y ameritada de la húmeda ciudad. Contaron los viejos, y de labios de éstos lo repitieron personas de mediana edad, y siguieron diciéndolo mozos, pollas y niños, cómo la familia esclarecida de los Collantes vino a menos, muy a menos, allá por los años de 45 y 46; cómo don Pablo, padre de don Ramón y de don Juan, consiguió alzar un tantico su fortuna durante la invasión norteamericana, gracias, según fundadísimas sospechas, a no sé qué negocios con el yanqui, después del bombardeo de Veracruz y de la batalla de Cerro Gordo. Dijeron también, muy atrevidos y faltos de piedad, de los amores de Angustias Collantes, la hermana mayor de don Juan, gallarda como una reina y linda como un sol de oro, con cierto Jefe de Cuerpo Expedicionario Francés, en los primeros meses del 62, amores que fueron para la familia causa de discordia y desunión.

De aquí provino, repetían, la enemistad implacable que separó a los dos hermanos, don Juan y don Ramón, y no meramente de negocios y operaciones de las manos muertas, como todos creían; de ahí tan graves disgustos; de ahí que en caso aflictivo, y vaya si lo fue el verse al borde de la ruina, don Ramón no hubiese podido apelar a su hermano en demanda de salvación; de ahí la gran fortuna de don Juan por el apoyo que le prestó su cuñado, quien le puso en relaciones con el Mariscal Bazaine, y en vía de hacer, como los hizo, soberbios negocios con el Tesoro Francés.

Casóse Angustias, fuese a Francia con su marido, y a principios del 67, a la caída del Imperio, fuese también a Francia nuestro don Juan Collantes; de allí volvió en 70 con toda su familia, redondeó sus negocios, y regresó a París, donde siguió acrecentando su fortuna, la cual había subido extraordinariamente en los últimos años. Él tenía en Francia la mayor parte de su capital, y lo tenía muy bien colocado y productivo, de manera que al bajar la plata y al subir el cambio, duplicó sus riquezas. "Ahora —decía, asimismo, en la sala de juego del Círculo Mercantil, y en algún otro mentidero, entre una mano de 'poker' y una camonina celebrada algún hombre de negocios, viejo amigo de don Juan, a quien había comprado una posesión cafetera, allá por Omealca—, ahora viene a fincar todo el dinero que se tiene achocado. Y ¡ahora es tiempo de que veamos cómo parte de esas sumas, que no son grano de anís se utilizan aquí en Pluviosilla, en alguna obra pública; en la construcción de una casa de rastro o en la introducción del agua potable...! En fin, es preciso que Juan —así nombraba al capitalista, para que todos supieran la confianza que uno y otro se tenían—, es preciso que Juan haga algo en bien de Pluviosilla. ¡Ya le hablé del asunto! ¡Ya le hablé de eso! ¡Yo no me duermo en casas de estos! Y Juan (que este admirado de los adelantos y de la riqueza de Pluviosilla, y muy interesado en su prosperidad) me dijo ya que se propone estudiar el punto; que el negocio le parece bueno y de fácil término; que traerá ingenieros franceses para que hagan planos, mediciones y cálculos..."

Pero los tertulianos —y el mismo que tales cosas contaba, inclinados sobre el verde tapete— dejaban a un lado tan risueños proyectos de bienestar... público, y se dejaban arrastrar por los azares de la baraja.

En todas partes contaban las gentes que Collantes volvería pronto a su tierra natal, a emplear sus dineros en bien de ella, pero que, hecho el contrato del rastro y de la introducción y entubación del agua, el capitalista se volvería a París. Era razón que así lo hiciera: su cuñado, el general Surville, sería, más tarde o más temprano, Ministro de la Guerra, y entonces qué mejor oportunidad para mayores y productivos negocios.

En los círculos femeniles el chisme iba por otros senderos. Contábanse en ellos mil y mil anécdotas; se encomiaban el desprendimiento y las excelencias de Collantes, eran puesta muy en alto su caridad y su amor a la familia de su hermano, y se envidiaba a Margarita y a la infeliz Elena.

—¡Oye tú! —charlaba una pollita, nerviosa, fea, delgada como un mango de escoba y vivaracha como una lagartija, y muy relamida, y muy suelta de palabra—. Mira tú: ¡quién podrá sufrir a las Collantes cuando vuelvan de México! Si pobres como han estado, se dan ese tono, y tienen más orgullo que don Rodrigo en la horca, qué será cuando puedan vestir mejor; cuando en vez de hacer vestidos y sombreros para ti, para mí y para todas las muchachas de Pluviosilla, los lleven ellas flamantes y a la última. Ellas, hija mía, ¡eso sí!, tienen muy buen gusto, y siempre lo han tenido. Dice mi mamá que antes, cuando no estaban pobres, ellas eran quienes llevaban la moda en Pluviosilla, y que de ellas aprendían todas las muchachas... Eso dice mamá, y yo confieso que tienen muy buen gusto no sólo para lo que ellas se ponen, sino también para lo que hacen... Pero (no sé qué pensarás tú, no se lo que dirás, ni si crees lo mismo), pero, ¿no es cierto que pecan de sencillas? ¡Si a veces rayan en desairadas! No cabe duda que en la sencillez está la elegancia, pero hija, ¡no tanto, no tanto! ¿Te acuerdas del último baile del Círculo Mercantil? ¿Te acuerdas del vestido aquel que llevó esa noche Carolina Andrade? ¿Te acuerdas bien? Era blanco, casi liso, sin adornos vistosos, con unos ramos de "no me olvides", y ¡nada mas! Bien; pues todos, todos, lo mismo las mujeres que los hombres, todos alababan el vestido. Pues a mí (acaso porque tengo mal gusto) no me agradó; me pareció sin gracia, escueto, desairado. ¡Pues figúrate, Elisa, figúrate! Si ahora las Collantes son tan orgullosas, ¿cómo estarán al volver de México, protegidas por el tío? Yo, a decirte verdad, me alegro de tal protección, porque no soy envidiosa. ¡Dios me libre de ser envidiosa, Dios me libre!, y no me apena ni me causa tristeza el bien ajeno. ¡Pobres muchachas! ¡De modistas a millonarias! Porque si es cierto que los millones no son suyos, cualquiera creerá que sí lo son, y como el tío es generoso, muy generoso, les dará todo lo que necesiten, y se lo dará con abundancia. Con sólo el apellido les bastará para entrar en la mejor sociedad. Margarita hará buen papel porque no es fea, y aunque un poquito cursi, es elegante, tiene cierto atractivo, sabe lucir su cuerpo "esbelto" y "cimbrador" (como dijo Arturo Sánchez en aquellos versos que salieron en *El Radical*) y, yo te lo aseguro, Margarita hará buen papel...

–¡Y se casará! —exclamó la joven que pacientemente había escuchado la irrestañable charla de su amiga.

—¡Puede! Y yo creo que eso es lo que quiere doña Dolores, y por eso levanta el campo; porque aquí con lo que tiene y con lo que le dará su cuñado, podía vivir mejor... Dice doña Lola (yo se lo he oído decir) que en Pluviosilla no hay con quién casar a las muchachas; que aquí no hay jóvenes de provecho; que aquí... ¡Puede que tenga razón! Pero no debía decirlo ella; ella, que si no es de aquí (porque es de Villaverde), que si no es de aquí, ¡como si lo fuera! Aquí se casó, y aquí han nacido todos su hijos. Lo que quiere es ver si por allá se casa Margarita con algún ricacho... Si se puede con alguno de los primos. Mira, Elisa: ya sabes que yo soy muy maliciosa, muy maliciosa, y ¡Dios me lo perdone!, se me ha metido en la cabeza que Margarita y... uno... de sus primos... ¡se entienden!

—¡Por Dios, Lucía! ¿De dónde has sacado eso?

—¿Sacado? ¿Sacado? ¡Alma de Dios! ¡Alma de Dios! ¡Pues qué no tengo ojos! Ayer estábamos en la estación... Fuimos a recibir a Pepilla Sánchez, la hermana de Arturo, y allí me encontré con las Castro Pérez... Estábamos allí, cuando llegó toda la familia Collantes que iba a despedir a sus parientes. ¡La ciega iba muy del brazo de uno de sus primos!...

—¡Es natural, Lucía! La pobrecilla no ve... y entre tantas gentes, en medio de aquel ir y venir, la pobre Elena no podía ir sola...

—¡Bueno! ¡Conforme! Y Margarita... ¡iba también con su correspondiente primo!... ¡Los primos, hija, los primos! ¡Los primos! Por cierto que son guapos... Un poquito en-clenques... paliduchos y flácidos...

—¿Dónde aprendiste esa palabrita?

—¡Ah! ¡No me acuerdo! En alguna novela en algún periódico, donde tú quieras. ¡Tú me entiendes!

—Te la enseñaría Arturito Sánchez...

—¡Déjate en paz a Arturo! No pierdes ocasión de burlarte de él... Y no tienes razón para ello... ¿No te simpatiza? ¡Conforme! Pero confiesa que es un muchacho de mucho talento. Pues, como iba diciéndote: son guapos, pero flácidos. Unos parisienses pinti-parados. ¡Ninguno de ellos podría llevar con éxito el traje de charro, el gallardo traje nacional! ¡Ninguno! ¡Y tú me entiendes!

Elisa sonreía, y, al parecer distraída, jugaba con el abanico de su amiga, un abanico japonés, en cuyo paisaje, tras una guía de crisantemos, sobre un fondo limitado por un volcán borroso, descendía una bandada de grullas.

—Pues, como iba yo diciéndote: Margarita iba con su primo, el más joven, como de veinte años... ¡Y qué palique! ¡Amor naciente! ¡Escena primera: el teatro representa una estación del Ferrocarril Mexicano! ¡Já, ja, já!

—¡Por Dios, Lucía!

—¡Y supongo que mi señora doña Dolores, viuda de Collantes, mi madrina, sí, mi madrina de bautismo, querrá también ver si coloca a la ciega, que la ceguera, como la pena, con pan es buena!

—¡Lucía! ¡Lucía! ¡Qué buena discípula han sacado en ti las Castro Perez!

—¡Déjame! ¡Dices que soy suelta de lengua? ¡Pues, déjame! ¡Yo soy así!... ¡Es mi modo, mi manera! Yo no pude oír nada de lo que iban conversando Margarita y el primito, pero... ¡me lo imagino! Los muchachos son guapos, elegantes, distinguidos... Una ropa... ¡por supuesto! ¡Como hecha en París! ¿Y la hermanita?... Ni fea ni hermosa. Pero, eso sí, un figurín. ¡Qué corte y qué tela la de aquel vestido! ¡Qué sombrero! ¡Qué guantes! ¡Guantes de Suecia!

En otras partes, entre las señoras mayores, se comentaba el caso por modo más serio. Envidiaban a la viuda de Collantes, mas no se manifestaba la envidia de manera franca. "Doña Dolores debía considerarse feliz: ¿qué más deseaba? Tenía asegurado el porvenir: casaría a Margarita; Pablo haría fortuna; Ramoncillo lo mismo; Elena... La pobre ciega viviría tranquila..."

Después se comentaba el término plausible de aquella división de los Collantes, tan añeja y enojosa; división sabida por todos los moradores de la tórrida ciudad. Se hablaba, como era obligatorio, de los amores de Angustias Collantes con el oficial francés, un hombre hermoso, de noble apostura militar, y salían de boca de las damas mayores recuerdos de felices años, memorias de la Intervención y del Imperio; y no faltaron brillantes descripciones de fiestas, giras y saraos ofrecidos a las señoras de Pluviosilla por la oficialidad extranjera. Fiestas, giras y saraos elegantes y deslumbradores... ¡De los que ya no se ven en estos tiempos democráticos! ¡Y aquel baile magnífico, sin precedente ni semejante, con que las damas de Pluviosilla obsequiaron a la emperatriz Carlota! ¿Y aquél otro con que el monarca obsequió a la buena sociedad de Pluviosilla? En ambos bailes hizo alarde de su belleza Angustias Collantes. ¡Qué lujo desplegó en ellos! ¡Tal de bella y de elegante estaría, que la emperatriz al terminar la cuadrilla de honor, tuvo para la joven frases de elogio y de sincera admiración!

En otros círculos, entre los monopolizadores de la propiedad urbana; entre los ricos que no gustan de pagar impuestos, por mucho que éstos sean para ellos motivo plausible de medros y lucros, y como si los gastos públicos hubieran de ser hechos por arte de birlibirloque; entre los jiferos enriquecidos, y entre los comerciantes dados al fraude, la llegada del millonario y los proyectos que se le atribuían habían puesto inquietud y alarma. Si era cierto, como parecía serlo, el decir de los íntimos amigos y de los parientes de Collantes, éste quería emplear en Pluviosilla fuertes caudales, y contratar la obra de la casa de rastro (que algunos novedosos decían ser muy necesaria por motivo de higiene y de salubridad pública, y para aumento del erario municipal, burlado diariamente); si Collantes, haciendo uso y poniendo en juego recomendaciones de "arriba", contrataba también la introducción y entubación del agua potable, sin duda alguna que el H. Ayuntamiento, para emprender tales obras y cumplir los compromisos que con el millonario contrajera, tendría que subir el impuesto sobre la propiedad urbana; y la organización del matadero, y con ella la sujeción de los jiferos a un reglamento estricto, el cual, hecho bajo la influencia del natural entusiasmo que despertaría tan importante mejora, sería severísimo, las ganancias de algunos en lo futuro irían a menos. Y si, como era de esperarse y de temerse, las cosas no paraban allí, y al opulento e inoportuno Collantes se le ocurría avenar la ciudad, obra que costaría algunos cientos de miles de duros, tal vez más de un millón, y si se hacía el tal avenamiento, los impuestos serían todavía más, ¿qué sería entonces de Pluviosilla, la rica, la próspera, la Manchester de México?

Y tales temores, tales inquietudes, y tal y tan repentina alarma se traducían en rudo encono contra don Juan Collantes (quien pensaba en todo, menos en mataderos, aguas potables, entubaciones y avenamientos), y de él se contaban tamaños horrores; que era un aventurero, un arbitrista cínico, que intentaba arruinar a sus paisanos y a quien quería explotar los que se decían sus "amigos íntimos y hasta parientes suyos", parientes lejanos, sí, pero "parientes". Estos, como el millonario era listo, y no se dejada sacar los duros, por lo menos medrarían a la sombra de él, y ya procurarían —contra su egoísmo genial— ir al Consejo el año venidero para hacer el chanchullo. Decían pestes de Collantes. A uno se le ocurrió que el millonario debía su fortuna a una casa de juego, que era en París centro de afamados tahúres y de griegos muy conocidos. Uno lo dijo y treinta mil personas lo repitieron, y... ¡lo creyeron! Y la cosa.. no paró allí, ni era posible que allí parase: *El Radical* anduvo de lo más discreto. Temeroso de que más tarde se le escapara alguna subvención, no dijo palabra del negocio. *El Contemporizador*, órgano de las clases populares, se limitó a consignar en su gacetilla, "que se hablaba en la ciudad de ciertos proyectos que reclamaban mucha atención del Cabildo. Pero *El Siglo de León XIII*, periodiquito muy salado y valiente, muy erudito y devoto, en su *Florilegio semanal*, hizo algunas insinuaciones maliciosas, por sugestión y consejo de algunos propietarios asustadizos:

"Las obras esas proyectadas —decía al pie de una coplilla de Iriarte—, merecen maduro acuerdo del Honorable. Aunque no tan urgentes, como dicen por ahí algunas personas más entusiastas que reflexivas, y más impresionables y amigas de novedades que amantes del terruño, y acaso deseosas de favorecer sus propios particulares intereses más que la conveniencia pública, se imponen, no debemos negarlo. Lo que sí negamos a fuer de imparciales periodistas, cuyo lema es 'no transigir jamás con el error', es la urgencia que algunos individuos les atribuyen, a título de que las consideran como exigidas categóricamente por la higiene y la salubridad públicas. Perdónenos el atildado escritor peninsular que recientemente, y en un diario de la capital de la República, ha tratado de este asunto en elegante y castiza carta: no opinamos como él. Lo que en tantos años no se ha echado de menos en Pluviosilla ni ha sido causa de epidemias, ¿por qué se ha de hacer ahora sin reflexión y sin reposo? Esperemos que el H. Ayuntamiento, que cuenta en su seno hacendistas, banqueros, jurisconsultos, doctores en Medicina e ingenieros, no se precipite y se eche encima deudas que le obligarán a aumentar su presupuesto de ingresos, con gravamen muy oneroso para propietarios y comerciantes. No son tan urgentes las obras en cuestión. Tiempo hay de emprenderlas con dinero del erario municipal, el cual no tiene ahora fondos de reserva, pero los tendrá más tarde, los tendrá mañana, cuando Pluviosilla, la Manchester de México, como acertó a llamarla un meritísmo vecino suyo, probo industrial de grata memoria, mire desarrollados todos los elementos de riqueza con que la favoreció pródigamente el Cielo; cuando, pasada esta época de transición, aproveche Pluviosilla, como ha debido y debe aprovecharlas, su opulencia fluvial y las innumerables caídas de sus ríos, tentadoras, y como un imán, para la industria fabril. Nuestro lema es: 'No trasigir jamás con el error' ¡Alerta, honorables ediles! ¡No os dejéis sorprender!"

El escritor peninsular no contestó, y como el señor Collantes no se ocupaba en tales proyectos, el odio despertado por tales díceres fue a chocar contra doña Dolores y sus hijos.

¡Cómo los traían en lenguas! ¡Cómo su noble conducta y su limpia fama anduvieron en labios de aquellos gratuitos malquerientes, a quienes, como al bueno de don Alonso de Quijada, se les hacían gigantes los molinos de viento!

XVIII

Al otro día de la partida de don Juan, cuando ni doña Dolores ni sus hijas se daban aun cuenta de todo lo pasado y de lo que se había resuelto; cuando la buena señora principiaba apenas a buscar en la calma y en el reposo del hogar, sosiego para su corazón y tranquilidad para su espíritu; cuando poseída de profunda pena y presa de hondísima zozobra, pensaba con tristeza, y hasta temerosa, en su salida de Pluviosilla, la buena ciudad donde habían pasado varios años de su niñez y casi toda su juventud; donde había conocido a don Ramón, a quien había amado con toda el alma, con ese amor que llena toda una existencia y que no deja en el corazón lugar para otro afecto semejante; donde se había casado; donde habían nacido todos sus hijos; donde había sentido el mayor de los dolores al perder a su primogénito; donde había vivido largos y felices años, rodeada de cuanto una noble mediocridad pudo proporcionarle, de todos estimada y querida, objeto de sólido respeto y de merecidas consideraciones; cuando la excelente viuda consideraba que, pronto, dentro de unas ocho o diez semanas, que pasarían tan rápidamente como unas cuantas horas, tendría que salir de aquella casita donde tanto había padecido y donde tanto había llorado, visitas y más visitas fueron a aumentar su dolor.

Fueron las primeras en ir a verla, unas amigas de la juventud, en todo tiempo fieles y cariñosas, siempre afectuosas con ella lo mismo en épocas de felicidad y de abundancia que en aquellos últimos años de pobreza y de amargura; dos amigas, unas buenas señoras, ambas solteras, y pobres desde que doña Dolores las conoció, que fueron para la familia de don Ramón Collantes, durante la enfermedad de éste, y en los días en que

Ramoncito se vio al borde del sepulcro, como dos ángeles de incomparable caridad. Si buenas fueron siempre con Dolores en días prósperos y alegres, en los días aciagos y de aflcción dieron muchas y supremas muestras de la alteza de su alma y de la bondad de su corazón. Instaladas en la casa, tomaron desde el primer momento la dirección de ella, para dejar a dona Dolores y a sus hijos cerca del enfermo. Y no se limitaban a esto: lo mismo se entendían con Filomena, con la desinteresada Filomena, prodigio de abnegación, de fidelidad y de cariño, y lo mismo atendían a las pocas personas que acudían a condolerse de los infortunios de aquella casa, que cuidaban al enfermo, le consolaban, le daban animo y aliento, 0 se pasaban las noches velándole el sueño y atentas a su llamado o a sus quejas.

Las buenas señoras Pradilla, que así se llamaban, fueron las primeras en llegar.

—¿Que dicen ustedes? —díjoles doña Dolores—. Nos vamos.

—Nosotras —respondió la mayor, de nombre Asunción— vamos a sentir a ustedes mucho. Ayer se lo dije a Teresa: ¡Cómo vamos a echar de menos a Lolita, y a las niñas! Pero comprendemos que así convendrá; que, sin duda Dios lo tiene dispuesto asó!

—Yo lo agradezco mucho. ¡Mucho les agradezco todo!... Pero, díganme: ¿Creen ustedes que hice bien en aceptar las propuestas de mi cuñado?

—Mucho nos ha sorprendido la noticia ... —replicó

Teresa— porque, como usted sabe, estábamos en antecedentes...

—Oigan ustedes... ¡No sé por qué me causa miedo el viaje que voy a hacer! Pero ustedes no saben lo que ha pasado y lo que se arregló con Juan. Óiganlo ustedes.

Doña Dolores, con noble franqueza, con la mayor sinceridad, comunicó a sus amigas todo, y terminó manifestando sus temores para lo porvenir.

—¡Me da miedo, mucho miedo, ir a vivir a esa ciudad, en la cual no he estado mas que de paseo... y con mi pobre Ramón!

La infeliz señora, llenos de lágrimas los ojos, casi sollozante, se detuvo, secó su llanto, y prosiguió:

—Sí, Teresa: tengo miedo... Me parece que allí me esperan grandes desgracias... Cada vez que pienso en quitar casa, me da un vuelco el corazón... El bullicio de México va a tener para mí ruidos y estruendo de tempestad... Además, aunque estarán allí mis hijos, voy a sentirme como en un desierto. Me imagino que he de verme obligada a ir frecuentemente a casa de Juan, a sus comidas, a sus fiestas... Figúrense ustedes... ¡fiestas, banquetes! ¡Todo eso ya pasó para mí! Pero ¡qué he de hacer! Estas pobres niñas no se han de pasar la vida entre las cuatro paredes de su casa, convertidas en capuchinas! Además...

La dama iba a manifestar otros temores que allá, en lo mas profundo de su corazón, solían removerse; pero su discreción la detuvo. Iba a decir que... acaso el afecto de su cuñado no sería durable; que se le acusaba de tornadizo; que, tal vez, le había prometido demasiado. Alejó de sí tales ideas y tamaños recelos, y agregó:

—Ya se lo dije al señor Fernández (el señor Fernández es, aunque él diga lo contrario, el que ha arreglado todo esto) que no me gusta, ni me ha gustado nunca vivir en grandes ciudades. Pero me hizo tales y tan juiciosas observaciones; me dio tan buenos consejos, y me hizo ver que esta ida a México aseguraba el porvenir de mis hijos. Ustedes lo saben mejor que yo; en Pluviosilla, con toda su grandeza fabril, con toda su prosperidad siempre creciente, no tiene porvenir la juventud, antes al contrario, con qué facilidad se pierden los jóvenes! Hay mucha libertad de costumbres, el vicio cunde como mala hierba... Pablo se pasaría años y años sin que le aumentaran el sueldo; Ramón acabaría la carrera... y se quedaría, aunque saliera un buen abogado, también años de años sin gran clientela ¡Cuántos hijos de Pluviosilla, y muy listos muy honrados y muy inteligentes, han tenido que ir a buscarse la vida a tierras distantes. En cuanto a las niñas... La pobre Elena no se casará.; pero mi Margarita, mi buena Margarita... ¡yo no quiero ni deseo veda casada! Pero, si se ha de casar, que haga una buena elección... Aquí ¡triste es decido! no hay mucho donde una joven como Margot pueda elegir. Pues bien, con esto y todo... yo preferiría no salir de aquí... Que los muchachos se fueran... Pero mi deber es estar con ellas. Pablo es un buen muchacho, trabajador, sin vicios; Ramoncito es aplicado, estudioso, bueno; jamás me exige nada; con todo queda conforme; ¡siempre está contento! Los dos, ¡el Señor los bendiga! son muy buenos hijos. Yo debo estar siempre cerca de ellos. Una ciudad como México ofrece mil encantos, tiene mil peligros, y pone muchas tentaciones a la juventud.

Las buenas amigas concedieron toda la razón a doña Dolores. También temían la volubilidad de don Juan, y también recelaban de su carácter tornadizo, pero no se atrevieron a manifestar sus temores y sus recelos, en vista de que la pobre y afligida señora se hacía lenguas de su cuñado, y no cesaba de alabar a doña Carmen y de poner par las nubes a sus sobrinos.

Teresa y Asunción, al despedirse, ofrecieron volver, y aunque tenían en su casa no pocos quehaceres (las pobres vivían de coser) prometieron venir a ayudar a su amiga en la ruda faena de hacer bultos y embalar casas.

No todas las visitas trajeron el mismo interés que aquellas buenas mujeres, ni acudieron a ofrecer desinteresadamente sus servicios. ¡cuántas y cuántas gentes sólo fueron a tomar noticias, a comentar chismes, y a adular a la familia Collantes, a la cual creían ya en el pináculo de la dicha! Qué de personas que al ver arruinado a don Ramón le volvieron la espalada, y que después, a la muerte de éste, no tuvieron para su viuda y para sus hijas ni una buena palabra consoladora; fueron esta vez a la casa llenas de curiosidad y de envidia, ansiosas de saberlo todo, para salir a contarlo, y prometiéndose explotar alguna vez, tarde o temprano, a quienes, como salidos de una tu.ba de miseria parecían surgir revividos al esplendoroso ambiente de la riqueza. Concha Mijares fue una de ellas. ¡Qué cariñosa con su madrina! ¡Qué jovial y dulce con Elena y margarita! Al despedirse esa tarde, dijo, entre mimos y zalamerías!

—¡Madrina! ¡Madrinita! Estamos en junio ... Ahora verá usted. ¿Cuándo se van ustedes?

—No sabemos, hija. Acaso dentro de un mes ...

La polla, precipitadamente, se acabó de calzar el guante de la mano derecha, y, sin abrochárselo contó uno por uno los meses, diciendo:

—Ustedes estarán, allá a principios de julio... Pues bien, junio, julio, agosto, septiembre... ¡En septiembre me tendrán ustedes allá! En septiembre principiará la ópera... Iré a las fiestas patrióticas ... El once o el doce estará allá. Y... ¡desde hoy se los digo! Me iré a vivir con ustedes. Me ponen una cama en la alcoba de las niñas, y... ¡tan contenta! Subiremos, bajaremos, me llevarán a la Ópera... a oír a Tamagno. ¡Dicen que es divino! ¡Divino!

—Pero, hija, —replicó la señora—. ¿Quién sabe si nosotras estaremos para óperas?

—¡Cómo no! ¡Cómo no! ¡Allá voy! Ya saben que yo, con este carácter tan alegre que Dios me ha dado, soy capaz de alegrar un entierro.

Las señoritas acompañaron a Concha basta la puerta.

La polla siguió conversando allí, y por fin, terminó exclamando:

—¡Ah, hipocritillas! ¡Y cómo no dan parte! ¡Ya sé, ya sé que... No: ¡mejor es callar!

—¿Qué? —preguntó Elena.

—¿Qué cosa? —dijo Margarita.

—¡Ya sé!

—¡Di, mujer! —prorrumpió impaciente la blonda niña.

—Di... —suplicó la ceguezuela.

—Pues diré... ¿Me obligan a ello? Pues diré lo que dice una comedia que estamos ensayando en la casa de Arturo Sánchez...

E interrumpiéndose divagada, continuó:

—¡Ah! ¿No les había dicho nada? Pues vamos a hacer comedias... Yo tengo papel en la obra principal! ¡Figúrense ustedes!... Un papel de bachillera, yo, yo, yo que soy de una maravillosa ignorancia! Voy a hacer un monólogo de Blasco: "Día Completo" Tengo que salir en traje de baile...

—Pero, en suma, Concha —interrumpió Margarita— ¿qué es lo que sabes, lo que nos ibas a decir, y lo que dice la comedia esa?

—¡Ah! se me olvidaba...

Y abrazó, y besó a Margarita, y acarició y besó también a Elena...

—Que... primos que llegan y... ¡amores que se enredan! ¡Adiós! ¡Adiós!

Y se fue.

XIX

En toda la población no se hablaba más que de la próxima partida de la familia Collantes, y muchas personas se preparaban a comprarle, por una bicoca, útiles y muebles domésticos, que, en circunstancias tales, suelen ser vendidos a bajísimo precio.

Doña Carmen no había puesto en venta cosa alguna, ni había dicho que vendería nada; pero, a pretexto de comprar algo, iban y venían gentes, y aquella casa, de ordinario tranquila y silenciosa, y donde, desde el fallecimiento de don Ramón, no sonaba el piano, y cuenta que tanto Elena como Margarita eran habilísimas tocadoras, parecía iglesia franciscana en día de Porciúncula.

Aquello era un suplicio diario para doña Dolores y para sus hijas.

–¡Ya me tienen cansada estas gentes! —decía Margarita, siempre que se veía obligada a recibir a alguna persona— ¡Ya esto no se puede sufrir! No parece sino que hemos puesto papeles en cada esquina, y que hemos hecho saber al vecindario, por voz de pregonero, que nos vamos pronto; y que vamos a sacar a pública subasta todo cuanto tenemos, todo, hasta la dulce esperanza de ganarnos el cielo.

Otros iban a tomar lenguas, fingiendo que, necesitados de mudar de casa, y sabedores de que aquella sería desocupada en breve, iban a verla, por si acaso les convenía.

De estas personas fueron las Castro Pérez, quienes llegaron acompañadas de don Quintín Porras, el cual había venido de Villaverde con el único objeto de presentar sus respetos al señor don Juan, su buen amigo y poderdante.

No eran las Castro Pérez muy de la devoción de las Collantes. Recién llegadas a Pluviosilla, y con motivo de un concierto organizado por la Conferencia de la Parroquia, y en el cual tocó Margarita, y tocaron el piano las Castro Pérez, las Collantes hicieron amistad con ellas pero el carácter de éstas, su frivolidad no amenguada con los años, su ligereza para hablar de todos, recrudecida en ellas por desventuras domésticas, no placieron ni a doña Dolores ni a sus hijas. Una y otras resolvieron alejarse de sus nuevas amigas, se alejaron, y el fallecimiento de don Ramón vino a completar el alejamiento de modo definitivo. Las Castro Pérez no se dieron por entendidas de la conducta de las señoritas, pero en distintas partes, en casa de las López, en casa de Arturo Sánchez, en donde concurrían a diario, y en la casa de Concha Mijares, la "monologuista", dijeron y decían horrores de las pobres muchachas. De orgullosas, altivas, tontas y cursis no les bajaban un punto.

Llegaron con Porras, quien, según su costumbre, se mostró fino, cortés, afable y discreto, y mientras sus amigas charlaban, preguntaban e inquirían cuanto les pareció conveniente acerca de la partida de la familia, él veía, oía y callaba, se hacía la gatita mansa, y se imponía de todo. Llegó en su corrección hasta desaprobar con un gesto, ciertas indiscretas insinuaciones de las Castro Pérez, movió la cabeza como diciendo: "¡Qué criaturas! ¡No tienen remedio!", y siguió, en beatífica contemplación, atuzándose los bigotazos, como un felino que se limpia la jeta amodorrado.

Pero en tanto doña Dolores como sus hijas hablaron poco respecto de su viaje. A todo respondían con monosílabos, procurando no aflojar el ovillo. Dijeron que, si acaso, el viaje sería hasta pasado el invierno; que por ahora no pensaban en vender nada, y que probablemente se llevarían todo.

Pero Margarita estaba impaciente, y al despedirse el tabelión y sus compañeras, apenas abrió los labios, como para hacer comprender que aquella visita no había sido de su agrado.

Ya doña Dolores se había puesto a la obra. Silenciosamente, poco a poco, y ayudada por Asunción y Teresa principió a empacar cosas y muebles del comedor. "¡Más vale —decía— llevarse todo esto que malbaratarlo!"

Algo debía la familia, dos o tres meses de renta de casa, y un pico de treinta o cuarenta pesos en el comercio, en una tienda de telas y sedería donde las señoritas compraban cuanto necesitaban para los vestidos que hacían. No parecía sino que las Collantes iban a desaparecer por ensalmo y que se irían sin liquidar sus deudas.

Doña Dolores pagó todo. Entonces el dueño de la casa, que no creía en el aplazamiento del viaje, exigió la pronta desocupación de ella, por tener quien la quisiera con insistencia, y le ofreciera el doble de lo que al presente rentaba cada mes, y, además, se comprometía a tomarla en arrendamiento por seis años, corriendo por cuenta del inquilino reposiciones y pago de impuestos.

Doña Dolores manifestó que a lo más permanecería en aquella casa dos meses. El dueño insistió en la desocupación, y como ésta no era posible en tan corto tiempo, la dama se vio obligada a pagar cuanto le pedían, esto es, el doble de cuanto desde hacía tres años había pagado, y sólo dos veces con algún retardo.

Las señoritas tuvieron que comprar telas y cintas, fueron a la tienda, volvieron a su casa de lo más contrariadas: todo había subido de precio. Lo que antes valía cinco duros, ahora para ellas valía diez.

El tendero y el propietario tenían razón: creían que a la familia Collantes le había caído el gran premia de la Lotería de Madrid, o, por lo menos el de la Lotería Nacional, esto es, que, de un día para otro, había enriquecido hasta la opulencia.

Pronto doña Dolores se dio cuenta de lo que pasaba; ordenó a Pablo que renunciara a su empleo, aceleró el trabajo, a fin de estar lista para irse, y escribió a su cuñado la siguiente carta:

"Querido Juan:

Me apresuro a escribirte, a pesar de que no he recibido carta tuya, para informarme de la salud de ustedes y saber si llegaron sin novedad, si están contentos y si alguno no se ha enfermado en ese Mexico, donde hay tantos fríos y tantas pulmonías. Si alguno se enferma, por telégrafo me lo avisas para ver si en algo puedo servirles. Me estoy imaginando que ni Carmen, ni María, ni los muchachos estarán contentos en esa ciudad.

Para los que vamos de aquí es muy bonita; pero para los que vienen de París parecerá muy fea.

Conforme a lo que arreglamos, ya Pablo se separó de la fábrica. Mucho lo han sentido los jefes. Querían aumentarle el sueldo, con tal que se quedara, pero mi hijo no quiso.

Como lo que ha de ser tarde que sea temprano, ya estoy quitando la casa. Creo que para fines de Junio, que ya está encima, pues mañana es día último (por cierto que la función del mes de María va a estar muy solemne en Santa Marta) de manera que procura, si en ello no te soy molesta, buscarme la casa. Recuerda como la quiero. Nada de lujos, hijo, que para lujos no estamos, y que sea limpia y sana. Que averigüen si en ella no se ha muerto alguno de tifo.

La mesada puedes mandármela por el Express Wells Fargo. Tal vez necesite más dinero para algunos gastos indispensables, porque con lo que me dejaste acaso no me alcance para ciertos gastos. Si lo necesito te escribiré, aunque me dará pena molestarte.

El P. Anticelli me encarga que te salude. Dice que a tus oraciones se encomienda.

Mil cosas de todos para ti, para Carmen, para María y para los muchachos.

Nuestros recuerdos al Dr. Fernández, y al Sr. Linares dile que nos dijeron unas amigas de Villaverde que su pariente y tocayo estuvo enfermo, pero que ya está bien.

Sabes te quiere tu agradecida cuñada. Dolores.

P.d. A Carmen que me mande los rosarios de Lourdes que nos ofreció.

Ya sabes la casa: Calle quinta de Santa Marta, número 12".

XX

Las campanas de Santa Marta repicaban alegremente. ¡Y cómo no habían de repicar así en vísperas de fiesta tan solemne! Al día siguiente, el último de mayo, había de celebrarse en el aristocrático templo de los jesuitas la conclusión del mes de María, y como de costumbre si la función de la mañana sería verdaderamente clásica, no menos había de serlo, en la tarde, la distribución final.

El capellán de Santa Marta, lo mismo que su compañero el P. Anticelli, eran personas de esas que saben hacer las cosas, y las hacían por modo tan serio y tan grave y tan suntuoso, que las funciones de su templo causaban celos a los clérigos de la tórrida ciudad, y ponían envidia en los capellanes de las demás iglesias de Pluviosilla.

—¡Ya se ve —solían decir los envidiosos— como que para los padres de Santa Marta todos los ricos tienen la caja abierta! ¡Así nuestro galgo las pesca!

Lo cierto es que los excelentes padres de la Compañía nada pedían para ellos; que todo era para su iglesia y que se gastaban el dinero con tino y habilidad; que sabían guardar y conservar cuanto les daban o adquirían para su templo, y que empleaban acertadamente el dinero. Por ese motivo siempre tenían con qué adornar sus altares, y por eso eran tan espléndidas las funciones de Santa Marta. Allí todo lo hacían los padres auxiliados por los sacristanes, y allí no ponían mano beatas caprichosas e intrusas.

El culto en Santa Marta no tenía rival en toda la ciudad... ¡Qué había de tenerle! Si de ordinaria era decoroso y decente, en las grandes solemnidades, en la fiesta de la Virgen de Lourdes, en los días principales de la Semana Santa, en la festividad de los Dolores de Nuestra Señora, el Viernes de Lázaro y la noche de Navidad, el templo aparecía magnífica y regiamente decorado; los maitines y la misa revestían cierta severa solemnidad, cierta majestad incomparable, que hacían por extremo simpáticos los ejercicios piadosos y grandemente amables las prácticas religiosas.

Dicho queda que en aquel templo concurrían las señoras más distinguidas, caballeros muy principales, y las señoritas más hermosas y elegantes. Unas y otros tenían en los capellanes de Santa Marta, discretos amigos, prudentes, virtuosos consejeros y sabios confesores. ¡Qué mucho que fueran tan queridos y que para cualesquiera obras, para todas las fiestas y para todas las hermandades contaran con la cooperación y el auxilio de las personas mas conspicuas de Pluviosilla, sin que por esto no fuesen respetados y queridos de las demás clases sociales, hasta las más humildes, las cuales tenían en los excelentes jesuitas cariñosos y caritativos protectores!

Muy diligente andaba Margarita ese día. Tempranito se fue a Santa Marta. Fuese con Elena, a eso de las seis de la mañana, para oír la misa del P. Anticelli buen madrugador, como buen jesuíta, y para recibir el Pan Eucarístico. Volvieron a las ocho, se desayunaron y... otra vez a la iglesia.

—Yo iré esta tarde —decía doña Dolores.

—¡Pues yo ahora y esta tarde!... —replicaba la blonda señorita— Acaso sea esta vez la última que asista yo en Santa Marta a la fiesta de este día. En Santa Marta hice la primera comunión, y allí fue depositado el cadáver de papá... ¡Esa iglesia tiene para mí tan dulces recuerdos!

Y se fue. Pero, eso sí, a las doce ya estaba de vuelta.

Cuando llegó ya la esperaban tres amigas: Lupe Castro, Marta Pérez y Clara Ferrer. Conchita Mijares le había ofrecido ir, pero la esperaron inútilmente; el teatro casero de Arturo Sánchez la traía llena de quehaceres.

Las tres amigas de Margarita, compañeras de colegio, condiscípulas suyas, y como ella "hijas de María" y asociadas diligentísimas de la "Guardia de Honor" y del "Apostolado de la Oración", aguardábanla impacientes, entre muchos cestos de flores; azucenas, solamente azucenas, azucenas blancas, acabaditas de cortar, y frescas, fragantes, embriagadoras, destinadas todas ellas a la distribución final del mes de María.

Mudóse Margarita de vestido, y volvió precipitadamente al corredor.

—¡El altar esta lindísimo! ¡Ya se lo dije al P. Anticelli! Entiendo que no le faltan flores... Pero mandaremos algunas más frescas para los tibores de la escalinata. Las que están puestas allí me parecen marchitas o languidecentes, como que anoche y esta mañana han estado entre más de cien bujías. Los candelabros esos que regaló el señor Fernández. ¡Y qué candelabros!, tienen muchos arbotantes, como treinta, y cada arbotante sostiene dos velas. ¡Figúrense ustedes, muchachas, si habría calor bastante para que se marchitaran las flores!

—¡Margot! —replicó Clarita Ferrer, una chiquitina vivaracha, lista, inquieta y nerviosa, en cuyos ojillos negros y luminosos centelleaban insaciable curiosidad, y en cuyas pupilas parecían asomar diablillos traviesos.

—¡Margot, que te hablo! Estás mal informada. ¿Dices que esos candelabros de cristal los regaló el Sr. Fernández, el papá de tu amiga Gabriela, la sobrina de ese señor canónigo que dijo el otro día la misa de difuntos? Pues si tal te han dicho, te engañaron. Esos candelabros...

—¡Esos candelabros —interrumpió Lupita Castro, una morena altiva, de tez tostada, airosa de porte y de ardoroso mirar—, esos candelabros tienen su origen novelesco.... ¡Conozco esa historia!

—Deja que yo la cuente, que la sé muy bien! —saltó diciendo Martita Pérez, una rubia desteñida, de ojos garzos faltos de expresión y muy dada a los relatos sensibleros.

—¡No —replicó Clarita Ferrer—, que he de contarla yo! ¡Yo la he de contar!

—Si vas a leer páginas de ajena vida, y páginas que deben quedar ignoradas... ¡no, por Dios!

—¡Nada de eso, Margot! ¡Nada de eso! Ya sabes que no me gusta comer prójimo... Muy al contrario de lo que te supones. Lo que voy a decir honra mucho a quien hizo el obsequio de esos candelabros.

—Bien —contestó Margarita—, di, pero sin mentar nombres...

—Entiendo: se dice el milagro pero no el santo. Conformes. Pues, en pocas palabras: unos novios... Ella de aquí, y linda como un sol; él extranjero y guapo; él como loco; ella lo mismo. Las familias de ambos muy contentas, como que él valía tanto como ella, y la pareja resultaba encantadora... Él, por deberes de su profesión y por anteriores compromisos (era francés e ingeniero), tuvo que irse a Europa. De allí pasó a África, a las obras del canal de Suez... ¡y no volvió!... En vano le estuvo esperando... ella. (Ya se me iba a escapar el nombre). Nadie dio aviso de que el gallardo caballero había muerto, como dicen las novelas, en las arenas líbicas... y...

—Bueno: ¿y los candelabros?- preguntó Margarita.

—Los candelabros fueron comprados con una joya que la señorita había recibido en años felices, y regalados a la virgen de los Dolores, en memoria del ausente.

—¡Enteradas! —exclamó Margarita—. Ahora: ¡a trabajar!

Y las cuatro señoritas, con ayuda de un criado, principiaron a separar las flores. Apartaron primero las más hermosas varas, aquellas que tenían cuatro o cinco azucenas, cuyas capas alargadas y níveas acababan de abrirse; después las que habían de ser colocadas en los tibores; y al último aquellas que las chiquillas habían de llevar en la procesión. El resto sería ofrecido ante el altar, en cada misterio del rosario, y a cada invocación de la letanía lauretana.

Margarita y sus amigas clasificaron las flores, despojando de hojas los tallos y desechando las amarillentas o marchitas, que eran pocas. Todo fue colocado nuevamente en los cestos, rociado con agua fresca, y remitido a Santa Marta.

Durante esta poética, aunque penosa faena, Margarita estuvo silenciosa. No sabía darse cuenta del presentimiento que la tenía sobresaltada, ni de la honda tristeza que llenaba su corazón y que se iba señoreando de su alma. ¿Eran memorias infantiles, recuerdos de la niñez, traídos a su mente por la fiesta del día? ¿Se acordaba de los días en que con otras chicuelas de su edad, vestida de blanco como las otras, y luciendo el velo de las vírgenes y el vestido blanco de las desposadas, concurría en Santa Marta llevando haces de lirios? Allá en el fondo de su mente, entre sombras y nieblas, flotaba indecisa, vaga y misteriosa claridad, cierto albor de aurora que a las veces crecía y se hacía distinto, pero que de repente se perdía entre gasas obscuras para volver luego a aparecer y borrarse en seguida... Y el corazón le palpitaba agitado e inquieto como si estuviera sobrecogida de espanto... Así durante su dilatada labor. Al concluir respiró ampliamente y se sentó a descansar, mientras sus compañeras hacían el envío. Entonces cerró los ojos, ansiosa de descubrir algo en aquella claridad misteriosa de su pensamiento. ¿Qué vio? ¿Qué miró? Dulce sonrisa pasó como un relámpago por los labios de la doncella...

—¡Cosa más rara! —pensó— ¡Si me habré embriagado con el aroma de las azucenas! Me parece que he visto dibujarse, a través de ese albor cambiante, la figura de Alfonso. Pero... ¿por qué tanta tristeza? No parece sino que estoy delirante... ¡Vaya! ¡Como si hubiera tomado opio!

Y risueña y jovial, invito a comer a sus amigas:

—¡Sí, sí, y sí! —afirmaba—. Comerán acá, nos harán compañía, y después nos iremos a Santa Marta. Necesitamos llegar a buena hora para la colocación de las niñas.

Las señoritas accedieron al ruego de su amiga. Margarita seguía siendo presa de tristes presentimientos, y no quería quedarse sola con su familia. Necesitaba a su lado personas bulliciosas que la distrajeran y que apartaran de su mente aquéllas fúnebres ideas que la tenían sobresaltada.

—Ven, Lupe —dijo cariñosamente, abrazando a su amiga y llevándola hacia el comedor—, ven; ya me contarás ahora, durante la comida, y punto por punto "la novela de los candelabros".

XXI

Después de la comida se charló en la sala gratamente, y por primera vez, después de tres años de silencio, e1 piano dejó oír su voz.

Martita le abrió, y se dispuso a tocar.

—¿Qué vas a hacer? —gritóle Margarita desde e1 sofá

—¡A tocar! —respondió la joven con impasibilidad estoica.

—¡No, por Dios, mujer! No toques...

—¿Que no toque qué?, ¿por qué?

—Porque...

No dejó Marta que su amiga le contestara, y tras rápido registro que acusó torpeza del teclado, con heroico brío, con varonil pujanza, la parlanchina joven principió a tocar un vals alemán, estremecedor y brillante, cuya primera parte se desarrollaba en fases apasionadas, profundamente melancólicas, que nacían lentas y poco a poco se íban moviendo más y más, creciendo en majestuosa, amplísima espiral, y para cuyo ritmo parecían estrechas las inmensidades del cielo.

—¡No sigas! ¡No sigas! —exclamó Margarita, levantándose del sofá—. ¡No sigas, por Dios, que me estás haciendo mucho mal!

Y corrió a colocarse detrás de su amiga. Acariciola, y mientras besaba en las mejillas a la tocadora y ésta apartaba las manos del teclado, la blonda señorita cerró lentamente el piano.

—Me hace mal oír música... ¡Más de tres años hace que este piano no sonaba!...

Y como Marta insistiera en tocar, Margarita siguió suplicándole penosamente que no lo hiciera.

Doña Dolores, sorprendida y contrariada, apareció en la sala:

—Sigan tocando. —dijo— ¡Siga usted, Marta, siga usted!

—¡Margot no quiere! —murmuró la joven.

—Confieso que no esperaba oír música en casa... ¡Pero alguna vez había de ser! Siga usted, oigamos ese vals...

Marta consultó con una mirada la voluntad de su amiga, la cual contestó con leve movimiento de cabeza, con un ademán negativo, a la par que con la melancólica tristeza de sus magníficos ojos azules.

Las campanas de Santa Marta soltaron un repique.

—¡Ya nos llaman! —murmuró Elena—. Es preciso irse...

—¡Váyanse ustedes —contestóle doña Dolores— que allá iré yo!... Estoy en espera de Pablo, que ha debido comer con varios amigos, y con quien necesito hablar. ¿No han visto ustedes si ha pasado el cartero?

—¡Aún es temprano, mamá! —respondió Margarita. Las cuatro jóvenes se levantaron y se dirigieron a las habitaciones interiores. Elena, al sentir que se alejaban, dejó su asiento, y apoyándose en los muebles, fuese en pos de sus amigas y de su hermana. A poco iban ya caminito del templo. A la sazón que pasaron por la oficina de Correos, comenzaban a salir los carteros para hacer el reparto vespertino.

—Preguntaremos —dijo Margarita, parándose cerca de la esquina—, preguntaremos si mamá tiene cartas. Aquel es el cartero de nuestro barrio...

El empleado postal, un joven pálido a quien le caía muy bien el uniforme azul, venía por la acera opuesta, muy abrumado con su repleta bolsa, y trayendo en la mano muchos pliegos y algunas cartas.

Las jóvenes le llamaron con una mirada. El mozo atravesó la calle y se detuvo respetuosamente delante de las señoritas.

—¿Tenemos algo? —le dijo Margot.

—Creo que sí —contestó el interpelado buscando en la bolsa—. Una carta para usted... y otra para la señora...

—¡Pues venga la que es para mí! —se apresuró a decir Margarita—. La otra llévela usted a mamá que está en casa esperándola. Venga la mía.

Pensó la joven que el cartero vacilaba en darle la carta, y dijo:

—¿Me conoce usted, no es verdad?

—¡Sí, señorita! —murmuró entre dientes el empleado— Tenga usted su carta.

Recibióla Margot, leyó el sobrescrito, vio atentamente la nema en la cual aparecía realzado un monograma azul y oro, y se puso encendida como una amapola.

—¿De quién es esa carta? —preguntó Elena—. ¿De Juan o de Alfonso?

Las amigas se miraron de modo malicioso.

—Ni de Alfonso ni de Juan. Es de María —respondió Margot con entereza, sintiendo que el corazón le palpitaba apresuradamente, y guardóse la carta en el libro de misa, en el cual venía enredado con dos o tres vueltas un rosario de nácar.

Soberbio aspecto el de aquel altar de Santa Marta. El templo estaba lleno y trabajo tuvieron las señoritas para encontrar asiento y hallar un sitio cómodo para Elena.

El P. Anticelli estaba en el púlpito rezando el rosario. Cesaron las preces del penúltimo misterio, y el armonio llenó el recinto con dulce devota melodía. Una voz infantil cantaba:

"Tú, el ánfora de mirra", "
Tú, cáliz de pureza..."

Resplandecía el altar con mil bujías de cera; ardían gruesos cirios en los blandones, y en el templete áureo del altar, de en medio de inmenso ramo de lises blancas surgía la estatua de la Inmaculada como luna llena en glorioso irisado celaje.

Había azucenas por todas partes: en el altar; en grandes jarrones; en guirnaldas soberbias en la cupulilla del templete; en ricos tibores colocados en las gradas y en la balaustrada del presbiterio, y hasta en las velas, en graciosos ramilletes atados con cintas de raso, lucían las simbólicas flores sus alburas de nieve.

Estaba expuesto el Sacramento en la mesa del altar, delante del tabernáculo, entre candelabros de cristal, opulentos de prismas, de luces y de cambiantes espectrales: la custodia resplandeciente irradiaba deslumbradora sobre los blancos lienzos que cubrían el ara.

Hacia el centro de la iglesia, en dos bancos paralelos, que dejaban libre el camino hasta el altar, extendíase algo como una legión de ángeles, algo que semejaba pradera de lirios mecidos por el viento de una mañana primaveral: centenares de niñas vestidas de blanco ceñidas las sienes con flores blanquísimas y envueltas en largos vaporosos velos...

Tres notas fuertes hacían resaltar la celeste blancura del conjunto, tres monaguillos vestidos de rojo que estaban arrodillados en la grada superior del presbiterio.

Margarita pasaba las cuentas de su rosario, ansiosa de acabar los cuatro misterios ya rezados por los fieles allí reunidos, para igualar sus preces con las del sacerdote. Rezaba con devoción, pero su mente no estaba en el templo, ni sus ojos podían fijarse en el Santísimo. Sus labios repetían la salutación angelical, pero el pensamiento no vibraba al unísono con las palabras. Su alma curiosa estaba muy distante.

Margarita hacía esfuerzos supremos por domeñar su fantasía rebelde y caprichosa, y hasta se mordió los labios para castigarse... pero todo fue en vano, todo era inútil...

Comenzó la letanía. Místicos acordes bajaban en torrente del coro, el pueblo contestaba, y la fe desgranaba una a una su guirnalda de rosas lauretanas... "*Domus aurea... Foederis área... janua coeli...*" cantaban arriba; "ora pro nobis", repetía el pueblo; los turíbulos mecidos dulcemente inundaban el recinto de vagarosas nubes de incienso, y la joven se desesperaba afligida por su falta de devoción y por las arideces repentinas de su alma.

—¡Fantasía rebelde! ¡Fantasía indómita! ¡Con razón alguno te ha llamado la loca de la casa! —pensaba Margarita, al considerar cómo su imaginación irreparable iba de aquí para allá. Se le escapaba del templo y huía a través de los valles de Pluviosilla, y escalaba montañas y salvaba cordilleras... más rápida que el sonido y que la luz. Hacía un esfuerzo y conseguía traerla, y al parecer sojuzgada y vencida reposaba un instante en las imágenes, en el altar, en la custodia resplandeciente, en la hostia purísima, prodigio inefable de poder y de amor... Pero luego, a poco, se le huía, y, como pajarillo fugitivo, volaba por las cornisas colgadas de terciopelo azul; iba a posarse en las arañas resplandecientes, o se escondía en las espesuras de los ramilletes. Las luces le traían a la memoria bailes suntuosos y ricos banquetes; las flores, días primaverales, jardines en que abril prodigara sus maravillas, giras alegres y jubilosas a través de campos embalsamados por las rosas nuevas; la vestea nívea y los velos vaporosos de las niñas, gráciles y felices desposadas... No pudo más. Aquello sin duda era una tentación... Oró, oró aterrorizada. Grato frescor inundó su alma... y se sintió tranquila.

—¡Y todo por esta carta! ¡Por esta carta —se dijo muy quedito— que tengo aquí en mi devocionario, y que tal vez no contendrá más de seis líneas, que acaso no dirá más que unas cuantas tonterías... ¡Ea! ¡Ya la veré!

Sacó la carta, estrujándola nerviosamente, aunque con temor de hacerla pedazos se la guardó en el bolsillo de la falda.

¡Cuánto había durado aquella lucha tenaz con la imaginación indomeñable! ¿Habría pasado ya el sermón? Sí, y la procesión también.

Obscurecía. Las últimas luces de la tarde penetraban en el temple por las altas ventanas de la cúpula y del crucero; las sombras agrupadas atrás, a la entrada, en el extremo de las naves procesionales, esperaba el instante en que debían precipitarse para señorearse del temple; humo fragante inundaba el sagrado recinto y subía pesadamente hacia las bóvedas; preludiaba el coro, himno sublime de incomparable, misterioso sentido; juntas las pértigas y plegada la vela era abatido el palio; y el sacerdote se disponía a dar la bendición con el Santísimo.

Margarita inclinó la frente. El órgano lanzó raudales de sacras armonías; resonaron címbalos solemnes; estallaron en atronadora música las campanillas; volvióse el preste en cuyos ricos ornamentos chispaban brillos y luces, y entre relámpagos y armonías, y entre aromas y nubes, lentamente, lentamente, como un sol que se va, que se aleja y que se pierde en las inmensidades del espacio, apareció un disco radioso —en cuyo centro, y como nimbada de celestes claridades, era flor de plata el Pan Eucarístico—, un disco de oro que sostenido por unas manos trémulas ascendió, bajó, volvió a subir, fue de un lado a otro hasta trazar una cruz, y luego se ocultó, dejando centelleante reflejo, en medio de una gloria deslumbradora, entre una nube blanquísima y fragante.

XXII

Elena no quiso esperar a Margarita, y salió del templo luego que acabó la bendición.

—No espero a mi hermana —decía la ceguezuela a sus amigas— Ya estoy cansada; hace mucho calor aquí y necesito descanso y aire fresco.

—Pues ya le tendrás —contestóle Martita, dándole el brazo.

Siguiéronlas Lupe Castro y Clara Ferrer.

Todas con mil trabajos consiguieron salir. A la puerta de la iglesia ya se agolpaban las gentes. Pugnando por salir, y ansiosas de verse en la calle, se estorbaban el paso unas a las otras, procurando dejar libre el tránsito a las niñas, que llorosas las unas, las menores, inquietas las otras, se aglomeraban en aquellas apreturas, desgarrando en la brega sus vestidos blancos y sus velos de tul.

66

—¡Vámonos, vámonos! —repetía nerviosamente Marta Pérez, como nunca histérica—. Viene un aguacero de los buenos... ¡El primero de mayo! No quiero rejuvenecerme... Hay tempestad, lejana, sí, pero la hay. Estoy mirando en las vidrieras de la cúpula la luz de los relámpagos... ¿No has oído los truenos? Oye... ¿Oíste? ¡Y no hemos traído paraguas...!

Y las cuatro muchachas pugnaban por salir.

Allí se encontraron con la Conchita Mijares.

—¿No decías que no podías venir? —dijo Lupe Castro.

—Caí en la tentación —respondióle la bachillera—. Las Sánchez vinieron y me vi obligada a venir, ¡figúrate tú que son ya las seis y media, y que a las ocho se ha de levantar el telón! Y a mí me toca principiar. No sé cómo hacer para estar lista a esa hora. Tengo que peinarme, y que mandar las cosas, el vestido de baile, y... ¡todo!

Esto lo decía en voz alta, con horrorosa precipitación, olvidándose del sitio en que estaba, y causando escándalo en las devotas que la oían.

—¡Por Dios, Concha! ¡Calla! Reflexiona que estás en la iglesia.

—¡Tienes razón!

Calló Conchita, y todas, como pudieron, venciendo obstáculos y sufriendo empellones, fueron saliendo...

Llovía. Gruesas gotas caían en el atrio. Allí, en la acera inmediata y en las fronteras, esperaban mozos y criados con abrigos y paraguas.

Nubes de tormenta cubrían el cielo, y allá por el sur y por el sudeste, por sobre las montañas de Villaverde, la tempestad lanzaba sus rayos, y rodaba sus trenes de guerra con el estruendo de poderoso ejército. Cárdenas luces persistían en el horizonte, dejando ver, a cada fulguración, remotos términos y vagas lontananzas que iluminaban con reflejos sulfúreos redes y redes de hilos de fuego. El calor era sofocante. Ni un soplo de frescura que modificara a su paso el ardor del crepúsculo. Dejaron de caer los goterones. La campana de la Parroquia dio la oración, y a su voz majestuosa y solemne contestaron piadosos los cien bronces de los campanarios de Pluviosilla.

La multitud, no bien ganaba el atrio se dispersaba apresurada; lloraban las chiquillas llevadas a remolque; regañaban las mamás; reprendían entre enojadas y sonrientes las señoritas a sus hermanas menores, y los lechugones y los galanes de Pluviosilla, flor y nata de la andante pollería de la tierra, gozaban del espectáculo aquel, todo sombras, gritos, exclamaciones y lloriqueos.

Los buenos mozos se preparaban a arrostrar la lluvia, el terrible chubasco, que venía que volaba, y muy armados de paraguas, recogidos a la inglesa los pantalones sobre los charolados borceguíes, y estacionados frente a la iglesia, contra los muros de la casa frontera, atisbaban a las novias o a las chicas que los tenían heridos de punta de amor o llagados de las telas del corazón.

La tormenta se acercaba. Un rayo conmovió el templo, como si hubiera caído en la cúpula y se hubiera enroscado en la cruz, y al pasar el claror del relámpago la obscuridad se hizo más densa. El servicio del alumbrado público estaba de malas.... Alguna dinamo descompuesta, algún "daño" en los circuitos...

Entonces salió Margarita. No había salido antes porque tenía horror a las apreturas, y tranquila había esperado que saliera la gente.

—¿Qué va a llover? ¡Pues que llueva! —díjose, y con toda calma se dirigió al altar mayor y se arrodilló en un reclinatorio.

Allí pidió perdón para sus tibiezas, y para aquella aridez de su espíritu tan inesperada y repentina. Pero no tuvo verdadera devoción. Rezó la estación mayor y algunas otras preces que su acostumbrada piedad le pedía, pero su alma no estaba toda en el templo, ni la oración salía de sus labios vibrante, alada, luminosa, infatigable para subir al cielo. Maquinalmente se llevaba la mano al bolsillo de la falda, como si le sobrecogiera la idea horrible de haber perdido aquella carta cuyo aroma embriagador ya presentía, cuyos términos adivinaba, cuyas frases afectuosas parecían murmurar amores entre los pliegues del suntuoso y rico papel de hilo.

Quedó el templo vacío. Los sacristanes habían apagado todas las bujías. Aún quedaba en los aires remoto aroma de estoraque y de incienso, y penetrante olor de cera quemada llenaba el ambiente, mezclado con la fragancia de las azucenas marchitas.

Parecióle que aún flotaba en las bóvedas algo de los cantos litúrgicos, algo como voces infantiles en la nave central, y ruidos de pasos, allá en el fondo, cerca de la entrada.

Ardían serenas, en sus fanales rojos y colgadas de sus pescantes, las perennes lámparas del Sagrario, y su luz apacible se reflejaba en el tabernáculo, en las columnas del altar, en los marcos de los cuadros, y encendían una que otra chispa de color en los prismas de los candelabros.

Margarita se santiguó de prisa, se levantó, tomó al pasar por la fuente agua bendita, y salió.

Llovía. Ráfagas de viento tibio le azotaron el rostro.

Recogióse la falda, y de puntillas, semiembozada en la mantilla, ganó a lo largo de la acera el camino de su casa, que, por fortuna, no estaba distante.

Allá por las montañas del sur, en lo más alto de la cordillera, la tempestad incendiaba las cimas.

XXIII

La joven llegó a su casa en momentos en que la lluvia —el primer aguacero de mayo, que dizque alegra y rejuvenece— se desataba torrencial.

Allí estaban sus amigas. Saludólas al paso, diciéndoles:

—Ya vengo... He llegado empapada... ¡Si tardo un poco más, me luzco!

Y volviéndose agregó en tono risueño y afable:

—Marta: estarás satisfecha... La fiesta ha resultado magnífica. ¡Divina! ¡Divina! ¡Divina! Como dice Concha Mijares... a quien esta noche aplaudirán a rabiar en los brillantes salones de Arturito Sánchez.

Mientras sus amigas reían, Margot se perdió en las habitaciones interiores, entró en su alcoba, cerró las puertas, quitóse la mantilla, mudóse el vestido, pensó mudarse de calzado, pero no lo creyó necesario, y luego, inquieta, recelosa, como si temiera ser sorprendida, se acercó a la mesa de noche, y a la luz de una lámpara, cuyo fulgor opalino se difundía gratamente en la estancia, leyó el sobre escrito de la carta de Alfonso, miró atentamente el gallardo monograma de la nema, y rompió el sobre, y cuidadosamente desdobló la carta, y leyó:

Decía así:

"Mi buena Margot:

Aquí me tienes en este México de ustedes, muriéndome de fastidio, y cansado de recorrer todos los días las mismas calles, siempre desde Plateros hasta San Francisco, y por las tardes dando vueltas en la Calzada de la Reforma (donde hay unas estatuas abominables y unos indios feroces), y echando de menos aquellos campos de tu Pluviosilla, y aquella tu conversación viva y llena de 'esprit' y tan dulce y encantadora como las miradas de tus ojos azules, ojos de zafiro como dijo Byron. Juan sube y baja. Dice que está desesperado y muerto de fastidio, por ello es que apenas si lo vemos en casa. Ya tiene muchos amigos, y con ellos se pasa el día. Envidio ese carácter suyo tan sociable. Así, ni más ni menos, era en París. Es por eso que yo no congenio ¿así se dice?, con él. Somos de carácter enteramente opuesto. Creo que pronto estará contento, aunque difícilmente se olvidará de su París. Aquí se ha encontrado amigos que trató allá y con ellos anda de comidas y teatros.

Yo me aburro, puedes creerlo, prima mía. ¡Cuánto mejor estaría yo allá, en tu 'pueblo', como te decía yo para verte enojada y ver más azules tus ojos, paseando contigo, viendo aquellos campos, contemplando aquellos bosques y aquellas cascadas que visité contigo, y escuchando tu voz consoladora que ha derramado en mi alma frescuras que nunca espere, algo así como un perfume de violetas de Niza o de lilas frescas! Mañana te mandaré el libro prometido; pero lo has de leer como si estuviéramos juntos. Es de mi poeta favorito. ¡Si tú vieras!... En un paseo que hice a Bretaña fue mi único compañero. Lo compré en SaintMaló en la tierra de Chateaubriand, una noche, al volver de visitar el sepulcro del grande hombre, en una librería que estaba frente por frente de la estatua del autor de Atala.

¡No te olvido, prima mía, primita mía! ¡Cuándo vienen? Si no vienes pronto, el mejor día te dirá un periódico que me eché de cabeza en uno de los canales de esta famosa Venecia americana. ¡Y qué canales!

Dicen mamá y María que ya escribirán. Aún no están instaladas a su gusto. Papá dijo anoche que ya están arreglando en Tacubaya una casa para ustedes.

Te quiere mucho tu primo, tu... melancólico primo.

Alfonso"

Margarita dobló la carta, la metió en la cubierta, abrió el ropero, y la guardó en él.

XXIV

Guardó la carta, y risueña y jovial, con alegría de chicuela mimosa, volvió a la sala. Elena y sus amigas charlaban en el estrado.

El piano abierto sonreía, y dejaba ver, a la luz de dos bujías, cuyas flamas azotaba el viento, la irreprochable dentadura de su teclado, como la de una mujer admirada y bulliciosa.

Margarita acudió a una de las ventanas. Las dos estaban abiertas de par en par. El chubasco había pasado, y la tempestad detenida en las cumbres de Mata-Espesa, no se atrevía a invadir el valle. No languidecían los fuegos procelosos ni desmayaban los estruendos. Oíase fijo, aunque lejano, el rumor de sus cohortes batalladoras, y a cada instante, con rapidísimas intermitencias, verdosa luz de irradiaciones cárdenas inundaba los espacios y resplandecía con luz siniestra en la desierta calle. Iluminábanse las cimas del Recental, descubriendo las gibas de su perfil ondulado, dibujadas sobre un fondo cerúleo, y sobre remotas lejanías e infinitas claridades lunares.

Al esplendor del relámpago palidecían los focos eléctricos, columpiados bruscamente por el aliento de la borrasca. La tierra reseca, apenas humedecida por el chaparrón, olía a búcaro, y el viento pasaba en impetuosas ráfagas, vencedor del ambiente caldeado por el día.

—¡Marta! —exclamó Margarita desde la reja—. El piano te espera...

—Esta tarde —contestó la joven— no estabas para música... Ahora quieres que toque... ¿Qué habrá en ese corazoncito?

—¡Toca mujer! —suplicó Margot.

Y Marta corrió hacia el piano, ocupó el taburete, y preludió con dulzura un capricho alemán.

—¡Qué torpe está el teclado! Muy torpe para cosas de éstas. —Y soltóse tocando un danzón veracruzano de rudo cantoneo, caprichoso, apasionado, caliente como el aire de la costa en noche primaveral.

Los truenos ahogaban la música. Un relámpago, otro, otro, y otro más, y el aguacero se desató terrible, torrencial, casi pavoroso. Resonaba en el techo; azotaba los arbolillos y las trepadoras del patio, y producía ruido de pedrisco en las canaleras de los aleros.

Margarita contemplaba embebecida las soledades de la calle y los efectos de la luz en la lluvia. El arroyo crecía por momentos, y la corriente pasaba con rumores de riachuelo. El sereno de la calle, muy encapuchonado y diligente, oculta su linterna entre los pliegues del raído y viejo capote, vino a buscar abrigo en el zaguán. Marta seguía tocando. El viento azotaba las flamas de las bujías.

—¡No es posible! —murmuro la pianista— Ni me oyen ni se oye.

Y se retiró del piano y volvió al sofá.

Margot seguía en la reja, embelesada ante el aguacero, que bañaba con polvo finísimo de agua tibia la frente de la joven.

La tempestad iba en dispersión, rumbo al sur. Ardían en llamaradas los picos de la Sierra, y en los cerros de Xochiapan, a cada fulgor de la tormenta, el rayo trazaba caprichosos ramajes.

—Así deben ser —pensaba Margot— las tormentas del alma. ¡Cómo lucháran en ella fuegos de borrasca y tinieblas del abismo! ¡Pero después qué aurora tan arrebatada y plácida; qué alborear tan apacible; qué frescura la de los campos; qué día tan hermoso!

De este modo poetizaba ensoñadora la gallarda doncella, conversando a solas con su pensamiento, y empeñada en no querer oír lo que ansiosamente le gritaba su corazón. No quería escucharle, pero le oía, le oía, a cada instante más desmayada para poder resistir a lo que tan ingenuamente le decía: "Estás enamorada de Alfonso; sí que lo estás. Y tienes razón, ¡sí que la tienes; mucha razón! Es guapo, es joven, y muy simpático y muy talentoso. Confiesa, dueño mío, que esa cartita que trasciende a piel de Rusia y en la cual tu finísimo y delicado olfato de mujer descubre fragancias viriles, te ha dejado muy contenta, muy satisfecha y muy alegre". Margarita se hacia la sorda, y para engañarse a sí misma se entretenía en contar los relámpagos que centelleaban en las cumbres de la sierra.

El corazoncito aquel, caprichoso, indiscreto, tenaz, insistía y porfiaba.

"No me engañarás; no me engañará esa tu imaginación locuela, que tanto quehacer te ha dado esta tarde, que no te dejó rezar, y que robó a tu piedad la devoción que le exigías. Óyeme: quieres a Alfonso. Antes decías (yo te oí decir muchas veces, acuérdate de ello) que no volverías a amar; que el amor no renacería en mí; que serías fiel a la memoria de aquel muchacho que nunca te dio media palabra de amor, pero que tú sabías por boca de ciertas amigas suyas, te amaba y vivía para ti. Sí, eras todo para él. ¿No haces memoria de eso? Pues, óyeme: ¿digo su nombre? Se llamaba... ¡Vaya! ¡Pues no lo diré! ¡Y creías engañarme! ¿A mí? ¿A mí? ¿A mí que lo sé todo? Eres una chiquilla... Aquello fue amor; sí, amor; pasioncilla incipiente, tentadora; vamos: un sueño azul. Pero... ¡nada más! Se fue, se fue a estudiar... Y le has esperado en vano; y te cansaste de esperarle; y no volvió, y no volverá, y, además, no ignoras que es indigno de ti. La vida escolar, en la cual entró inexperto y sin guía, le impulsó por senderos extraviados y obscuros, y ha ido rodando de abismo en abismo y de precipicio en precipicio... ¡Para qué repetirte lo que ya sabes! La embriaguez le ha perdido. Algo darías para salvarle de las garras de esa harpía. ¡Oh! Darías todo, todo, hasta ese afecto que has encendido en mí, y en el cual no quieres pensar, pero que va ardiendo a maravilla, como que el combustible está bien seco. ¡Le has tenido reservado tanto tiempo!, y arde muy bien, ¡muy bien! Algo darías por regenerar al otro, pobre víctima de esta triste vida de provincia sin anhelos generosos ni nobles ideales, perdido en el estruendo de una gran ciudad, en los años peligrosos en que el corazón principia a abrirse a la vida. Mucho harías por salvarle; ¡pero eso es imposible!... Ahora quieres ser para Alfonso, ¡para tu Alfonso!... No te enojes porque le llamo así... ¡Así le nombras allá en un rinconcito de tu cerebro! ¿No es cierto? Quieres ser para Alfonso lo que hubieras sido para el otro... su amiga, su confidente, su hermana... ¡y algo más, algo más! ¡Vaya! ¡Ya me estás escuchando! ¡Ya no cuentas los relámpagos! Piensas que Alfonso es una alma entristecida, inmolada en los altares de la riqueza; un espíritu entenebrecido en los brillantes y magníficos salones de París; traído y llevado por los asfaltos de la gran ciudad; de ese París, de quien alguno ha dicho que es la 'Universidad de los Siete Pecados Capitales', y te has dicho: 'Yo alegraré esa alma; yo iluminaré ese espíritu con claridades de fe; yo le haré amar la vida sencilla y modesta, opulenta de horas serenas, rica en santas emociones, fecunda en inmortales esperanzas. ¡Noble deseo el tuyo! ¡Eres buena, dueña mía, eres buena!

La lluvia había cesado; el cielo iba despejándose, y limpia la región del poniente, la claridad lunar mostraba un piélago azul, espléndido celaje.

De un salto volvió Margarita al salón, se dirigió al piano, se acomodó en el taburete, y la *Invitación al Vals* inundó el recinto con sus magistrales acordes.

XXV

Acabada la cena se charló en la sala. Se habló mucho de las "fiestas dramáticas" de Arturito Sánchez, y de los talentos de Concha Mijares para los monólogos de suprema elegancia.

Ramón, que siempre estaba de buen humor, y que solía tener chispa cuando criticaba ciertas cosas, hizo alarde de su verba. Puso en caricatura a todo el grupo, dramático, y refirió, punto por punto, con exactitud de cronista concienzudo, cómo eran aquellas fiestas y aquellos bailes (que siempre en baile terminaba todo en aquel centro de sabidillas y de gente cursi) y, acaso poniendo algo de su cosecha, divirtió por más de una hora a sus hermanas y a sus amigas.

Arturito era muy dado a la tragedia, y había llegado hasta la audacia piramidal de poner en escena *El gran Galeoto* y *La esposa del Vengador*. Si las obras del insigne dramático español no impusieron respeto en aquel grupo de aficionados, menos le impusieron la de nuestro Peón y Contreras, y *La hija del rey* y *Hasta el cielo*, salieron hechas añicos de manos de Arturo, que era el primer actor, y de Concha, que era la primera dama de aquella compañía "estudiosa y modesta". Concha deseaba vivamente, pero no se le había logrado el deseo, "trabajar" alguna vez en el único teatro de la ciudad, en el Gran Teatro del Progreso (el primero del Estado) en noche solemnísima, con cualquier motivo, en alguna fiesta patriótica o en alguna función de beneficencia. Arturo no le iba en zaga a su amiga y compañera, y había que verlos —decía Ramón, remedando a una y a otro— cuando representaban el *Drama Nuevo*, en aquella soberbia escena de Shakespeare con *Alicia* y *Edmundo*. Hacía el *Shakespeare* un pobre muchacho, empleado de cierta imprenta, en quien lo innoble del aspecto corría a parejas con lo áspero y herrumbroso de la voz; *Alicia*, esto es, Conchita Mijares, lucía su rostro agraciado y su cuerpo de lagartija; Arturo se había vestido fatalmente, y a las trusas acuchilladas juntó no sé qué prendas chambergas para dar al traje "mayor visualidad". El célebre diálogo —obra incomparable del arte escénico— resultó en labios de aquellos intérpretes vil sainete y desastrada loa. Y a todo esto agregaba Ramón largo trozo de escenas, recitado con la mayor seriedad, imitando ademanes y gestos de cada actor, y dizque siendo eco fidelísimo de la voz de los tres.

La plática era agradable, pero debía tener término, y se lo puso Marta.

—¡Es preciso irse! —exclamó—. Estos caballeros nos llevarán a casa, que salidas desde muy temprano no sabrán en ella dónde estamos.

—No teman el réspice... —respondió doña Dolores—. Yo vi a tu mamá, Marta... y a la tuya, Lupe, y a la tuya, Clara. Y les dije que Margot y los muchachos las llevarían después de la cena. Iré yo también.

¡Hermosa noche! El cielo parecía inmensa y límpida turquesa; viento fresco y húmedo corría por el valle, y nubes blanquísimas coronaban las cumbres del sureste. La luna creciente brillaba con dulce claridad, y calles y tejados se oreaban bañados en apacible luz de plata. Elena se quedó en casa. Cuando salieron, Pablo dio el brazo a su mamá; Ramón a Marta, y las tres señoritas, enlazadas por los brazos, con Margot en medio, iban adelante.

Charlaban alegremente. El muchacho seguía refiriendo cosas de las fiestas de Sánchez, y doña Dolores conversaba gravemente con su hijo.

Marta dijo:

—Lolita: pasemos por allá... Como el teatro está en la sala podemos oír algo.

—Pero, criaturas... —respondió la dama—, eso no me parece bien!

—¡Sí! ¡Sí! ¡Sí! —dijeron a una las muchachas, y la señora tuvo que ceder.

—Si no vemos ni oímos nada, haremos ejercicios...

Arturo vivía en la parte norte de la ciudad, no lejos del mercado, en una casa vetusta, cuya fachada había sido mejorada recientemente, pero cuyo interior, amplio, frío y lúgubre, acusaba el destino primero de la finca, allá en los años dichosos del estanco del tabaco y de las revoluciones diarias, en los viejos tiempos de Pluviosilla. La puerta estaba cerrada, y cerradas todas las ventanas. Al llegar el grupo resonó un aplauso. Sin duda que en aquellos momentos algún actor se presentaba en escena, porque cesó la salva, y reinó profundo silencio.

Un transeúnte se detuvo a escuchar en una de las ventanas: no oyó nada, y prosiguió su camino.

Margarita dijo:

—¡Aquí ¡Aquí! ¡Aquí se oye muy bien!... Está en escena Concha ... Oiga usted mamá.

Todos se detuvieron a escuchar. La voz de la chica era agradable, simpática, aunque a veces nasal. Algo decía de su marido que había estado en Filipinas, y de una berlinita que ella tenia...

Después, acaso porque la actriz cambió de sitio, nada oyeron con claridad. Era la voz de Conchita, pero como lejana y borrosa.

—¡Vámonos! —ordenó la señora en tono resuelto. En aquel instante estalló un aplauso. Se oyeron gritos:

—¡Bien! ¡Muy bien! ¡Diana! Y la música rompió tocando lo pedido.

74

—¡Ya me imagino a Concha! —murmuró Marta—. Ya me la imagino con esta ovación. Mañana temprano irá de casa en casa a contar la fiesta y a que le celebren el buen éxito.

—¡Por Dios, Marta! Ya te vas pareciendo a esa pobre Concha. Déjenmela en paz, que la infeliz, aunque ligerita de cascos, no es mala. Le ha faltado dirección...

Nuevo aplauso resonó. Las muchachas regresaron, y otra vez se pusieron a escuchar. Estaba en escena Arturo Sánchez. Recitaba versos de su lira, en obsequio de Conchita, y para ofrecerle un ramillete en nombre de un grupo de amigos y admiradores. El escribientillo, cuya voz era robusta y clara, recitaba con acento vibrante una composición que decía así en dos de sus estrofas:

> "Lívida y fresca y galana,
> Luz de sol que nace apena,
> Eres un astro en la escena,
> De la escena soberana;
> Dio a tu acento la mañana
> El dulce rumor del río
> Que bajo el árbol sombrío
> Se aduerme manso y parlero,
> Y los trinos del jilguero
> En el peñascal bravío.
> En tu voz, si dice amores,
> Amor placentero canta,
> Y es el verso en tu garganta
> Copioso raudal de flores;
> Si lloras... Niña: no llores,
> No llores que el alma mía
> Busca en tus ojos el día
> Para calmar sus enojos,
> Y busca en tus labios rojos
> Cariñosa melodía".

—¡Y que siga buscando! —prorrumpió la señora, muy temerosa de que las muchachas soltaran ruidosa carcajada—. ¡Vámonos! ¡Vámonos!

—Pero, mamá... —suplicó Margot.

—Pero, Lolita... —rogó Marta.

–No me place, me parece impropio —contestó doña Dolores— escuchar así, por más que se trate de una comedia, o de cosa parecida. ¡Vámonos!

Y fue preciso obedecer.

XXVI

Don Juan, en su carta, recomendó a doña Dolores que cuanto antes estuviera lista para el viaje.

"Tacubaya es triste, ciértamente, pero allí vivirás sin prisa, y según me ha comunicado hoy el encargado de la finca, dentro de veinte días, esto es, allá por el día de San Juan, podrá entregármela, y tú instalarte en ella. Le he suplicado que active las obras, en vista de que la familia que debe ocupar la casa no tardará en llegar. Bueno será que ustedes no pierdan tiempo. No hay necesidad de comenzar a pagar la renta inútilmente. Ya te dije que vendas cuanto tienes, y sólo traigas aquellas cosas de las cuales no debes deshacerte. ¡A qué traer cachivaches! Si no encuentras buenos compradores, deja todo guardado en una bodega. No te faltará en Pluviosilla una persona segura que se encargue de ir vendiendo todo poco a poco. No pienses que quiero obligarte a venir pronto, pero, como allá me dijiste al despedirte de mí, lo que ha de ser tarde que sea temprano.

La casita que he tomado para tí es muy bonita, y tiene un pedazo de jardín. En él tendrás tus flores. Me parece que no es cara: gana ochenta pesos.

Tacubaya es triste, ciertamente, pero allí vivirás tranquila. Como hay servicio de tranvías cada veinte minutos, podrás venir fácilmente a México, siempre que quieras, y con toda comodidad.

¡Ojalá que ya estén aquí para el día 24! Me daría mucho gusto nos acompañaran en la fiesta.

Tendremos sumo placer en hospedarlos acá. El entresuelo está para eso que ni mandado a hacer. Allí estarás, y con toda independencia, mientras te instalas en tu casa.

Conque ya lo sabes: no hay que perder tiempo. Date prisa, y si te falta dinero, avísamelo. Ya se cómo se va en casos como este.

Pablo tendrá empleo en mi escritorio desde el primer día de julio. Hoy dije al cajero que dentro de un mes estará aquí la persona que debe substituirle".

Terminaba don Juan enviando saludos para todos y trasmitiendo recuerdos de doña Carmen y de María.

No tardó la dama en ponerse a la obra. Desde el siguiente día aceleró el empaque, y con ayuda de las Pradilla el trabajo iba avanzando que era una gloria. Las buenas mujeres, podemos decirlo así, se fueron a vivir en la casa de la familia Collantes: llegaban tempranito, después de haber oído la misa del P. Anticelli y permanecían allí mañana y tarde. Ramoncito las llevaba a su casa después de la cena.

¡Y que listas y diligentes eran las Pradilla! Para ellas no había dificultades. ¡Con qué habilidad encajonaron la incompleta vajilla! ¡Cómo supieron empacar cuadros y chirimbolos de la sala!

Doña Carmen se consagró a lo referente a las alcobas, y se pasaba el día vigilando a los carpinteros que desarmaban y arpillaban muebles.

Margarita se ocupó en el jardincito. La blonda niña no puso mano en sus plantas predilectas sin que una lágrima le anublara los ojos. Regaló a sus amigas los mejores y más curiosos rosales, y las más lozanas calateas. Marta, Lupe y Clara fueron preferidas, y al buen P. Anticelli le tocó un lote de soberbias begonias, las hilanderas mas hábiles, y las tejedoras más artísticas del mundo vegetal. Algo se llevó Conchita Mijares: una palmera elegantísima, un ejemplar soberbio.

Vino la chica al otro día de la representación; vino, como lo había anunciado, a contar sus emociones de la víspera, el éxito del monólogo y los esplendores de la ovación que le habían hecho. No fue muy larga la visita de la casquivana chicuela: tenía mucho que hacer; necesitaba ir a otras partes, y además iba a comer con las hermanas de Arturo para charlar de la representación y del baile. ¡Habían bailado hasta las seis de la mañana, y estaba rendida! ¡No había cerrado los ojos! ¡No había podido dormir! ¡Las emociones de la víspera la tenían agitada y nerviosa!

Ramoncito quiso repetirle una de las décimas en que la celebrara Arturo; pero Margot y doña Dolores no se lo permitieron. Ya Conchita se sabía de memoria todas las espinelas, y a la menor insinuación, se soltó recitándolas, entre ruborizada y satisfecha.

Margot no pudo resistir a la tentación de decirle que obsequios tan galantes por parte de Arturo eran indicio de profundo y lírico amor.

Quiso replicar la chicuela; quiso replicar con referencia a los "primos", y principió a hacerlo con gran rubor de Margarita. Pero aún no hablaba claro la Conchita, cuando Ramón, que por su verba cáustica inspiraba miedo a la monologuista, saltó diciendo algo que ésta no quiso oír, y entonces exclamó:

—¿Y qué vas a hacer con todas esas plantas?, ¿vas a venderlas? ¡Las vendiste ya? ¡A que vas a regalarlas!

—Voy a regalar algunas. Otras, las que eran de papá, las dejaré a guardar. Marta, que es muy eficaz para todo, me las cuidará al pensamiento... Después... yo procuraré que me las manden... cuando estemos instaladas, luego que pase el invierno.

—¡Pues yo, hijita... no he de quedarme sin un recuerdo tuyo! ¿Qué tiesto vas a darme? ¿Escojo?

—Como no sea entre estas macetas que eran de papá –replicó Margarita, señalando los diversos grupos–, ni entre éstas que están destinadas al P. Anticelli, elige.

—Pues... ¿cuál escogeré?

Concha vacilaba entre un anturio floreciente, de hojas aviteladas y brillantes, elegantísimo con su espata purpúrea, y la grácil y cimbreante palmera.

— ¿Una nada más?

—¡Solamente una! —contestó Margot, dulcificando con una sonrisa la franca negativa.

—Pues entonces, ¡mi linda Margot!, ¡mi encantadora Margot! ¡entonces... esta palma! ¡Es tan aristocrática!

—Tuya es.

—Oye: y... ¿cómo se llama?

— "Enterpe edulis".

—¡Pero, mujer! ¡Qué nombrecitos! ¡Eso parece latín de curas!

Chocó a todos la última exclamación. Ramoncito se apresuro a decir:

—¡Conchita, por Dios! ¡Cómo se echa de ver que vas en camino de ser ... la señora Mijares... de... Sánchez!

—¿Por qué?

—Porque te vas volviendo librepensadora como tu... flamante novio. Como Arturo.

—No es mi novio.

—Pues quiere serlo.

—No sé. ¡Vaya usted a saber las intenciones de las gentes!

—¿Librepensadora yo? ¡Por Dios, Ramón, qué lengua la tuya!

Y en tono afable, media contrariada, media risueña, dirigióse a Margarita:

—De veras... seriamente: ¿cómo se llama?

—¿Quién? ¿Tu poeta? —interrumpió Ramón.

Conchita le miro disgustada; pero pronto le pasó el enojo, y se echó a reír.

—Margot: ¿cómo se llama esa planta?

—"Euterpe edulis". Es brasileña.

—¿Euterpe?... ¡Euterpe!... ¿No es el nombre de una diosa?

—¡De una de las musas! —dijo Margarita.

—¡Qué bonito nombre! ¡Me gusta! ¡Me gusta!

—¡Con razón! —exclamó Ramón—. ¡Eres novia de un poeta... y la planta tiene el nombre de una de... "las nueve hermanas"! ¡Destino el tuyo más poético!

Concha fingió que no oía las burlas del chico.

—¡Pues mil gracias! ¡Mil gracias! Y... me voy, que estarán esperándome... ¡Adiós! ¡Adiós!

Y abrazó y besó precipitadamente a Margarita. Enseguida se despidió de Ramón, dándole la mano con indolente y teatral elegancia.

—¡Adiós! ¡Ah, Ramón ¡De pagármelas tienes!

Iba a salir, y se detuvo:

—¿Y Elena? ¿Y tú mamá? No puedo detenerme... Me despides de ellas.

Salía ya, y volvióse.

—¿Mando por el tiesto o me lo mandas tú?

—Ya irá.

XXVII

Ocho días después todo estaba empacado, y Pablo había principiado a remitir bultos y cajas que, en espera de sus dueños, al llegar a México serían almacenados en una bodega. Así lo había dispuesto don Juan, quien, en carta reciente, se felicitaba de la rapidez con que doña Dolores había procedido.

Poco se habían dejado: camas, tocadores, unos cuantos muebles de la sala, la mesa del comedor y media docena de sillas.

El jardín parecía talado. Escuetos los cuadros principales, muy ralos otros, vacío de macetas el corredor, daba tristeza aquel patio días antes enflorecido, y engalanado con mil follajes. Resto de aquella desaparecida hermosura, en la tapia frontera al comedor, las trepadoras se inclinaban al peso de sus copiosos ramilletes. A la entrada, en sus macetones y en sus cajas arboríferas, las azaleas como que lamentaban la próxima mudanza, y frente al comedor, en su jaula dorada un canario mimosín gorjeaba regocijado, ebrio de luz y de alegría.

Filomena pensaba con terror en el momento de la partida, como si fuera a dejarse en Pluviosilla la mitad del corazón. La pobre muchacha, huérfana desde la infancia, encontró en don Ramón y en doña Dolores algo de los afectos que el cielo le había quitado, y en Margarita y Elena, así como en Pablo y Ramoncito, hermanos cariñosos. Como hermana la veían y la trataban; pero ella procuraba no salir del sitio en que la suerte la tenía colocada, y no era más que una criada afectuosa, obediente, fiel y sumisa. Cuando la familia vino a menos, y fue preciso despedir uno por uno a los demás criados. Filomena no lanzó una queja, y en el momento más oportuno dijo a doña Dolores:

—Señora: escúcheme usted lo que tengo que decirle. Comprendo que estos tiempos no son como los de antes; sé muy bien que ahora es preciso vivir de otra manera... Yo a usted, lo mismo que al señor don Ramón, que estará en el cielo, les debo todo:

ustedes me recogieron, me criaron y me educaron; aquí aprendí todo lo que sé; ustedes han sido como mis padres; las niñas y los niños han sido como mis hermanos, y todos me han querido mucho, y yo lo agradezco mucho, mucho, como puedo, con todo mi corazón y con toda mi alma. Ustedes han sido tan buenos conmigo que, no conforme con haber hecho por mí tantas cosas, me señalaron sueldo, y buen sueldo, como si yo fuera una extraña de esas que sólo sirven por la paga, y que sólo por interés del dinero atienden bien a sus amos... Ahora son otros los tiempos; no quiero sueldo: ni usted me lo ha de dar, ni yo, si usted me lo diera, lo había de recibir. Que se vaya la otra criada. Yo me quedaré sola, pero no importa, mejor, que mejor y, como dicen, mientras menos bultos más claridad. Yo me basto y me sobro para el quehacer de la casa. ¿Qué necesidad hay de que criadas extrañas, de esas que no caben en ninguna parte, que hoy están aquí y mañana allá, que andan de casa en casa, que son, como decía en ocasiones el señor, enemigos domésticos, que cuentan en todas partes lo que hacen y dicen en las familias donde están ellas sirviendo, qué necesidad de que vean nuestras pobrezas y nuestros apuros? Me quedaré sola, sí, solita. Y si cree usted que no soy útil, me iré, no ha de faltarme acomodo, que yo no soy ingrata, y no porque me vaya me he de olvidar de ustedes, y las he de querer como siempre, y vendré a verlos seguido, siempre que pueda; y hasta podré auxiliar a usted con lo que yo gane; que yo procuraré que me paguen bien mi trabajo, pues para eso me mandó usted a la amiga, y me enseñaron acá a ser mujer de trabajo y para todo. Pero —y la excelente muchacha, llenos de lágrimas los ojos, trémula y con la garganta anudada, no sabía cómo seguir hablando— pero... considere usted; yo no quiero separarme de esta casa, ¡no quiero, no puedo, no puedo! ¡Verdad, señora, que no me dejará usted irme? Si me voy ha de ser para auxiliar a ustedes con lo que yo gane... ¡Si no, no!

La joven secó sus ojos con la punta de su limpio delantal, y sin mirar a su señora siguió diciendo:

—Yo creo... hace muchas semanas que me paso las noches pensando en esto, sin poder dormir, asustada, como si me fuera a pasar una desgracia... Yo creo que si me separo de ustedes me voy a morir.

Filomena no pudo más y se echó a llorar.

Doña Dolores la abrazó dulcemente, la calmó y le dijo:

—No, Filomena: no te separarás nunca de nosotros. Te quedarás tú sola, porque, tienes razón, para qué se han de enterar extraños de nuestras pobrezas y de nuestras amarguras. Margarita y yo te ayudaremos... tú eres como cosa nuestra, como hija mía. Ya sabes que mi Ramón, antes de morir te dejó recomendada.

—Y a mí también me encargó que cuidara a usted mucho y sobre todo a la niña Elena. ¡Y yo le prometí cuidar a todos, y lo he de cumplir!

—Mucho te lo agradezco yo, y mucho te lo agradecen mis hijos. No, mujer, nunca te separarás de nosotros.

En los ojos de la criada, llenos aún de lágrimas, brilló dulce e incomparable alegría.

Y desde entonces mostróse más cariñosa y servicial, y desde ese día todos la quisieron más, tanto como la muchacha se lo merecía.

La idea de la próxima partida la tenia inquieta y en desazón. En nada encontraba consuelo. Parecíale que aquel viaje era hacia remotísima tierra, como a comarcas extranjeras, donde todo era distinto, donde cosas y personas serían extraordinariamente extrañas y raras; donde hablarían las gentes una lengua que ella no entendería; donde, a juzgar por lo que le habían contado, por lo que le habían referido en presencia suya otras criadas, que habían ido a México llevadas por sus señores, todo era embuste y fraude, oropel y mentira. Muchos palacios, muchos paseos, muchos teatros, muchos coches de lujo, como nunca los habría en Pluviosilla; tiendas magníficas, llenas de artículos de subidísimo precio; dulcerías que parecían salones de baile, así de lujosos e iluminados; muchas gentes, muchas, como en Pluviosilla en días de grandes fiestas, mucho en las que llamaron de Colón, las fiestas del centenario del descubrimiento de América... Pero al lado de tanto lujo y de tanto dinero, una pobreza como no la había en ninguna ciudad veracruzana; almas perversas; personas falsas; gentes codiciosas; rateros, timadores, mujerzuelas... Todo muy caro, de manera que allí se necesitaba de mucho dinero para vivir... ¡El recado carísimo! ¡Las casas, lo mismo! La ciudad inmensa, muy bonita, es cierto, pero hedionda, pestífera. Allí había siempre tifo y pulmonías...

Filomena pensaba en todo esto, y se afligía y acongojaba, y en vano buscaba consuelo en su natural deseo de conocer una gran ciudad, y ni la seguridad de que para la familia iban a principiar, o habían principiado ya, tiempos bonancibles, era parte a sosegar su espíritu. ¿No era mejor vivir en Pluviosilla? Sí, sin duda que sería más acertado quedarse en aquella ciudad donde siempre habían vivido, la cual, bien visto, no era tan fea, no señor, que había de ser fea. ¿Habría en México campos como los de Pluviosilla, "callejones" como los del barrio de San Antón, iglesias tan cuidaditas como Santa Marta, un reloj público como el de la Parroquia? Iglesias... sí, muy grandes, la Catedral, y otras, pero no tan lindas como Santa Marta. De lo demás... ¡nada!

La pobre Filomena, en su aflicción silenciosa, en su anhelo de alivio para aquella pena que le amargaba la comida y el sueño, llegó por fin a descubrir dos puntos luminosos, que, como dos estrellitas, brillaban allá muy lejos, en la obscuridad de lo futuro: la familia tranquila y sin escaseces, y la virgen de Guadalupe a quien, por fin, iba a conocer.

Con este pensamiento sonreía y se alegraba a ratos, mientras la señora y las Pradilla bregaban con carpinteros y cargadores; mientras Elena y Margarita andaban en la calle despidiéndose de sus amigas, y la casa iba desbaratándose poco a poco... ¿Qué? ¡Si ya estaba casi vacía!

XXVIII

Quedó vacía la casa, la cual pudo ser entregada, desde luego, a su propietario, pero doña Dolores, según lo usado y tradicional en la familia, no quiso hacerlo hasta que todo quedase debidamente aseado.

Vino un carpintero, y se le ordenó que revisara aldabas, pestillos y picaportes, y asimismo que pusiera dos cristales en la vidriera del comedor, en lugar de los que habían roto los mozos de cordel al sacar los muebles para empacarlos. Mientras el carpintero trabajaba, tres mujeres lavaban el suelo de las piezas interiores. La familia se había reducido a las habitaciones próximas a la sala, y las señoritas se veían en grave trance cuando llegaban visitantes y éstos eran en mayor número que las sillas que tenían, de modo que fue preciso pedir prestadas unas cuantas a la madre de Martita.

Los muchachos se andaban en la calle todo el día. Pablo ocupado en remitir bultos; Ramoncito en despedirse de sus amigos, con quienes subía y bajaba, dizque para decir adiós a Pluviosilla, a la cual no había de volver en muchos años, hasta que viniera con un título bien adquirido y en condiciones de que le llamasen el señor licenciado don Ramón Collantes.

En la ciudad no se hablaba más que de la partida de la familia, y aunque todo el mundo, los unos con buena y los otros con mala intención, traían en lenguas a doña Dolores, a las señoritas y a los muchachos, los visitantes eran cada día en mayor número. Todos deseaban comprar alguna cosa... pero la señora no quiso vender nada. Alquiló una bodega en el interior de la casa en que vivían las Pradilla, y allí dejó almacenado cuanto creyó que le era inútil, y muchas cosas que a su tiempo le habrían de ser remitidas a México.

El dueño de la casa no volvió en muchos días a molestar a doña Dolores, pero cuando tuvo noticia de la próxima partida de los Collantes, una mañana, y a pretexto de ver qué reposiciones y mejoras debía hacer en la finca, se llegó muy cortés y muy apenado disculpándose de la inoportuna visita, así como de la hora en que el buen señor se presentaba. Recorrió toda la casa, y hasta se atrevió —en uso de sus derechos de propietario— a pretender entrar en las alcobas, de donde Margarita y Elena acababan de salir. Pero Pablo, que estaba presente, hizo un gesto de disgusto, y, en pocas palabras, manifestó al impertinente que su deseo era poco "correcto"; que ese mismo día le entregarían la casa, y que bien podía esperar unas cuantas horas para cumplir con sus altos deberes de dueño de la finca. El propietario se abochornó, presentó excusas, quiso dar explicaciones, y ya se retiraba, cuando, volviéndose, preguntó a qué hora podía mandar el recibo. Doña Dolores llegó en ese instante, se enteró de lo que pasaba, e indicó que a medio día estaría ella en casa, y que poco después le trajeran el recibo. Pablo indicó que no se pagaría más que el arrendamiento que correspondía al mes de junio, conforme a lo acostumbrado, y por mucho que apenas faltaban dos días para terminar la primera quincena. El propietario dijo que la señora tenía compromiso de pagar el arrendamiento de la casa hasta el último de julio. Pablo quiso hacer observaciones, alegando que se cometía un abuso; pero doña Dolores intervino, diciendo:

—No, Pablo: el señor tiene razón. Eso convine con él. A medio día pagaré la renta de la casa hasta el 30 de julio. Haré el pago adelantado para ahorrarnos molestias.

—Entonces... —murmuró tímidamente el propietario— a las seis de la tarde vendrá por las llaves un empleado mío...

Indignóse el mancebo e iba a contestar con ruda y terminante franqueza; pero la dama se apresuró a responder:

—Sí, señor; que venga enhorabuena ese empleado, pero no por las llaves...

El propietario miró sorprendido a la señora, la cual terminó:

—...sino a saber de quién deberá recibirlas... ¡el día 30 de julio a las seis de la tarde!... Hasta ese día tengo derecho de conservarlas.

—¡Sí! —respondió su interlocutor—, pero... me permito advertir a usted que no está usted autorizada para subarrendar la casa... y que si permanece ésta cerrada se humedecerá... y eso será en daño de la finca.

—¡Cuidaré de que no pase tal cosa... pierda usted temor!

El propietario, mohino y contrariado, alzó los hombros, se despidió y se fue.

—¡Ha hecho usted muy mal, mamá! —exclamó Pablo—. ¿Por qué no me dejó usted arreglar el asunto?

—Porque eres de carácter muy ardiente... ¿Has remitido ya todos los bultos?

—Sí.

—Pues entonces... pasado mañana nos iremos. Pon a tu tío un mensaje diciéndole que te mande dinero... Me apena tal demanda, pero es ineludible el compromiso... Pides... ¡de una vez lo necesario!, quinientos pesos... Advierte que tú, de tu sueldo, los pagarás... Suplica que por telégrafo te los sitúen aquí, hoy mismo... Y avisa que pasado mañana nos tendrán allí. Di que va una criada con nosotros.

—Sí, señora.

—Iremos a tomar el tren en Trigales... ¿No te parece? Así evitaremos que algunas... amigas vayan a decimos adiós. Las Pradillas sí nos acompañarán. Mañana pides un coche especial en la Administración de los Tranvías. Podemos salir de aquí a las ocho. Antes será debido ir a misa.

Y así se hizo.

Esa misma tarde fueron devueltas sus sillas a la señora de Pérez, y llevados los demás muebles a la bodega. Doña Dolores pensó irse a un hotel, pero no se lo permitieron las Pradilla.

—Vea usted, Lolita —dijo Teresa—, que Pablo y Ramoncito se vayan al hotel. Ustedes no. En casa se instalarán las tres con Filomena, del modo mejor. ¡Un día como quiera se pasa! En cuanto a lo demás de que hablaba usted, esta mañana, nosotras nos encargaremos de todo; cuidaremos todo lo que se queda guardado; remitiremos lo que usted nos pida, y abriremos la casa de cuando en cuando, para que no se humedezca. Déjenos usted la llave, que nosotros la entregaremos el día último de julio.

Sólo Dios sabe como se instalaron esa noche en la casa de las Pradilla, porque éstas no tenían más que tres piezas: una que servía de sala; otra, que era la alcoba, y otra el comedor.

Teresa y Asunción se redujeron a la última, que era muy chica, y dejaron la segunda a la señora y a sus hijas. No era muy grande, que digamos, la tal habitación, pero la diligencia y el ingenio femeniles lo arreglaron todo en un dos por tres. Para Filomena hubo sitio cómodo en un pasillo cerrado que podía servir de comedor.

—Pudimos habernos quedado en la casa hoy y mañana —decía doña Dolores— pero... ¡Cómo deseaba yo salir de allí! Le tenía yo cariño a esa casa, que digo le tenía, se lo tengo, como que allí pasé tantas horas de amargura. ¡Así es el corazón humano! Con todo se encariña, a todo le toma afecto... hasta con lo que le hizo padecer, hasta de aquello de lo cual tiene miedo y malas memorias...

Cenóse alegremente, si alegría cupo en torno de aquella mesa, y si podía haberla esa noche, en aquella familia que, acaso, por muchos años, no volvería a pisar aquella tierra ni a ver a tan buenas amigas como las excelentes señoras Pradilla, las cuales habían enseñado a leer a Pablo y a Ramón, y que fueron tan cariñosas con Elena y con Margarita, a quienes enseñaron mil cosas de las muchas y muy lindas que sabían hacer.

XXIX

El día siguiente fue empleado en arreglar mundos y baúles. A eso de las diez de la mañana todo estaba listo. La señora y sus hijas salieron a despedirse de unos cuantos amigos. La primera visita fue para el P. Anticelli.

—¿Irse sin decir adiós al P. Anticelli? ¡Líbrenos de ello Dios! —exclamó doña Dolores, prendiéndose el sombrero—. Vamos, muchachas. A Santa Marta primero que a ninguna otra parte... No estoy para visitas, pero será preciso hacer algunas. ¡Cuidado, cuidadito con decir que mañana es el viaje! Digamos que será pasado mañana. Así nos veremos libres de molestias, y si algunos vienen a buscarnos mañana, Teresita se encargará de decir que un telegrama de México nos obligó a salir un día antes.

En la puerta se encontraron a Pablo y a Ramón.

—¿A dónde van? —dijo éste.

—¡A visitas de despedida! —respondió Margarita.

—Vengan a comer, a la hora señalada... Recuerden que estamos en casa ajena, y que la pobre Filomena tiene todavía mucho quehacer! —advirtió la señora.

—¡Mamá —murmuró Pablo al oído de su mamá— acabo de recibir el dinero! Dice el tío, en este mensaje, que mañana nos esperan en Buenavista. Toma. Me han entregado ochocientos pesos.

Y puso en manos de la señora un mensaje y un rollo de billetes.

—¡Tanto mejor! —contestó la dama, rechazando la hoja y los billetes—. ¡Guárdalos, guárdalos!... Arregla cuanto te quede por arreglar... No dejes nada para última hora.

Los jóvenes se fueron, y doña Dolores y sus hijas se dirigieron a Santa Marta.

Entraron en el templo, y rezaron allí unos cuantos minutos.

Sin duda que el P. Anticelli estaría en su casa. Algunas personas le esperaban en el confesionario... Había que aprovechar el tiempo, y a toda prisa se dirigieron a la morada del sacerdote, la cual estaba a dos pasos.

Introducidas por un sacristán, tomaron asiento en el recibidor, en espera del buen jesuita, quien tenía visita en su celda, pero que no tardaría en venir.

¡Qué paz y qué silencio el de aquella casa! ¡Qué aseo, qué modestia y qué orden en ella!

Siempre que Margarita había estado allí se complacía en saborear la dulzura de la tranquilidad piadosa que reinaba en todo, que parecía llenar el ambiente, emanar de los muebles, de los cuadros, de los libros, de las imágenes, y hasta de las flores galanas del patio.

—Esto —pensaba la blonda señorita— es como un oasis en el inmenso desierto de la vida, como puerto de paz y de salvación donde el corazón y el alma encuentran abrigo contra las borrascas y las agitaciones del mundo.

Y la doncella respiraba feliz, y como que se armaba de consuelos para futuras penas y presentidos dolores.

Un sofá, cuatro sillones, una mesita, y un par de rinconeras eran todo el ajuar de aquella sala. En las paredes una hermosa imagen del Sagrado Corazón de Jesús, colocada en modesto marco dorado; frontero a éste un retrato del Vicario de Jesucristo, puesto en otro marco, también dorado, en medio del cual aparecía risueña, bondadosa, paternal y dulcísima la nívea e incomparable figura de León XIII, con los ojos fijos en lo alto, como si a su ruego viese venir de las inmensidades del firmamento infinitos raudales de gracia, de perdón, de virtud y de amor.

Cerca del balcón, en un marco de madera amarilla, cuidadosamente barnizada, un grabado holandés de preciada labor artística: San Ignacio y los cuatro primeros Generales de la gloriosa Compañía.

Sobre la mesita un libro elegantísimo, de soberbia pasta azul salpicada de estrellas: la *Historia de Nuestra Señora de Lourdes*, por Enrique Lasserre; y un álbum que contenía vistas de Loyola.

Completaban el todo un tapete empalidecido y una lámpara grande, pero modestísima, cubierta con una pantalla verde, de papel plegado.

Doña Dolores y sus hijas hablaban en voz baja, temerosas, sin duda, de turbar aquel profundo y religioso silencio. Temía la dama que el buen P. Anticelli tardara en salir, y, fija en la idea del viaje, lamentaba ya el separarse de Pluviosilla. ¡Cómo, las tres, iban a echar de menos Santa Marta! ¡Qué falta iba a hacerles el buen P. Anticelli! ¡Le debían tanto, tanto, tanto! ¡Qué de buenos consejos! ¡Qué de dulce y amable consuelo en días de llanto y de dolor! ¡Qué tino y qué acierto para dirigir a los muchachos! ¡Sin el P. Anticelli no sería Pablo tan activo, tan laborioso y de tan buenas costumbres! ¡Sin el cariñoso jesuita, Ramón no sería tan estudioso!

Oyéronse voces en el corredor, y por frente a la puerta de la sala pasó poco a poco el P. Anticelli, seguido de un caballero de aspecto distinguido y elegante forastero, sin duda, pues ni doña Dolores ni Margarita le conocían.

No tardó en venir el sacerdote, el cual con el bonete en la mano, se entró en la sala afable y sonriente:

—¡Ma!... ¡Ea! ¡Bienvenidas seais! ¿Cómo va Dolores? ¿Cómo estáis hijas mías?

Y al ver que las señoras se levantaban, el sacerdote les indicó con un movimiento de sus manos nerviosas y exangües que volvieran a sentarse.

—¡Sentaos! ¿Cuándo es la partida?

—Mañana.

—Venís oportunamente... Deseaba yo veros y hablaros, como debo hacerlo, en vísperas de ese viaje que... ¡no me gusta! ¡Sí, mi señora; sí, hijas mías, no me gusta!

Y el P. Anticelli encogió la nariz, como si hasta ella le llegase algo mal oliente.

<h1 style="text-align:center">XXX</h1>

—¡Bien! ¡Bien, hijas mías! ¿Os vais? ¡Sea por Dios! ¿Y cuándo será la partida? —dijo el jesuita acomodándose en el sillón y poniendo su bonete en la silla inmediata.

—¡Mañana... si usted no dispone otra cosa! —respondió la dama.

—¿Pues no me habíais dicho que sería en julio o, acaso, a principios de agosto?

—Sí, padre mío; pero es el caso que mi cuñado desea que estemos allá el día 24. El 24 cumple años.

—¡Ah! ¡Sí! ¡El Precursor! ¡Ah! ¡Si tú vieras en Roma la fiesta del día de San Juan! ¡Aquellas son fiestas! Cuando os miro tan satisfechas con nuestras humildes fiestas de Santa Marta, me digo: qué dirían si vieran aquellas de la Ciudad Eterna. Y guarda, hija mía, que desde que los "suburros" entraron en Roma como otros bárbaros, como flamantes hunos, las cosas aquí son muy distintas de lo que fueron allá en los primeros años de mi vida escolar, cuando estudiaba yo en el Colegio Romano... ¡Bien, bien, os vais, y dejáis a este pobre viejo! Ya me imagino que el día de San Juan estaréis, como decís por acá en América, de manteles largos... ¡Sea enhorabuena! ¡Estas chiquillas estarán como unos cascabeles!... ¡Sea por Dios!

Y pasando rápidamente del tono jovial y afable al de una severa expresión, prosiguió tras levísima pausa:

—¿Y qué vais a hacer en México, en esa vuestra Babilonia tan bulliciosa y tan... mal oliente? ¿Serviréis allí a Dios, mejor que aquí en vuestra silenciosa y embalsamada Pluviosilla? En fin. ¡Conformémonos con los secretos designios de la Providencia, que no se mueve la hoja del árbol sin la voluntad del Señor! No me gusta este viaje, hijas mías. El corazón tiene su voz misteriosa, que suele decirnos: sí o no. ¿Qué dice el vuestro? ¿Qué te dice el tuyo, Dolores? ¿Y a ti Margarita? ¿Y a ti Elena? Decidme cada una lo que así, en voz tan baja y tan quedito, os esta repitiendo el corazón.

—A mí, la verdad, padre mío —contestó la señora—, no me dice nada, ni bueno ni malo. No voy contenta, porque preferiría yo permanecer en mi rincón, como he vivido tantos y tantos años. Trabajo, y muy grande, me ha costado decidirme... Pero usted sabe muy bien, señor, cuántos y que poderosos motivos me han obligado a aceptar la protección de Juan... El porvenir de los muchachos; el estar cerca de ellos; el no dejarlos, como abandonados, en una ciudad tan grande...

—Sí, hija mía; el señor Fernández (a quien saludarás de parte mía) me habló de ello... Y mira tú: ¿quién conoce los caminos secretos de la Providencia? Nadie. Acaso todo será para la mayor gloria de Dios. Me ocurre decirte... Pero...

El P. Anticelli sacó la tabaquera, y previo el permiso del caso, pedido con un cortés movimiento de cabeza, agregó, dirigiéndose a las señoritas:

—Haríais bien, hijas mías, en seguir el consejo que voy a daros. Bajad a la iglesia, y, mientras yo hablo aquí con vuestra madre de asuntos importantes, rezad vosotras el santo rosario. Que sea este el ramillete espiritual con que os despedís de la santa virgen. Volved enseguida para que os diga adiós, y os de algo que tengo para vosotras, chicuelas, y que os llevéis como un recuerdo de este pobre viejo.

Las jóvenes obedecieron sonrientes, se levantaron, e iban a salir cuando el jesuíta las detuvo:

—¡Ea! ¡Pedid a Dios por mí!

No bien se alejaron las muchachas, el sacerdote prosiguió.

Doña Dolores se disponía a escucharle con creciente curiosidad.

—Mira, hija mía —dijo el P. Anticelli—, bajo la desconfianza vive la seguridad. Eres madre de familia y tendrás, un día, que dar a Dios cuenta estrecha de tus hijos. ¡Esta es la ley!... ¿Qué vida piensas hacer en México, ahora que cuentas con la protección de tu cuñado? ¿Fías en él? Dime la verdad.

—¿La verdad? No fío mucho. El pasado, sus disgustos con Ramón, mi esposo, no me dan la seguridad que yo deseara. Creo que el carácter de Juan ha variado mucho; los tiempos son otros; está muy rico... Ya sabe usted que la riqueza suele sosegar ciertas pasiones.

—Y despertar otras, hija mía; y no de las menos terribles: la vanidad, el orgullo, y aunque te parezca mentira, hasta la envidia, esa envidia que el buen padre Ripalda supo definir con tanto acierto, al decir de ella que es tristeza del bien ajeno. Pero, continúa, continúa...

—Pues bien, padre, decía yo que acaso Juan ha mudado de carácter... La edad, los tiempos, tal vez el recuerdo de los antiguos odios políticos, que tanto, tanto nos hicieron padecer.

—¡Sea por Dios, hija mía! ¡Olvido y perdón!

—Cuanto a la vida que haremos en México... ¿cuál ha de ser, padre mío? ¿Cuál si no la de nuestra pobreza? Viviremos como aquí.

—¿Y no te verás obligada, comprometida, a que esas niñas vayan de aquí para allá, de fiestas y espectáculos?

—Yo me propongo, padre mío, que eso sea lo menos posible, sólo de cuando en cuando...

—¡Si puedes conseguirlo!

—Lo procuraré a todo trance.

—Bien, Dolores: ese es tu deber. A cada cual lo suyo, mas por modo discreto, como la canela en la leche. Mantén en tus hijas la piedad; modera en ellas la tendencia hacia el lujo, hacia la ostentación y hacia la vanidad. Las grandes ciudades, la alta sociedad no son más que feria de vanidad y de miserias deslumbrantes. Que vivan en decorosa modestia; que en trajes y vestidos se guarden de modas contrarias al pudor. Y en cuanto a amistades... ¡Mucho cuidado, Dolores, mucho cuidado! ¿Pretendientes? Vengan enhorabuena si son buenos cristianos. Que esas niñas no se paguen de riquezas en ellos... Piensa que, aunque de oro, una jaula es siempre una prisión... carcere duro, como decimos en Italia.

—¡Todo lo he pensado, padre mío! Por Margarita temo, temo mucho... Es hermosa, por más que parezca feo que yo lo diga, y no le faltarán pretendientes. Cierto es que somos pobres, y eso aparta a muchos.

—¡Es verdad! Fía en Margarita. Es buena, y tiene un profundo sentido moral.

—Respecto a Elena... La pobrecilla con su ceguera no inspirará pasión alguna.

—Es de esperarse así... Pero ten en cuenta que el carácter de tu hija es muy diverso del carácter de su hermana. He observado en Elena una cierta impetuosidad siciliana... Vaya, algo así apasionado y meridional. Privada de la luz, todo lo lleva dentro, tiene el mundo en el alma, y así como al quedarse ciega se desarrolló en ella talento musical, según tú me lo has dicho, acaso así sentimiento, sensibilidad y pasiones se habrán avivado en ella... Mujeres así están expuestas a muy graves peligros. Me parece que lo he dicho todo.

Doña Dolores se sintió lastimada en lo más vivo. En su corazón de madre se clavó enharbolada saeta, y sintió impulsos poderosos que la empujaban a la réplica, pero el cariño y respeto que profesaba al P. Anticelli y la fe que en él tenía la contuvieron.

—¿Qué teme usted de Elena? —dijo a pesar suyo la señora.

—Nada, hija mía. La juventud tiene pasiones de torrente, y estas son terribles en quien como tu hija vive en medio de la obscuridad que la rodea, vida meramente subjetiva, como ahora se dice. En el ciego la imaginación es luz, sí, toda la luz que sus ojos no ven; en el ciego las pasiones son aludes, tempestades y borrascas durante los años juveniles. La calma sólo viene con los cierzos helados del otoño. ¡Cuídala!

—¿Cuidarla, padre mío? ¿De qué y de quién?

—¡De sí misma! ¡De su propia infelicidad! Aconséjale siempre la resignación... ¡Que ore y viva en Dios!

—¡Sí, padre mío! —repuso la dama más tranquila, sintiendo que la herida que había recibido era menos profunda. Y pensó: "No había yo entendido lo que me quiso decir".

—¿Y esos muchachos?

—Pablo será empleado en el despacho de Juan; Ramón seguirá estudiando.

—¡Sea para bien! Pablo puede hacer fortuna. No es de talento para las letras ni para las ciencias; pero él con su teneduría de libros se ganará el pan y se lo ganará en abundancia, con tal que el mundo en que va a vivir no le aparte del buen sendero. Él tiene su sentido práctico e irá rectamente. Con el menor, con Ramoncillo, hay que tener buen cuidado. Ese, Dolores, tiene talento; vigílale; apártale de los malos amigos; que no se debiliten en él las ideas sanas, que no se prende de novedades científicas y de saberes al uso. Allá se lo llevarás, y no sólo Ramón, también Pablo, al P. Cangas. En Santa Brígida le tendrás a todas horas, confíaselos a él. El P. Cangas es un buen confesor. Los llevará bien, muy bien. Para dirigir jóvenes, nadie como el P. Cangas. ¡Un buen castellano! ¡Franco y listo como pocos! Con tu cuñado mucho tino, Dolores, ¡mucho tino! Con su esposa y su hija mucha amabilidad y mucha discreción. Con los jóvenes esos, ¡poco, poco! Son unos parisienses de los que yo conozco muchos. Te he dicho todo. Recuerda y medita cuanto acabas de oír de mis labios, y... ¡pon todo en manos del Sagrado Corazón de Jesús!

Doña Dolores estaba conmovida. Rendíase a la sugestión del P. Anticelli, y sentíase como acometida de profundo terror, como sobresaltada sin motivo.

El jesuita siguió hablando de mil cosas diversas: del viaje; de la belleza del camino; de la vida en México; de la función del mes de María, que había sido tan brillante en Santa Marta, y de otros asuntos, al parecer insignificantes y ajenos a su interlocutora. Recomendó la lectura de un libro, muy interesante, de Mad Augustus Craven: *Recit d'une Soeur.*

—Tú no sabes francés, pero Margarita sí; que ella lea, y ustedes, todos, todos, la escuchen. Ya veréis cómo se puede vivir en el mundo más brillante y servir y amar a Dios como buenos cristianos. ¡Ese libro, lo mismo que *Mis prisiones*, de Silvio Pellico, me parecen benéficos como la luz del Sol! Llegas a México, busca ese libro... ¡Y a pasar alegremente las veladas!

En aquel momento regresaron las señoritas.

—¡Bienvenidas! —exclamó el jesuita.

—¿Hemos venido oportunamente? —preguntó Margot.

90

—Y muy a tiempo, hijas mías. Ya os esperaba para deciros adiós porque el confesonario me espera. Aguardad un instante.

Y el P. Anticelli salió de la sala. No tardó en volver.

—¡Aquí tenéis —dijo al entrar—, aquí tenéis mi regalo! Para ti, Dolores: este librito, mejor que ése de que te hable hace poco...

Volvióse a las jóvenes y agregó:

—Un libro que habéis de leer, y del cual ya os hablará vuestra mamá. Toma, Dolores: para ti esta "imitación de Cristo"; para ti, Margarita, este rosario. Tiene grandes indulgencias concedidas por el Sumo Pontífice; tú, Elena, llevarás otra cosa; esta medalla de la Inmaculada. No la dejes. ¡Que te acompañe siempre!

Las jóvenes y la señora se apresuraban a dar las gracias, pero el P. Anticelli las interrumpió.

—Es el humilde recuerdo de un pobre hijo de San Ignacio... ¡Nada de agradecimientos y pedid a Dios por mí! ¡Que Él os bendiga y os tenga en su santa guarda!

Encaminóse el jesuita hacia el corredor. La señora y las jóvenes le siguieron. Despidiólas en la puerta, en frase brevísima y por modo rápido.

E1 P. Anticelli permaneció en el portón de la escalera hasta que las vio salir, púsose el bonete, y, paso a paso, se dirigió a su celda.

XXXI

Al salir de la casa del P. Anticelli, doña Dolores iba preocupada y triste... ¿Por qué —se decía—, por qué me ha dicho el padre todas esas cosas? No parece sino que mis hijas son malas; no parece sino que mis sobrinos son unos perdularios. Lo cierto es que ambos tienen sangre ligera. El mayor es más simpático y más parlachían; el otro es medio romántico y melancólico; los dos son afables, correctos y finos, y no hay motivos para pensar mal de ellos. El P. Anticelli no gusta de la educación que se da en París, y, sin duda, que por ese motivo no le han sido simpáticos esos pobres muchachos.

Mas la creencia firme que la dama tenía en la virtud, en el talento y en el mundo del P. Anticelli, la obligaba a pensar muy seriamente en cuanto acababa de decirle el excelente sacerdote. El amor de la dama para su hija Elena era grandísimo, y la desgracia de la joven, ciega desde hacía varios años, a consecuencia de una fiebre, de una enfermedad que, al decir de todo el mundo, no había sido conocida de los facultativos, duplicaba en la madre la ternura con que amaba a su hija. Ésta era buena, sí, muy buena, y nadie tenia motivo para dudar de su buena índole y de su inclinación a la virtud; Elena era viva, cariñosa, afable, hasta dulce, y aunque apasionada e impetuosa en ocasiones, la menor advertencia era bastante para que la cegüezuela entrara en razón. De niña, cuando la reprendían por alguna travesura, por su falta de aplicación en la escuela o por algún capricho suyo que no era conveniente satisfacer, la chiquilla se rebelaba contra la autoridad materna, y rogaba, suplicaba, y volvía a rogar y volvía a suplicar, y a una nueva y terminante negativa, la muchacha exasperada lloraba, gritaba se mesaba el cabello, y más de una vez arrojó lejos para hacerlo pedazos el primer objeto frágil que tenía delante, un plato, una copa, un vaso, o cualesquiera juguetes de los que había en la sala. Pero a los trece años mudó de carácter: se tornó bondadosa, dulce, dócil y sumisa. Parecía melancólica y triste, y tanto que aquellas añoranzas, impropias en niña de tan corta edad, llegaron a preocupar, muy seriamente, a doña Dolores, la cual pudo observar en su hija cierto arrebatado entusiasmo para todo aquello que emprendía la chica, siempre que le era presentado como nuevo y flamante. Una labor, una lección de música, un libro nuevo era motivo en Elena para que trabajara horas y horas; para que no dejase el piano hasta después de media noche, o para que leyendo el libro que la traía en vilo, no pensase ni en comer ni en dormir. El estudio de la música le era difícil, y el maestro llegó a declarar que en Elena no había aptitudes positivas para el divino arte. La cuidadosa madre supo aprovechar en bien de la niña tales y tan repentinos entusiasmos y Elena progresó en la escuela y adelantó en la música de tal modo que maestras y maestros se hacían lenguas de la joven a quien pronto fue preciso vestir de largo. Como la familia había venido a menos ya las muchachas no iban a bailes, y en el teatro no se las veía sino de tarde en tarde, cuando había ópera, allá por diciembre, y eso solamente en una función. Don Ramón lo dijo con toda claridad: "Nada de fiestas, ni de teatros, que no está la Magdalena para tafetanes". Elena al oír esto, exclamó:

—¡Sí, papá! No te apenes ni te contraríes. ¡Tan contentas en casita como en fiestas y teatros! No iremos más y no porque tú no puedas gastar en diversiones, sino porque nosotras no queremos ir. ¿Fiestas? ¿Qué mejores que las que nos proporciona tu cariño? ¿Ópera? Ahí esta el piano, y Margot y yo tocaremos hasta causar la desesperación en los vecinos.

Vino la enfermedad. Elena estuvo entre la vida y la muerte. Salvó... pero quedó ciega. Don Ramón hizo los mayores sacrificios para conseguir que su hija volviera a ver la luz del día. Fueron a México, consultaron allá los más famosos especialistas, pero todo fue inútil.

Regresaron tristes, abatidos, y sin esperanzas. Vino la ruina y vino la desgracia. Don Ramón principió a declinar visiblemente, y una insuficiencia valvular se lo llevó en tres meses.

No bien Elena quedó ciega todos pudieron observar, incluso el maestro, que el talento musical que en la joven había parecido rudo y torpe se desarrolló en ella por modo prestigioso. Se afino su oído, la memoria fue en aumento, y era cosa que asombraba ver cómo, apenas oía una pieza, y no juguetillos de baile despreciables y vanos, sino obras del repertorio clásico, ya la tocaba Elena. Margarita acudía en ayuda de su hermana y la obra quedaba puesta, y era ejecutada magistralmente, con expresión y con un sentimiento incomparables. La joven, que antes era melancólica y tristoncilla, se tornó jovial, bulliciosa y festiva. Padecía algunas veces desalientos y languideces, pero eran cortos, y a poco ya estaba cantando, como un pajarillo en día primaveral. Raro contraste el de aquella poética desgracia y el de aquella irreparable alegría. Ruiseñor ciego, Elena tenía su constante noche, arpegios y trinos en que vibraba y palpitaba toda la jubilosa exuberancia de los quince años.

Y así vivió, y así vivía hasta la llegada de sus primos. Durante los días en que doña Dolores se ocupó, con sus buenas amigas las Pradilla, en quitar la casa, un observador perspicaz habría podido notar en la ceguezuela cierta intranquilidad ensoñadora, y una vaguedad de ideas que se manifestaban en la muy viva, clara y concisa conversación de la joven como en inciertas claridades lunares, como en el rielar del astro pálido sobre tranquila y soñolienta laguna.

Para Margarita no pasó inadvertido el estado de ánimo de su hermana, desde aquel día en que Elena se empeñó en que le dijera cómo era su primo, y qué juicio se tenía formado de él, y la impresión que había causado. Margarita satisfizo a medias la curiosidad de Elena, pero no llegó hasta donde la ceguezuela quería que llegase. A su vez la blonda señorita quedaba prendada de Alfonso, y pensó que, por mucho que en ello nada hubiese de malo, no era conveniente hablar así, de buenas a primeras, de afectos nacientes y ya vivísimos, que, acaso, tendrían menos vida que la flor de mayo, el soberbio cacto, maravilla y reina de la noche, cuya corola inmaculada, rica de encajes y de gasas, urna de misteriosos perfumes, se abre al ponerse el sol y se cierra y muere antes de que la aurora aparezca en las vagas lejanías del orbe. Calló Margot su secreto, y calló también el que había sorprendido en Elena.

—¡Pobrecilla! –pensó–. Bella, amable, apasionada, privada de la luz del día, ¿ha de cerrar su alma a la luz del amor?

Doña Dolores no se había dado cuenta de nada de esto. Las recomendaciones del P. Anticelli la habían lastimado en lo más íntimo, pero, aunque injustas a juicio suyo las previsiones del jesuita, se resolvió ella a tenerlas presentes, para que le sirvieran de norma y de guía en la vida nueva que para todos iba a empezar.

XXXII

Con una hora de atraso llegó el tren a Trigales. Detúvose allí, conforme al itinerario, unos cuantos minutos, y tan pocos que apenas hubo tiempo para que doña Dolores, las señoritas, Ramoncillo y Filomena, pudieran subir al vagón.

En este venía Pablo, a cuyo cargo quedó el facturar equipajes y el tomar los billetes en Pluviosilla.

En la plataforma venía el mancebo, quien se apresuró a colocar en el mejor sitio a todos los suyos, y entre ellos a Filomena, que venía muy triste y desmazalada. No menos lo estaban la señora y sus hijas.

El viaje en tranvía, desde Pluviosilla a Trigales, fue silencioso como un entierro: callaba doña Dolores y callaban sus hijas. Ramón, muy campante en la plataforma posterior del vehículo, sonreía y tarareaba no sé qué airecillos de una zarzuela en boga, representada recientemente en el teatro Principal de México y traída, pocos días antes a la ciudad de "las aguas regadizas" por una pésima compañía de histriones, portavoces trashumantes del género minúsculo.

En vano las Pradilla, afables y cariñosas como siempre, intentaban, a cada momento, animar a sus amigas. La dama respondía con monosílabos; Margot permanecía meditabunda, y Elena, en un rincón, baja la frente y fija la mirada en el piso, como si quisiera descubrir, entre las sombras de su ceguera, los edificios de la ciudad metropolitana, sólo despegaba los labios para preguntar, de tiempo en tiempo, por qué puntos del camino iba el carruaje.

Más de una hora tuvieron que esperar en la estación de Trigales. Cuando el tren se aproximaba, la señora y las señoritas se despidieron de sus amigas, a las cuales pidieron órdenes.

—¿Qué desean de México?— decía doña Dolores y repetía Margot—. ¡Ya saben ustedes cuánto les agradecemos su cariño, y su bondad y su ayuda...! ¡Dios las bendiga!

Las excelentes mujeres se deshacían en excusas. Una de ellas, Teresa, encargó a Margarita que hiciesen, en nombre de ambas hermanas, una visita a la virgen de Guadalupe, en la iglesia donde a la sazón estaba la santa imagen, en tanto que se terminaban las obras de la Catedral, para que en ella fuese coronada la bendita patrona de los mexicanos.

—¡Ya mandaré por ustedes, amiguitas mías —se apresuró a decir doña Dolores—, a fin de que vayan a México, y asistan a las fiestas de la coronación, que serán soberbias!

Y, mientras esto decían, las señoras se abrazaban cariñosamente. La dama y sus hijas tenían húmedos los ojos. Las Pradilla no pudieron más y se echaron a llorar.

—¡Me parece —murmuró Asunción al oído de su hermana— que se van para no volver nunca; que no las veremos más!

—¡A mí lo mismo! —respondióle Teresa, secando sus ojos llenos de lágrimas—. ¡Quiera Dios que todo sea para bien de ellas! ¡No sé qué desgracias presiento!

El tren iba a partir, partía ya, cuando Pablo, asomándose por una ventanilla, gritó:

—¡Chonita! ¡Teresita! ¡Adiós! Queda el tranvía a la disposición de ustedes, para que regresen...

Y agregó:

—¡Pueden regresar a la hora que les plazca! Si quieren, esta tarde.

Ya no le oyeron. Saludaban las Pradilla, y desde el tren que majestuoso se alejaba, les decían adiós, agitando sendos pañuelos, doña Dolores, Margarita y Ramón.

El tren, arrastrado por su potente y doble máquina, envuelto en larguísimo penacho de humo, que parecía caer pesado sobre los vagones, atravesaba larguísima llanura, una inmensa y verde sabana, sembrada de rocas y esmaltada con las mil flores que el estío riega por todos los valles de Pluviosilla, tan luego como caen en ellos las primeras lluvias de mayo: ramilletillos blancos; campánulas de color de violeta; asclepiaderas frondosas, en cuyos tallos cortos y rígidos el viento arrasante de la comarca mecía pesadamente glaucas y rarísimas umbelas.

Hacia la izquierda lucía sus verdores y su rojo camino la cuesta de Necoxtla, donde a vueltas y trabajosamente se abría paso entre las rocas en sendero quebrado y expuesto a los rayos del sol. Cerca de la vía centenares de obreros echaban los cimientos de una grande y nueva fábrica, que vendría a ser como la última almena de la regia y natural corona de Pluviosilla; "nuevo joyel" —según dijeron en *El Siglo de León XIII*— de la "soberbia" corona de la "soberbia" "Manchester de México". A la derecha quedaba Trigales con su blanco caserío, su torrecilla simpática, sus pintorescas colinas, y más allá la vega de Pluviosilla, con sus pingües heredades, sus montañas altísimas, semejantes a colosales bastiones ennegrecidos, e invadidos por un torrente de jaramagos. En el fondo, hacia el norte, dilatadas dehesas; una hacienda cercana, casi a la vera del camino de hierro, y en el último término las cumbres de la Mesa Central, las alturas de Maltrata, por las cuales el tren en avance fatigoso, asciende y parece trepar como un dragón de las edades antidiluvianas.

Margarita y doña Dolores, en momentos en que el tren atravesaba el camino carretero, frente a la antigua venta de Santa Cruz, volviéronse y miraron hacia Pluviosilla, como para enviarle el último adiós; no vieron más que la cumbre de la colina del Rectal, y en ella, apenas perceptible, la férrea cruz que colocada por piadoso triunfador marca y protege con su respetable sombra aquel sitio de combate, donde corrió la sangre de mil valientes.

Al pie de aquel cerro quedaba la tórrida y devota ciudad. Pluviosilla la hermosa, la budística Pluviosilla, donde habían sido felices, donde ambas habían amado, donde habían padecido, en cuyo suelo tan fecundo en azucenas, dormían el sueño bienhechor de la muerte seres amados, viajeros de las eternas lontananzas azules.

El tren ascendía; escaló las primeras estribaciones de la cordillera, deslizándose por las fáciles y verdegueantes laderas; se aventuró atrevido por una garganta; pasó ligero puente, por donde se veían innumerables legiones de pinos que, al borde de un riachuelo, parecían saludarle como a un amable y conocido vencedor.

Entraba el tren en los valles de Maltrata. El pueblo blanqueaba a lo lejos, y el caserío asomaba entre las milpas resonantes y a la sombra de los chirimoyos y de los capulines.

Brevísimos instantes en la estación; gritos atiplados, delatores de las alturas y del clima; vendedoras rústicas que con reclamo urgente pregonaban sus mercancías, y que iban y venían, a lo largo del andén, ofreciendo duraznos, higos, aguacates y orquídeas en flor.

A poco el dragón formidable prosiguió en su camino, lento aquí, rápido allá, serpeando entre mil heredades incultas, que algún día se convertirán en productivos viñedos, y en constante ascenso subió hasta lo más elevado de aquellos montes. Túneles y puentes le daban paso franco por desfiladeros y taludes, que brumas y nieblas frías velan con gasas fugitivas y con cendales vaporosos. Surgían entre las nubes, a manera de espectros y como envueltos en flotantes sudarios, pinos y ocotes, éstos de copa esférica, aquellos altos, esbeltísimos, lánguidas las ramas, enhiesta la aguja principal, en constante dirección hacia el cielo y anhelosa de llegar a las regiones ilímites del éter.

Soplaba helado viento que penetraba en el vagón y entumecía cruelmente. Al pasar los túneles el humo inundaba el recinto.

Envolvióse doña Dolores en amplio manto de viaje, prenda rica, ya muy usada y marchita, resto de antiguas abundancias y de peregrino lujo, y recomendó a sus hijas y a Pablo, que estaba cerca de ella, que también se abrigaran. Filomena recogió sobre el pecho las puntas de su rebozo, y se acurrucó en el asiento, hecha un ovillo. Los silbidos de la locomotora resonaban en los barrancos, repetidos por los mil ecos de la serranía.

Los viajeros se agrupaban cerca de los ventanillos, del lado izquierdo, para gozar del espléndido e incomparable panorama que les ofrecían aquellos valles y aquellas hondonadas, y que atraía las miradas de Margarita. Al avanzar el tren por un viaducto, el valle, tan hermosamente iluminado por el sol, desapareció de repente. Un mar de nubes le cubría: inmenso mar, cuyas alas, en rapidísima corriente, pasaban veloces al costado del tren. Límite de aquel piélago eran remotas cimas, por las cuales, cohorte fatigada que tramontaba atrevidísima cúspides y cúspides, camino de las altas planicies, pinos añosos y decadentes dominaban los fugitivos irritados oleajes. Sobre aquel mar de vapores níveos esplendía el sol.

Margarita se complacía en mirar las espesas umbrías, ricas en colores y prodigiosas en flores desconocidas; doña Dolores dirigía sus miradas tristes y dolorosas hacia los bosques obscurecidos por la bruma, y se gozaba en presentir profundos abismos, tenebrosos repliegues, sitios no pisados nunca por humana planta, y tan negros como todo lo que el porvenir guardaba.

Trepidaba el vagón, resoplaba la máquina; crujían los hierros bajo el piso; chirriaban ruedas; el humo cegaba; el vientecillo desapacible hacía tiritar a todos, y a los silbidos vibrantes y prolongados y luminosos de la doble máquina, respondía la montaña húmeda e imponente, con su voz solemne y cavernosa.

Rápidamente huyeron las brumas como deshechas por el viento; tornó a brillar por todas partes la claridad del sol, y a la vista de los viajeros atónitos apareció Maltrata, radiante y tibia, espléndida en colores, sobre afelpada alfombra, en que se unían aquí o más allá se separaban, matices amarillos y verdes, desde el pajizo de las mieses maduras hasta el tono negruzco de los abetos perdurables, que en masa compacta e intensa espesura daban fondo alpino al poblado, a los huertos y a la ciudad, la cual se extendía diseminada como sobre un inmenso tablero de ajedrez, en cuadros desiguales y caprichosos.

Arreciaba el frío y el sol picaba en los ventanillos del coche. Pablo vino y ofreció a doña Dolores y a las jóvenes una copita de coñac. Sólo Elena aceptó. Estaban en la Mesa Central. Habían salido del estado de Veracruz y entraban en el estado de Puebla. Una zanja fangosa marcaba el límite de las provincias. Campos desiertos, llanuras arenosas se ofrecían a cada lado. Lejanas tolvaneras, a la vera de los caminos y al borde de las heredades, revelaban lento tropel de caminantes. La sierra del Citlaltépetl se erguía a la derecha y en la falda de los cerros mas próximos dos villorrios risueños se extendían graciosos, uno en pos del otro, como si quisiera el segundo alcanzar al primero que festivo y regocijado había llegado a la llanura, prófugo de las cumbres nivosas. Sobre las altas montañas, por sobre las cimas escuetas, centellante y argénteo, brillaba el volcán, cuyo ápice espejeaba con lampos de platino, semivelado por una nubecilla horizontal, blanca como plumón de cisne.

XXXIII

A las vívidas y húmedas regiones montañosas, cubiertas de rica aunque no exuberante vegetación sucediéronse vastas y arenosas llanuras, planicies escuetas y áridas, grandes y dilatadísimos valles, engalanados a la razón, gracias a las lluvias de estío, con una lozanía tan hermosa como efímera. Verdegueaban enmaradignos collados y colinas, y en las sementeras, el maíz —jefe de la espigada tribu, como dijo Bello— desplegaba la pompa incomparable de sus crujientes hojas y de sus banderines tremulantes; flámulas inquietas que fingían misteriosos ruidos y frufrú de faldas. En las montañas grupos de abetos verdinegros, encinares espesos, mezquites sombrosos de uniforme pesado ramaje, rompían la unísona coloración de los fondos, término de un paisaje que, en gradación finísima, desleía sus tintes hasta confundirlos con el azul vago de los montes distantes, con el gris intenso de otros más remotos y con la curva zafirina de un firmamento libre de vapores acuosos. A un lado y al otro de la vía, haciendas que parecían fortalezas, castillos desiertos, lúgubres y sombríos, llenos de leyendas trágicas referentes a nuestras guerras civiles; lóbregas casonas, con su templo inmediato, en cuya espadaña ruinosa o en cuyo campanil esbelto y albeante revolaban tornasolados pichones y palomas níveas; caseríos parduscos diseminados en las heredades o dispersos, al pie de los altozanos intensos, como bandadas de aves viajeras asustadas de pronto por el azor; unos y otros esmaltando, en variedad poética y pictórica, praderas, lomas y colinas.

Cerca de la vía, en surcos paralelos e ilímites, fabácea plantación, prometedora de cosecha pingüe, que en sus frondosas matas lucía ramilletes aperlados, salpicados de manchas negras.

El aire frío y seco. El sol centelleaba en las mieses maduras como en chispas de fuego, y esplendía con reflejos de níquel en los cebadales ondulosos.

El tren se acercaba velozmente, con velocidad nunca sentida por viajeros de cumbres abajo, y al paso de la imponente locomotora, asustados por el vibrante silbido, apartábanse reses flacas y angulosas, y alguno que otro rebaño que mal conducido por los zagales huía precipitándose hacia las zanjas colaterales en atropellado tropel. Huían las greyes, y el dragón impetuoso pasaba imponente, dando a los templados alisios su espeso penacho, el cual se deshacía pronto en copos menudos o en sutilísima niebla.

Uno que otro maguey en la linde de las sementeras; magueyes que se pavoneaban de su vigor perenne, y que se alzaban de entre la floración jalde de los matojos veraniegos, alargando las púas sanguinolentas sobre un oleaje verde espolvoreado de oro.

Pronto aquellos paisajes no tuvieron atractivo para Margot, para quien las tierras frías eran tristes y monótonas, y para la cual solo había encanto en la exúbera magnificencia de las comarcas tórridas. La joven se sintió abatida. En vano dirigía su mirada ensoñadora y melancólica hacia los últimos términos de la uniforme llanura, hacia las vagas empalidecidas lontananzas. Quiso leer, pero no traía libro alguno. En todo había pensado, menos en eso, y recordó que Alfonso le había ofrecido remitirle no sé qué versos de uno de sus poetas favoritos. Ramoncillo le dio un periódico, un diario mal impreso, comprado en la estación anterior, donde el tren se había detenido para que almorzaran los viajeros. Chismes de baja y fastidiosa política; información estúpida; noticias europeas faltas de importancia e interés; crónica de escandalosos delitos; avisos de teatros y de plazas de toros... y nada más. Por fin, tropezó con un largo artículo que para ella había pasado inadvertido... Un artículo de sañuda difamación jacobina, contra un clérigo culpable o inocente, sólo Dios lo sabrá, a quien se acusaba de horrendos delitos y de atroces infamias. La blonda señorita hizo pedazos el papel y le arrojó por el ventanillo.

Doña Dolores dormitaba; Pablo departía con uno de los compañeros de viaje. Ramón charlaba con Elena.

Así, en constante fastidio, pasaron horas y horas. En Apizaco la multitud agrupada en el andén, el ir y venir de los vendedores, nuevos viajeros que allí subieron al vagón, distrajeron un poco a Margarita; pero el tren partió, y tornaron el cansancio y el aburrimiento. Al fin del día un espléndido crepúsculo vino a distraer a Margarita.

En la región del sur había llovido a torrentes, y las nubes se deshacían en flecados cortinajes, cruzados a cada instante por el rayo; pero en el horizonte occidental el celaje presentaba deleitoso aspecto: una cordillera de nubes blancas y doradas se prolongaba gigantesca hacia el norte, y hacia el oeste se desvanecía como en declives costeros, y al fin se abría, en forma de amplísimo piélago, un golfo cerúleo, sembrado de islotes de gualda, en torno de los cuales vagaban en celajes que a la rubia señorita se le antojaban fantásticas navecillas que con la vela desplegada iban rumbo a misteriosas encantadas tierras, impelidas por el soplo de una brisa suave y embalsamada. El sol iba descendiendo detrás de las áereas montañas y al caer majestuoso en el inmenso desconocido piélago, regaba oro y rubíes en las cimas fantásticas, inundaba en tintas violáceas el oriente, e incendiaba en purpúreos fuegos aquella incomparable gloria del ocaso.

El cielo se fue poniendo más y más rojo, y las nubes se fueron disipando como impelidas por misterioso velo de múrice, a través del cual como un granate en fusión declinaba deslumbrante el rey del día.

Obscurecióse la llanura: los fuegos vespertinos lanzaron sus últimas luces en las llanuras y regaron menuda pedrería y polvo de luz en una laguna negra y desolada. Las sombras de la noche no venían de los montes, sino que parecían levantarse del suelo, o aparecer repentinamente entre las legiones de innúmeros magueyes o detrás de los altos y ennegrecidos almeares.

Vino la noche, fueron encendidas las lámparas del tren, y la incansable locomotora lució en las tinieblas su penacho de fuego.

—¡Margot —dijo Elena— ven acá! Siéntate a mi lado.

La obedeció la joven.

—Dime —dijo la ciega al oído de su hermana, abrazándola cariñosamente—. ¿Crees que Juan estará en la estación?

—Así lo creo; a menos que ande de fiesta con algún amigo.

—¿Por qué dices eso? ¿Sabes algo?

—No sé nada.

—¿Qué Alfonso no te ha dicho algo de eso?

—¿A mí?

—Sí.

—Si no le he visto.

—¡Ya lo sé! Pero te ha escrito...

—¿A mí?

—Sí.

—¿A mí?

—¡A ti!

—No, Lena; quien me escribió fue María.

En aquellos momentos el tren iba llegando a la gran capital.

Doña Dolores, al pasar frente a Guadalupe, se santiguó y se puso a rezar. Los viajeros se apresuraban a recoger bultos y abrigos, y se sacudían diligentes, preparándose para dejar el vagón. A través de los vidrios del coche se percibía la blanca claridad de la luz eléctrica. Se oían gritos de garroteros, voces de transeúntes, silbidos de granujas y avisos de tranvías, y el tren, al sonar pausado de su campana, entró en el vasto hangar, y se detuvo.

—¡Hemos llegado! —exclamó la señora.

—¡Aquí está mi tío! —gritó Ramón.

—¡Y aquí está Alfonso! —agregó Pablo.

XXXIV

Todos estaban allí, menos Juanito.

¡Y con qué afecto y qué entusiasmo recibieron a sus parientes!

Mientras los lacayos y un criado de confianza recogían bultos para llevarlos al carrito de equipajes, la señora y la señorita no se cansaban de besar a doña Dolores, a Elena y a Margot.

Don Juan dio el brazo a su cuñada; Pablo a doña Carmen; Alfonso a Margarita y Ramoncito a Elena, con la cual iba María.

Volvióse doña Dolores a su hijo, y díjole en tono de cariñosa recomendación:

—¡Ramoncillo: cuida de Filomena!

La humilde criada iba en pos de sus señores, pensando en si la dejarían sola entre aquella multitud de viajeros y de amigos que habían ido a recibir a éstos, y en aquel ir y venir de mozos de cordel que ofrecían sus servicios con modesta insistencia, y en medio de aquella turba de agentes de hotel que distribuían tarjetas y recomendaban alojamientos a cuantos pasaban por aquella puerta de entrada, donde fuera imposible abrirse paso sin el auxilio de los gendarmes.

—¡Pierda usted cuidado, mamá!—respondió el mocito—. ¡Filomena, no te separes de nosotros!

Un lacayo de lujosa librea indicó a don Juan dónde estaban los carruajes.

—¡En el landó iremos nosotros! —murmuró don Juan—. Que Elena venga también... En la berlina irán los demás. La criada que se vaya con Pancho. ¡Él la llevará casa!

Subieron todos a los carruajes, y el lacayo condujo a la pobre Filomena a un coche de sitio.

—Aquí espere usted —le dijo—. Entre usted. Y abrió la portezuela.

—Pase usted, señorita, pase usted —se apresuró a decir el cochero cortésmente, sorprendido de la núbil belleza de la muchacha.

Filomena entró en el carruaje, muy asustada y temerosa.

¡Aquello no le gustaba! ¡No le gustaba! ¿Por qué la habían dejado sola? ¿Por qué la abandonaban así, en un coche de sitio, con gentes desconocidas, con un mozo a quien no había visto, y con un auriga malévolo, mal vestido y mal oliente, y que había lanzado sobre ella un aliento fétido, como de bebedor de pulque?

¿Por qué la dejaban así? ¡Ella no merecía eso, que a la infeliz muchacha le causaba una impresión como de menosprecio y desamor! ¡Y qué criados tan elegantes tenían los parientes de sus amos! ¡Y qué guapos! ¡Qué bien se veían con aquellas levitas y aquellos pantalones blancos y aquellos sombreros altos y aquellas botas de charol! A juzgar por los cocheros, la casa de don Juan sería un palacio. Mucho le habían contado a Filomena de los lujos y esplendores de las casas grandes y de los palacios de los millonarios; pero no se los imaginaba así. ¡Vaya! ¡Si ni el gobernador del estado cuando iba a Pluviosilla, tenía tanto lujo y tanto boato!

Filomena pensaba en todo esto que no le agradaba, pero que despertaba vivamente su curiosidad. ¿Qué haría ella, humilde y pobre servidora, acostumbrada a la vida modesta de Pluviosilla, tan conforme con la pobreza, entre aquellos criados de tanto rumbo? Como los criados serían las criadas. Y si aquéllos vestían así, tan ricamente, ¿cómo vestirían éstas? ¡Linda iba a estar ella con su enagua de percal y su rebozo barato!

Filomena pensaba en todo esto, y consideraba que lo natural era que sus amos se fueran con sus parientes en aquellos coches tan hermosos... Sí; eso era lo debido. Pero... que no la hubieran dejado sola. Ella no era ingrata; se había portado bien; no merecía aquel trato. ¡Y el hombre!, ¡aquél con quien debía ir, que no venía! ¿Qué estaría haciendo? ¡Ya se ve, allí eso de sacar equipajes no era cosa fácil! Estarían descargando... ¡Como no se fuera a perder algo!

La muchacha hundía sus miradas curiosas en la obscuridad del patio de la estación, mal alumbrada por dos focos de arco, y se complacía en ver partir tantos y tantos coches: unos elegantes y suntuosos; otros, los más feos y destartalados, que en las sombras de aquel patio, que a ella le pareció inmenso, parecían cocuyos, y que iban

102

desfilando uno a uno, se detenían un momento en la gran puerta, donde los gendarmes los paraban un instante, y luego partían rápidamente, y se alejaban y se perdían entre las tinieblas de una gran plaza.

¿Aquél era México? ¿Aquella era la gran capital? ¡Pues qué mal iluminada! ¡Y aquel hombre que no venía! El cochero, muy sentado en el pescante, fumaba y charlaba desvergüenzas con un mozo de cordel amigo suyo...

Por fin, alguien dijo detrás del coche:

—¿128?

—¡Aquí estoy, jefe! —respondió el cochero—. Aquí lo están aguardando...

Esto fue dicho en tono tan malicioso que la muchacha, más que temerosa, sintióse indignada.

Un hombre vestido de negro se acercó al coche:

—¿Usted es la señora que va a la casa del señor Collantes?

—¡Sí! —respondió la muchacha.

—¡Pues vámonos!

Y el hombre entró, se sentó al lado de Filomena, se asomó por la portezuela, y gritó:

—¡A la casa! ¡Ya sabes!

Filomena tembló. ¿A dónde la llevarían? El coche echó a andar.

En la puerta de la estación le detuvieron los gendarmes. El cochero dijo el nombre de una calle, y siguieron adelante, a través de la plaza.

A poco entraron en una calle amplísima. Voces de vendedores, avisos de tranvías, gritos de granujas que pregonaban periódicos, coches que iban y venían. La calle interminable: muchos transeúntes en las aceras; casas en cuyos salones iluminados se veían cortinajes magníficos; tiendas resplandecientes; tenduchos miserables; carnicerías iluminadas y lujosas; boticas somnolientas, que hacían alarde nocturno de sus aguas de colores; un templo sombrío; un jardín tenebroso, bajo cuyas arboledas se perdían los paseantes; una avenida majestuosa; la arteria principal, ruidosa, espléndida, deslumbrante, en la cual los carruajes, a cual más hermoso, apenas cabían; tiendas magníficas; fondas aristocníticas; dulcerías soberbias que en sus aparadores ostentaban mil y mil prodigios de azúcar de colores; joyerías en que la riqueza competía con el aparato deslumbrador, y, por fin, una calle silenciosa y triste, obscura y desierta.

En tanto el compañero de Filomena se mostró muy atento y cortés.

—¿Ya sabía usted a México? —díjole

—¡No! —respondió la muchacha.

—¿Le gusta a usted?

—Sí; es muy bonito...

—¿Viene usted contenta?

—Yo estoy contenta donde están mis amos.

—¿Cuánto tiempo va usted a estar aquí?

—No sé. Venimos para quedarnos acá

—Sí; ya esta lista la casa. Hace quince días que hemos estado arreglándola.

—¿Ya está lista?

—Sí. Esta noche se irán ustedes para allá. Allá está la cocinera. Luego que cenen los señores se irán ustedes. ¿De veras le gusta a usted México?

—Sí. Pero... yo... ¡Mejor estaba en Pluviosilla!

— ¿Por qué?

—Me gusta más la tranquilidad del... rancho. Así dicen ustedes.

—Sí; aquí dicen que fuera de México todo es Cuautitlán.

—Pues, la verdad... A mí me gusta más mi tierra.

—¡Eso va en gustos! Ya irá usted mirando.

—Sí... Ya veré.

—Vea usted: esa es la Alameda.

—¡Qué grande! La de allá es más bonita...

—Esa Iglesia es Corpus Christi.

—¡Qué fea!

—Allí es el Puente de San Francisco.

–¿Qué, hay un río?

—No.

—¿Pues entonces por qué le llaman "puente"?

—¡Quién sabe!

El cortés acompañante calló.

Filomena no volvió a abrir los labios. Al fin dijo:

—¿Todavía está lejos la casa?

—No; ya llegamos.

El coche se detuvo; bajó el criado, y bajó Filomena. Francisco pagó al cochero, y ambos entraron.

En el patio estaban los carruajes de la casa. Cocheros y lacayos conversaban con el portero.

—Por aquí... —dijo Francisco a Filomena, y la condujo al segundo patio, y la hizo subir por la escalera de la servidumbre.

XXXV

Cuando llegaron nuestros viajeros, ya estaban en la casa el doctor Fernández y su amigo don Cosme, a quienes don Juan había convidado a cenar, o mejor dicho, a "comer", como allí se decía.

Muy grata fue para todos la presencia del canónigo y de su piadoso amigo. Hablóse de Pluviosilla, y se habló también de los capellanes de Santa Marta, de la fiesta del mes de María, de las fatigas consiguientes a un cambio de residencia, y de los incidentes del viaje.

La señora y las señoritas se entraron al tocador.

Pablo y Ramoncito bajaron a las habitaciones de sus primos para quitarse el polvo.

—¿Y Juan? —preguntó Ramón.

—Hace tres días que no lo veo. Se fue de caza con unos amigos. Vendrá mañana.

Elena tenía la esperanza de hallarle en la estación.

—Me encargó, al irse, que le excusara con ustedes. Tenía un compromiso muy anterior. Pero mañana le tendremos aquí...

Laváronse los jóvenes, se arreglaron y subieron al piso principal.

No tardaron en volver las señoras.

—Pues, como te decía yo —decía doña Carmen— todo está arreglado. Nos dijimos: ¡eso es lo mejor! Que lleguen y se encuentren casi arreglada la casa. Allá estarán más contentas, y desde luego podrán ir sacando sus cosas. De manera que después de cenar se irán ustedes, y todo lo hallarán listo y en orden. ¿En orden?, ¡quién sabe! Pero, en fin, tú arreglarás allá todo como te agrade. Pancho se ha encargado de eso. Es muy listo, y muy cuidadoso. ¿Estás cansada? Me lo supongo, hija. Pronto descansarás. Mañana los esperamos a almorzar. Ya sabes: a la una. Mandaré un coche. Muy temprano tendréis allá los equipajes. Y... no te hemos dado una mala noticia...

—¿Mala noticia? —exclamó la señora.

—Sí; por un mensaje que recibimos anteayer, sabemos que Eugenia está muy grave. No estaba de lo mejor cuando venimos. Al llegar aquí nos encontramos carta suya. En ella me decía que iba a tomar aguas a Vichy, y que iba mejor. Pero una amiga mía, y amiga suya, me escribió, diciéndome que los médicos habían perdido toda esperanza.

—¿Y qué tiene?

—Los sesenta cercanos. Ya recordarás que no era un modelo de buena salud. Para Augusto va a ser esto un pesar atroz. ¡La adora, hija, la adora! Y como no han tenido familia, el amor es doble. Él tampoco anda de lo mejor. La vida de París, que toda se va en fiestas y comidas, y las agitaciones de la política, acaban a las gentes. Desde la caída del emperador, Augusto se retiró de la política, pero de pocos años a esta parte, por razones bonapartistas, volvió a la lucha. No lo dudes, si Eugenia se muere, tras ella se irá su marido.

—Mucho sentiremos a Eugenia. ¡Ha sido tan buena con nosotros! No escribía frecuentemente, pero sí cada año, allá por Noche Buena, ahí estaban su carta y su regalo. Ya tú sabes que Ramón la quería mucho.

—¡Y ella a Ramón!

—Sí; sí, mi marido en Dios creía y en Eugenia adoraba. Por eso le pudo tanto la boda. Pero... ¡a qué hablar de eso!

Mientras tanto don Juan, don Cosme y el canónigo departían gratamente en un extremo de la antesala.

—¡Carmen! —exclamó el capitalista—. ¿Sabes lo que dice el doctor? Que esta semana llegará monseñor... Parece que va a celebrarse un concilio, y con tal motivo, y para los preparativos, tiene que venir, y que le tendremos por acá. unas cuantas semanas. Lola, ¿conoces a Monseñor Fuentes? ¿No? Pues ya le conocerás y le tratarás ... Un poquito entonado... ¡Qué quieres! La educación europea... Pero muy amable... ¡Excelente persona! A mí me parece un obispo francés, así como Dupanloup o Freppel. ¡Gran orador! Yo le oí en París, en San Sulpicio, en triduo de la colonia mexicana. ¿No cree usted, doctor, que es un orador elocuentísimo monseñor Fuentes?

—A decir verdad, y a ser yo franco, ¡no! ¡Cuánto más bella no es la antigua elocuencia española, y aún la mexicana, aquella de hombres como Valentín, Pinzón, y Martínez. Como Munguía, ni se diga. La oratoria de monseñor Fuentes me parece un poco mundana... Un compañero me dice que es algo teatral, y que monseñor cuando predica, aquí por lo menos, más quiere ganar aplausos que almas para el cielo. ¿No piensa usted como yo, amigo don Cosme? Mucho de ostentación de la propia suficiencia, mucho saber, nadie lo niega, pero poca unción... ¡Vamos, vamos, que no mueve a piedad! ¿No es verdad, señor don Cosme?

El vejete no supo qué contestar, o no quiso responder; revolvió en el asiento su cuerpo amojamado, movió la cabeza, y no dijo nada.

Siguieron hablando del proyectado concilio, en el cual serían resueltas mil cuestiones de grave importancia para la Iglesia mexicana.

Cerca del piano la gente joven charlaba a su sabor; Elena se lamentaba de que Juan anduviera de caza; María bromeaba con Pablo y con Ramón, y Margarita y Alfonso buscaban entre mil papeles una pieza de Thomé.

—Margot —dijo don Juan, acercándose a su sobrina—, vas a encontrar tu piano muy afinado ... Hoy quedó listo. Dicen del Repertorio que aquí por el clima mejorará mucho. Y vendrás algunas noches y "haremos" música. A ver si tú animas a María y a Alfonso. Con Juan, que antes no tocaba mal el violín, nadie puede contar... ¡Los amigos y siempre los amigos! Ese muchacho es un tronera. Esta (¿no la oíste en Pluviosilla?) no lo hace mal.

—Como que ha recibido lecciones de Marmontel... —interrumpió doña Carmen.

—Pero es perdida cosa. Se pasan meses y meses sin poner las manos en el piano. ¡Anímala, mujer! Trajo de París un buen número de piezas. Ya veremos cómo se portan ustedes. Sábete que me place oír música después de la comida. Ahora no, hija mía. Comprendo vuestro cansancio. Ahora a comer, y luego a casita. ¡No han de llegar a Tacubaya después de media noche!

Un criado apareció en la puerta de la antesala, y dijo en francés:

—Los señores están servidos.

—¡Santa palabra! —exclamó el doctor Fernández levantándose.

XXXVI

Después de la comida, que fue muy agradable, doña Dolores dio la voz de partida:

—Hijos míos —díjoles—: pensad en que tenemos que irnos a Tacubaya; que son ya las diez de la noche; vamos que ya charlaréis mañana u otro día... vámonos que yo, lo mismo que todos, estoy muy necesitada de descanso, y yo, ya lo sabéis, conforme a la vieja costumbre, haré lo que vi hacer a mis padres desde que era yo niña. Mañana... ¡a la Villa de Guadalupe! ¡A visitar a la santísima virgen!

—¡Nosotras aún no hemos ido! —interrumpió María.

—¡No hemos podido! —exclamó doña Carmen—. ¡Buen quehacer hemos tenido para instalarnos! Y eso que al llegar nosotros la casa estaba lista. Ya iremos el mejor día. Si tú quieres, Lola, deja esa visita para la próxima semana... e iremos juntas.

—¡No, mujer! Iré contigo cuando quieras, ya sabes que estoy a tus órdenes; pero yo no falto a la usanza de mis padres...

—Mira, Lola —dijo don Juan— para iros a Tacubaya tendréis que esperar aún... el doctor quiere irse... y con él se irá el amigo don Cosme. Van a dejarlos (viven cerca: uno en Donceles y otro en el Factor), van a dejarlos en el landó, y luego éste y la berlina, quedarán a la disposición de ustedes.

Y volviéndose a un criado que en aquellos momentos retiraba de la mesa una fuente de mermelada, díjole:

—¡El café en la antesala! Avisa a Francisco que esté listo para ir con la familia.

El criado se inclinó respetuosamente, y salió.

Alfonso, Elena y Margarita, estaban en la sala. Al abrir don Cosme la puerta del comedor oyóse el vals de *Fausto*, tocado briosa y magistralmente.

—¿Quién toca? —preguntó don Juan— ¿Alfonso?

—No; es Margot —respondió doña Dolores.

—Pues, ¡ea!, vamos a oírla...

Y don Cosme y el canónigo se despidieron en el vestíbulo, donde un lacayo muy estirado y correcto les presentó los sombreros y las capas.

—¡Muchachas! —gritó doña Carmen—. ¡Alfonso! Ya se van los señores.

Cesó la música, y los jóvenes aparecieron en el fondo de la galería. Elena venia traída del brazo por su primo.

—¡Quedad con Dios! —exclamó el doctor, despidiéndose.

—Lolita —dijo don Cosme en tono apacible—, hoy entró el circular en Santa Ana. Se lo aviso, para que si desea usted visitar mañana al Santísimo, al ir o al venir de la Villa... Yo tengo esa devoción. ¡Donde está el jubileo allá estoy yo!

—¡Gracias, don Cosme! —contestó la señora.

Y los dos amigos se fueron. Despidióles don Juan desde la puerta del vestíbulo, mientras los tres jóvenes volvían al piano. La elegante música de Gounod volvió a llenar el recinto con las alegres notas del gallardo vals.

María sirvió café y licores, en tanto que las dos señoras conversaban en el fondo de la antesala, al pie de un soberbio cuadro, de un hermoso retrato del capitalista, obra de Bonat.

—Ya me dirás —decía doña Carmen— ya me dirás si la casa es de tu agrado. Me parece bonita. Fuimos a verla hace pocos días. Volvíamos de ver a una amiga, a quien conocimos en París, cuando la Exposición, y Juan me dijo: "¿Quieres ver la casa que están arreglando para Lola?" Y fuimos. Me parece bonita, aunque no es grande. ¡Ya sabes, hija, que eso no abunda por aquí!

Don Juan, arrellanado en una poltrona, charlaba con Pablo, y saboreaba una taza de café. María hablaba con Elena; Margarita tocaba, y Alfonso, cerca de ésta, escuchaba recostado en el piano, y removía el azúcar de su taza con cierto aire de natural elegancia, que no pasó inadvertido para su blonda prima. Ramoncillo hojeaba un álbum de Italia.

—¡Cómo lamento —seguía diciendo doña Carmen no poder acompañarte mañana! ¡Tengo ansia de ver a la virgen! ¡Ya sabes que para una mexicana no hay imagen como esa! Pero si tú supieras. (¡Lo que es la costumbre!) En París me iba yo volviendo gabacha, como me decía Eugenia (que no ha perdido su buen humor), y mi devoción por Nuestra Señora de las Victorias iba siendo más grande cada día...

—Si tú supieras... —interrumpió doña Dolores— que eso que me has dicho de la enfermedad de Eugenia me tiene inquieta. ¡Me temo un desenlace fatal!...

—¡Hija: lo mismo temo yo! Pero... ¡no hay mal que por bien no venga...!

—¿Por qué dices eso?

—Eugenia está rica, y es muy generosa No tiene hijos... Surville está rico también, y, puedes estar segura de ello, en su testamento no se habrá olvidado ni de ti ni de tus hijos. En Trouville me lo dijo una vez. ¡Vas a heredar, Lola!

—¡Ay, Carmen! —prorrumpió la dama— . Ya me conoces; ya sabes cómo soy... ¡Quiera Dios que Eugenia recobre su salud! Mañana se lo pediré a la virgen.

—No te hagas ilusiones: por un lado la enfermedad ésa, antigua y de suyo incurable; por el otro los calendarios, los "galvanes", como decís vosotros aquí.

María, desde el "vis a vis" donde conversaba con Elena, dijo en alta voz:

—Tía, por fin, ¿le sirvo a usted café?

—No, Maruja —respondióle doña Dolores— no tomo café, ¡me causa insomnio!

El criado del vestíbulo, se llegó a la puerta, y avisó que el coche había vuelto ya.

Doña Dolores se apresuró a decir:

—¡Que baje Filomena! Criaturas: ¡vámonos!

XXXVII

En la berlina iban Elena, Ramón y Margarita; en el landó doña Dolores, Pablo y Filomena.

Al pasar frente al hotel de Iturbide, la buena señora preguntó a su criada.

—¿Cenaste?

Filomena no contestó

—Cómo, ¿pues qué no te dieron de cenar?

—¡No, señora!

—¡Pobre de ti, criatura!

—Pero, mujer —prorrumpió Pablo—, ¿por qué no hiciste una insinuación?

—Pero... ¿Cómo?

—Tienes razón, criatura; pero ten paciencia... no tardaremos en llegar. Allá no faltará algo que puedas tomar...

—Y la verdad es —dijo dulcemente la sencilla muchacha— que tengo muy buen apetito, más que apetito...

—¡Sí, hambre! ¡Ya lo comprendo!

—Y me está doliendo la cabeza... Figúrese usted que en Esperanza apenas pude tomar unos cuantos bocados. Los mozos servían mal; no atendían bien a nadie... Era preciso llamarlos a cada momento, y casi casi arrebatar los platos a los otros pasajeros...

—¿Y por que no hiciste tú lo mismo?

—Me daba pena

—¡Pobre de ti, muchacha! —exclamó la señora en tono compasivo—. ¿Te va gustando México?

—La verdad, señora, no, me da miedo, no se por qué, esta ciudad tan grande! ¡He pasado unos sustos!

— ¿Sustos? ¿Dónde, mujer?

—En el coche, en la estación. Cuando ustedes se fueron, a mí me metieron en un coche de sitio, en un "simón" como dice Ramoncito, y allí me estuve y me estuve, y allí me tuvieron hasta que sacaron los equipajes y los pusieron en un carro. Y, mientras, yo sola en aquel coche, y en lugar obscuro, y sola con el cochero, que a mi ver estaba borracho... ¡Cómo olía a pulque! ¡Por fin quiso Dios que nos fuéramos! Y ahí voy yo con el mozo ese, que se portó bien, yo no tengo de qué quejarme, y me fue platicando, y preguntándome si me gustaba esto, y que me iba diciendo los nombres de las calles por donde íbamos pasando ...

—¿Y qué te parece la servidumbre de la casa?

— ¡Cuánto lujo, señora! Esos criados que sirvieron la mesa parecen unos señores... ¡Qué bien vestidos! ¡Vaya con los franceses! ¿Y qué, así, con guantes, hacen el servido? ¿Así?

—¡Así, Filomena!

—Eso no lo sabía yo.

—¡Pues así!

—¡Y qué tonos se dan, si usted viera! Yo estuve platicando con una señora, que parece que es ama de llaves; pero yo no perdía nada, y a todo estaba atenta. Los franceses, en su media lengua pedían como amos, y regañaban por todo. El cocinero, porque es cocinero y no cocinera, es un francés muy de gorra blanca, con más humos que un sultán;

estaba charla que charla con el señor ese, con el mozo con quien yo vine de la Estación, y charla que te charla y bebe que bebe sus copas, y los criados del comedor trayendo al trote a las galopinas. ¡Es mucho lujo! ¡Cuántos pobres quisieran lo que se malgasta en esa casa! Me da risa, señora, recordarlo: pasaban delante de mí los platones colmaditos; me llegaba el olor de la comida; delante de mí, uno de los franceses trinchó el pavo, y a mí me llegaba el olorcillo, y yo... ¡muerta de hambre! ¡Porque, la verdad, señora, no lo digo por molestar a usted, pero ello es que tengo el estómago en un hilo!

Pablo reía de las aventuras y desgracias de la excelente Filomena. Doña Dolores lamentaba lo acaecido y se condolía de ello.

Filomena seguía charlando muy animada, contenta de verse al lado de personas conocidas.

—¡Y qué comedor, señora! Yo, en un momento en que me dejó sola la ama de llaves, me asomé por un ladito de un biombo que había y vi el comedor... Y dígame usted, señora, ¿estaba buena la comida?

—¡Muy buena, hija!

—¡Qué cierto es aquello —exclamó Pablo— de que quien tiene hambre de pan platica!

Filomena se echo a reír, y prosiguió:

—A mí se me antojaron los helados... La fuente estuvo un rato cerca de mí. ¡Qué buena cara tenía aquello! ¡Y ya sabe usted que no soy golosa!

—Pero, en suma, mujer —dijo doña Dolores, en tono afable—. ¿Te gustan o no te gustan todos esos lujos?

—¡No, señora! Prefiero mi cocina de Pluviosilla, y nuestras pobrezas de allá a todo eso... Aquí viene bien decir lo que predicó una vez el P. Anticelli: "¡que no se necesita tanto para vivir!" Ve usted: si bregar con una criada cualquiera es atroz, qué será con esa legión de criados entonados, y con el cocinero, y con las galopinas, y con los cocheros, y con la ama de llaves.

Pablo y su mamá reían de buena gana.

—Y si usted supiera lo que estaban diciendo...

—¿Quiénes?

—El criado que venía conmigo, el mismo que va en el pescante del otro coche ...

—¿Que decían?

—Mañana se lo diré a usted.

—Dilo ahora, Filomena.

—No... ¿Para qué?

—¡Para que lo sepamos! —dijo Pablo con acento entre imperioso y jovial.

—¡Yo se lo diré a la señora!

—¡Dilo ahora, Filomena!

—A mí no me agradó lo que oí.

—¡Pues oigamos lo que oíste!

—El cocinero, que es francés, pero habla bien en castellano, estaba platicando con el otro, con el que me llevó a mi en el "simón" y mientras le contaba al cocinero quiénes eran ustedes, cuántos eran y el parentesco que había; que una de las niñas era ciega; que todos eran pobres, aunque habían sido ricos, y que...

—¡Di, criatura, di!

—Que el señor don Juan, un día, cuando fue a ver con la señora y con la señorita María, cómo había quedado la casa donde vamos a vivir, había dicho...

—¡Acaba, mujer! —dijo urgentemente doña Dolores.

—"¡Vaya! Ya esta lista la casa... Falta una sola cosa... Saber cómo pagarán esas gentes todo eso..."

—¿Eso oíste?

—Sí, señora!

—¡Cosas de criados! —exclamo Pablo.

—Oigamos —murmuró gravemente la dama.

—Y que doña Carmen contestó: "Me conformo con que lo sepan agradecer y estimar".

—¿Y sólo eso oíste? —dijo Pablo con presurosa curiosidad.

—Nada más eso, porque en ese momento llegó la ama de llaves...

—¡Bueno! —exclamó la señora, y se asomó por el ventanillo del coche.

En el fondo, sobre la negra espesura del bosque, y como una floración luminosa, aparecía al alcázar de Chapultepec, alumbrado por sus cien focos.

—¡Mira —dijo la señora a Filomena—, ese es el Palacio de Chapultepec!

La muchacha se volvió a ver hacia el bosque, pero distraída no miró nada, y guardo silencio. Pablo hizo notar a su mamá que había luces en las habitaciones, lo cual indicaba que a la sazón residía allí el presidente de la República.

—Aquí —respondió la señora—, aquí vino Surville con tu tía Eugenia para presentarla al emperador y a la emperatriz... ¡Pobre Eugenia! ¡Qué noble corazón!

La berlina iba delante, a lo largo de una calzada protegida por dos espesas líneas de altos chopos, calzada obscura, mal alumbrada de trecho en trecho por dos o tres focos de arco de luz rojiza e intermitente.

Margarita decía que aquella calzada le parecía peligrosa en las altas horas de la noche; Ramón replicó, diciendo que por aquella región no había gente mala. Elena sintió frío, se quejó de ello, y agregó:

—No hablen de eso. Yo no veo cómo está el camino, pero me causa miedo.

112

—¡No hay nada que temer, Elenita! —contestó el muchacho cariñosamente— Dentro de unos cuantos minutos habremos llegado a la casa... ¡Ya estamos en Tacubaya!

A poco se detenía el carruaje en una casa de buena apariencia. Llamó a la puerta Francisco, abrió una criada, y todos entraron.

El criado despidió a los cocheros, diciéndoles:

—Váyanse: volveré en el tranvía.

¡Qué profunda impresión de tristeza causo a doña Dolores y a Margarita aquella casa chica, entresolada, y al parecer lóbrega! La sala estaba iluminada. Las habitaciones eran alegres y elegantes.

XXXVIII

A la mañana siguiente muy temprano, ya doña Dolores estaba lista, y acompañada de Ramoncillo se disponía a partir, como se lo tenía pensado, para ir a visitar a la virgen de Guadalupe.

—¡Llévese usted a Filomena... —díjole Margot, en tono suplicante—. ¡La pobrecita no tiene más ilusión que esa!

—Hija mía —respondió la dama—, yo quisiera que todos fuéramos; pero en vista de que eso no es posible, porque Lena amaneció con jaqueca, y Pablo tiene que ir a ver a Juan, quien, según le dijo anoche, le aguardará hasta las diez, me iré con Filomena y con Ramón. Este (ya lo sabes) está dispuesto a todo, en tratándose de pasear... y en cuanto a Filomena, me parece justo llevarla. A la pobrecilla le fue muy mal anoche... ¡Padece Carmen unas distracciones inexplicables! Procura que tu hermano no duerma hasta las once... Mira que a las diez le esperará tu tío. Me imagino que se trata del empleo... Sí; que cuanto antes quede arreglado eso. Traerán los equipajes... Toma las llaves (no las vayan a perder), abres y sacas la ropa. No será raro que Maruja mande por ustedes. Si Elena sigue mal, y no quiere ir, tú tampoco irás. Yo, al volver de la Villa, pasaré a casa de Juan. Ordena a la criada lo que debe hacer... Me parece que esa mujer no sirve para el caso. Tú no tienes idea de lo que son aquí los criados. Si en Pluviosilla anda la cosa mala en este punto, ¿qué será por aquí? ¡Filomena!... ¡Vámonos que viene el tranvía!

Y doña Dolores se fue a su piadosa visita.

¡Buena era ella para no seguir la antigua y tradicional costumbre de ir a visitar al día siguiente de la llegada a México a la santísima virgen! ¡Tenía tanto que pedirle! El P.

Anticelli le había dicho: "Dolores: no dejes de ir, luego que llegues, al siguiente día; no dejes de ir a visitar a la Indita!"

Mientras, Margot despertó a su hermano, y se puso a arreglar la casa.

¡Qué mal colocado estaba todo! ¡Como por manos de hombre! Desde la víspera habían visto que muchos muebles estaban estropeados... Pero, ¿quién a esas horas, a la media noche, había de ponerse a examinar mueble por mueble?

Margot revisó todo. Uno de los aparadores estaba roto, y la mesa del comedor no andaba muy sana. En una caja, allá en las piezas del segundo patio, había un montón de tiestos. Por fortuna, la vajilla estaba completa, y el cristal lo mismo.

El ajuar de la sala estaba empacado todavía. Uno, muy elegante y vistoso, había sido colocado en substitución del otro, y todas las habitaciones estaban alfombradas. En un ángulo del saloncito, el piano muy fresco y flamante, esperaba a sus dueños. Margarita no pudo resistir a la tentación; abrióle, recorrió el teclado, y tocó un trozo de Chopin.

Elena, traída por la criada, vino a interrumpirla.

—¡Por Dios, Margot! —exclamó al entrar—. Me dejaste en la alcoba... en una pieza que me es desconocida... Acaba... sigue tocando... y después me llevarás por toda la casa; necesito orientarme en ella, necesito conocerla.

La ceguezuela se sentó cerca del piano, en una duquesita, y Margarita siguió tocando. Al concluir ésta, Elena le dijo:

—¿Crees tú que Juan venga a vernos hoy?

—¡Quién sabe! Entiendo, por lo que nos dijo María, que llegará esta noche. Si es así, acaso... acaso le tendremos por acá mañana en la tarde.

—¡No esperaba yo eso del caballerito!

—Hija: ten en cuenta la manera de vivir de ese muchacho... No está en su casa más que para dormir... Tiene muchos amigos... Siempre anda de convites...

—Dime: ¿es bonita esta casa?

—No es fea; pero sí muy chica. ¡Trabajo se nos espera para arreglarla! Ven; voy a llevarte por todas partes.

Y tomó del brazo a la joven, y después de darle idea de la sala, y de la colocación de los muebles, la llevó a los balcones y a cada una de las puertas.

Elena iba contando los pasos que había de un sitio a otro.

—¡Espera! —díjole—. Déjame sola... Voy a ver si sé ir a donde yo quiero. Voy al sofá... ¡Aquí está! Uno, dos, tres... cuatro sillones... Por aquí está la puerta principal, la que da al corredor. Ahora iremos allá... Voy a los balcones... Este es el primero, es decir, el más inmediato al estrado. ¿Qué hay enfrente?

—La tapia de un jardín...

—¿Es ancha la calle?

114

—Sí.

—¿Pasa por aquí el tranvía?

—Sí... ¡Cuidado, Elena, que vas a tropezar con una mesa!

Ya había tropezado con una mesita llena de chucherías.

—¡A la derecha, Lena! Pasa entre la mesita y la consola... En ésta hay un espejo y unos candelabros.

—Llegué ya al otro balcón... ¿Esto qué es?

—Una colgadura...

—¿Está elegante la sala?

—¡Así, así!

Elena llegó basta la puerta del gabinete. Allí la tomó Margot para llevarla por toda la casa.

Al volver a la sala, decía la ciega:

—¡Dentro de pocos días andaré aquí como en nuestra casa de Pluviosilla!

—¿Te sigue la jaqueca?

—No; ya estoy bien. ¡Sí ... más que la jaqueca, lo que tengo es... disgusto!

—¿Disgusto de qué, Lenita mía?

—Me ha contrariado el que Juan...

—¡Déjate de Juan, criatura! Si por cualquier cosa vas a estar contrariada... ¡nos hemos lucido!

En aquellos momentos llamaron a la puerta. Eran los criados que traían los equipajes. Pablo acudió a recibirlos. Contó los bultos.

—¡Falta uno!

—¡Sí señor! —respondió Francisco—. Vendrá después. No quisimos cargar más el carrito. Me encargaron los señores que dijera a la señora que a las diez vendrá el coche por las niñas.

Pablo dio aviso a su hermana.

—Que allá iremos, Francisco, aunque sea tarde, porque necesitamos abrir los equipajes...

Pablo se vistió, se desayunó, y se fue.

Margarita abrió los baúles, y sacó ropa para ella y para Elena; dio órdenes a los criados y se dispuso a vestirse y a vestir a la ceguezuela.

—No sé —decía ésta, mientras su hermana la peinaba-, no sé en qué parte podrás colocar a Concha Mijares...

—No ha de venir. ¡Pierde cuidado!

—¿Que no ha de venir? ¡Ya lo verás! El diez o doce de septiembre la tendremos aquí.

—No lo creo. Anda muy entretenida con Arturo Sánchez. Los monólogos la traen perdida, y Arturo la tiene mareada con tantos versos. Anoche, en la casa de los primos, en un periódico que estaba en una de las mesas de la antesala, leí los versos aquellos que oímos aquella noche... El modesto poeta busca fama en los diarios metropolitanos. No le bastan los aplausos de don Juan Jurado.

—Oye, Margot. Te voy a preguntar una cosa... Pero... ¿me dirás la verdad?

—¿Por qué no?

—¿De veras?

—Sí; y... ¡empiece el interrogatorio!

—Si Alfonso te hace una declaración formal, (como que tiene que hacértela), ¿qué le vas a responder?

—Hija mía... ¡qué cosas se te ocurren!

—¡Mira que me ofreciste decir la verdad!

—¡Pues si a preguntas vamos, yo... te haré otra!

—No; contesta tú primero.

—No; yo pregunto ahora... Si Juan te declara su... atrevido pensamiento... ¿qué contestarás?

— ¿Qué le dirás tú a Alfonso?

—Respóndeme tú.

—¡No; tú!

—¿Yo?

—Pues... yo... ¡responderé lo mismo!

Margarita concluyó de peinar a su hermana.

—¡Qué linda es! —pensó—. ¡Pobre niña! ¡No comprende su desgracia!

XXXIX

Cuando la señora regresó de la Villa sé encontró a sus hijas en casa de don Juan, donde, a solicitud de su prima, debían pasar el día.

—Bien, hijas —díjoles doña Dolores— ¡quedaos, que yo me voy! La casa reclama mi presencia, y no bien llegada, ya me ando yo subiendo y bajando.

En vano quisieron detenerla; en vano le rogo María que los acompañara a comer.

—¡Otro día, sobrina, otro día! —respondióle la dama—. Mi casa me espera. Pablo les hará compañía, y Ramón vendrá esta tarde por sus hermanas.

— ¿No quiere usted que Ramón se quede también?

—Sí quiero; pero, como debes suponer, acaso le necesitemos allá. Piensa, criatura, que aquella casa parecerá ¡no sé qué! Ramón vendrá esta tarde...

—No, tía; que venga si quiere; pero no es preciso que haga el viaje sólo por llevarse a Lena y a Margot. Después del paseo, las llevaremos Alfonso y yo. Váyase usted tranquila.

Doña Dolores se fue con Filomena, la cual no quiso subir y se quedó en el departamento de los porteros.

En el camino le iba diciendo a doña Dolores:

—Si usted viera, señora... Mientras usted estaba arriba, yo me puse a conversar con la portera. ¡Es una buena señora! Me contó muchas cosas: que el niño Juanito no llega a casa hasta la madrugada; que en ocasiones, como se acuesta a las cuatro o a las cinco de la mañana, duerme todo el día, y que a eso del medio día va saliendo muy malhumorado, regañando a todos y diciendo horrores a su criado. Y si viera usted: esos lacayos y esos mozos tan planchados que van en el coche tan elegantes, tan lujosos, que a mí me parecen más elegantes que los niños, andaban ahora en unas trazas... Descalzos, sucios... ¡Y anoche tan estirados! ¡Quién los vio como yo los ví ayer, y los vio ahora! Luego que acabaron de limpiar los caballos, se lavaron allá en el otro patio, luego se fueron a vestir, y a poco salieron hechos unos figurines.

—Hija: ¿pues qué quisieras tú, que hasta en esos quehaceres se pusieran la librea?

—No... pero, dígame usted señora, dígame: ¡todo eso no es mas que pura apariencia!

A la sazón pasaba el tranvía. Detúvole doña Dolores, y ambas subieron al carruaje.

En tanto María enseñaba a sus primas el departamento de Juan y de Alfonso.

—¡Qué voy a ver yo! —exclamaba Elena, bajando la escalera—. Sin embargo... sabré cómo viven esos caballeros.

Alfonso, que iba con ellas, les dio una llave, y las dejó para acudir al llamado de don Juan que, desde muy temprano, estaba en su despacho.

—¡Vuelvo!... —dijo el mancebo, y las dejó en el descanso de la escalera.

El departamento destinado a los dos hermanos era muy bonito: un saloncito y un gabinete con balcones a la calle, sencillos y elegantemente decorados, al estilo inglés; dos alcobas; un cuarto de vestir, y un baño.

Margarita quedó prendada del salón, que efectivamente, era del mejor gusto, y hablaba muy bien en elogio del sentido estético de los dueños.

—¡Qué lindo! —exclamó Margot, mirando en torno suyo, y admirada de la elegancia aristocrática de la pieza.

—¡Si vieras, Lena, qué cosa tan linda! ¡Esto parece, como suelen decir, una tacita de plata! A mí me parece más bien como un delicado cofre de marfil.

—¡Con tantos elogios, Margot, vas a conseguir que Alfonso se envanezca de su obra! ¡Sí, porque todo esto es obra suya! Él eligió el tapiz; él escogió los muebles; él cuidó hasta de los últimos pormenores...

—Pues no cabe duda —interrumpió la joven—, que tiene mi señor primo exquisito gusto para esto.

—¡Dime cómo está esto, Margot! —dijo Elena.

—¡Sentémonos! —prorrumpió la rubia señorita, impulsando a su hermana hacia un sofá, mientras María abría la vidriera de uno de los balcones.

—¡Dime! ¡Dime!

—¡Siéntate aquí, Maruja! Y... óyeme, y escucha mi elocuencia descriptiva.

—Te oigo atentamente.

Sonreía Margarita; sonreía Maruja en su frívola insipidez, y la ceguezuela abría sus rasgados y soberbios ojos negros, ávidos de luz.

—Mira, Lena: esto es un saloncito como de siete varas de largo por cuatro o cuatro y media de ancho.

—¡Descripción prosaica! —exclamó la ciega—. ¡Descripción de ingeniero de puentes y calzadas, que montado a la antigua no se acuerda del sistema métrico-decimal!

—¡Supongo que no querrás ahora que reduzca yo las varas a metros! —replicó vivamente la blonda señorita.

—¡Sigue, mujer, sigue!

—Altura...

Y la joven miró hacia arriba, siguiendo con la mirada, de arriba abajo, una de las líneas angulares.

—Altura... ¡Poco menos de cinco metros!

María y Elena se echaron a reír.

—Baste saber... que tiene muy buena altura. ¡Que lo diga María! La alfombra es roja, gruesa y afelpadita... ¿No la sientes al pisarla? Los muros, hasta poco menos de la altura de las puertas, están tapizados con papel realzado, de fondo claro, muy claro, de color crema, que entona dulcemente con el dibujo, que es de hojas grandes, hojas como de dragontea, también muy claras. La parte superior tiene tapiz amarillento, con un dibujito tan menudo que apenas se ve. Una cornisa muy delgada, que apenas sobresale, corre a lo largo de los muros, dividiéndolos en dos partes. La cornisa me parece de boj o de olivo blanco. El cielo raso es de color de mantequilla, sin adornos ni pinturas, encuadrado por otra cornisa un poquito más ancha que la otra. En el centro del cielo raso hay una rosácea que semeja marfil. Nada en las paredes. Frente a los balcones una chimenea de piedra blanca, opaca; sobre ella un espejo ovalado, de luna clarísima, cortada en bisel.

—¿Y los muebles? —preguntó Elena.

—Pocos, y ninguno igual a otro. Un sofá, éste en que estamos sentadas tú y yo, tapizado como los otros sillones de rica tela de seda blanca, sembrada de crisantemos de un suavísimo y apacible color de rosa. Cinco sillones; un "pouf"; un velador de roble con una caja de tabaco, una licorera, y un cenicero. Entre los dos balcones, un diván de lo más cómodo, con un par de almohadones de color de malva. Delante una piel de oso blanco... Espera: en la chimenea, dos ramilleteras cilíndricas, altas, de cristal verdoso, y en ellas, muy bien puestas, como por manos femeniles o manos de artistas, espigas verdes, ligeras, esbeltísimas, cuyas hojas muy largas, muy largas, tocan la pantalla del hogar; una pantalla con un aguazo que representa una escena campestre... ¿Qué representa, María?

—Una escena de *Don Juan*.

—Me imagino todo... —dijo tristemente la ceguezuela.

—Me falta algo... A manera de araña, velada por una pantalla amarilla con guarnición de encajes, cinco focos eléctricos, ¡Esto, de noche, debe parecer de marfil! ¡Ah! Me falta lo último: las cortinas de los balcones... ¡Qué sencillas! De una pieza... Son de una tela pesada, semejante a esta de los muebles. Y ¡está usted servida, señorita mía!

—Vamos a ver el gabinete... —dijo María levantándose.

El gabinete era de lo más sencillo. Unas cuantas sillas; un escritorio, y un estante con libros elegantemente empastados. Un escaparate con tres bronces: una bacante, un busto de mujer y otro de Alfredo de Musset. Entre ellos, elegantes fotografías de Nada: dos retratos de amigos jóvenes y elegantes, una mujer bellísima hecho en Niza. Margarita no se atrevió a preguntar quién era aquella joven de tan rara hermosura. Sintió la blonda señorita el aguijón de la curiosidad, pero la contuvo cierto temor de que la joven no supo darse cuenta. Pero María se apresuró a decir:

—Mira, Margot: ¿te gusta esta cara?

La joven hizo una señal de aprobación.

—Es de una novia de Alfonso, la cual se casó hace un año con el agregado de la embajada inglesa. El gran amor de Alfonso. A estas fechas sufre todavía las consecuencias de ese desengaño.

—¡Vale más! —exclamó Margarita—. Eso prueba que sabe amar.

Elena, que estaba al lado de su hermana, le oprimió dulcemente un brazo. La blonda señorita habló de otro asunto:

—¡Y eso qué es! —dijo, señalando un cuadro.

—¡Ah! —respondió María—. Lee: es un diploma de Juan; su diploma o título de una sociedad de astrónomos, establecida en París. Es presidente de ella Camilo Flammarion... Esa es su firma.

—Le guardaba yo a Juan el secreto de que fuese astrónomo...

—¡Qué astrónomo ha de ser! Mi papá dice que todo eso es pura farsa; habilidades del astrónomo para sacar dinero. Cualquiera puede ser miembro de esa sociedad. Tú, yo, cualquiera. Basta pagar anualmente treinta o cuarenta francos, y subscribirse a la revista que sale cada mes. ¡Mira tú que hábiles son en Francia! Por eso dice papá que con el dinero de los tontos se exploran los espacios celestes y se propaga el espiritismo.

Las muchachas soltaron una carcajada. La ceguezuela, contrariada, murmuró:

—¡Será así...pero Juan no es tonto!

—Hija —se apresuró a decir Margarita—, ¡son cosas de mi tío!

XL

Cuando las jóvenes volvían del entresuelo, cansadas de esperar a Alfonso, éste les dio alcance en la escalera.

—¿Vino ya Pablo? —preguntóle Margarita.

—Sí; ya está trabajando. Papá no ha querido que pierda un solo día.

El mancebo venía inquieto, y en su rostro, de ordinario sereno, había algo revelador de pena o de contrariedad.

—¿Qué te pasa? —díjole María—. Advierto en tu rostro no sé qué...

—¡Nada!

—¿Nada? ¿Le ha pasado algo a Juan? ¿Algún accidente en la cacería?

—No.

—¡Por Dios, Alfonso! —exclamó Elena súbitamente acongojada—. ¡No ocultes nada! Dínos la verdad, te lo ruego...

—Sí, Alfonso —suplicó Margarita—, con ciertas cosas no se juega... Mira que podemos pensar muchas cosas... ¿Le ha pasado algo a mamá, o a Juan? ¡Responde, por favor!

—¡Habla, por Dios, Alfonso!

—Hablaré... —respondió el joven sigilosamente—. Una mala noticia... No se trata de Juan ni de mi tía Lola; no, se trata... de mi tía Eugenia. Mi papá acaba de recibir un mensaje en que tío Augusto le dice...

—¿Que tía Eugenia está moribunda? —se apresuró a decir María.

—No; que murió anteayer.

—¿En París?

—No; en Niza.

—¿No hay más noticias?

—Y papá —prosiguió Alfonso— no quiere que mamá sepa nada de esto; ni que lo sepa nadie, porque mañana es día de San Juan, y tiene invitados, y ya no hay tiempo para comunicarles lo que ha sucedido. Dentro de tres o cuatro días se sabrá... y... de manera que... ¡chitón!

Alfonso dio el brazo a sus primas, y, lentamente, precedidos de María, subieron la escalera.

Se pasó el día en familia; se comió alegremente, se tocó el piano, y Margarita y su primo estudiaron varias piezas a cuatro manos.

Aquella alegría y aquella música eran tormentosas para Elena y para la blonda señorita. Esta no comprendía como las exigencias sociales podían ahogar así una impresión dolorosa; cómo un hermano, al saber el fallecimiento de una hermana querida, callaba la noticia, y se disponía para la fiesta; no acertaba a explicarse aquella falta de sentimientos, aquella entereza y aquella frialdad que observaba en su tío. "No era así mi padre —pensaba—, no era así él, que tanto quería a todos los suyos; que el menor dolor en sus parientes le afligía y le angustiaba; él, en caso como éste, estaba bañado en lágrimas, y ¡qué festejos ni qué alegría! No me agrada esto. ¡Dios mío, qué falta de corazón! ¡Qué serenidad esta que me aterroriza y me repugna!" De doña Carmen nada podía decir, porque esta lo ignoraba todo; pero sí de la primita, que estaba tan fresca como si nada supiera. ¿Y por qué era todo esto? ¡Por vanidad, por pura vanidad! ¡Invitados! ¡Qué importaban los invitados! ¡Ah! Pero eran personas muy distinguidas: banqueros, amigos opulentos, secretarios de Estado, el ministro de Francia, el de Bélgica, y el de Inglaterra. ¡Al diablo con todos estos señorones! ¡Qué cosa más fácil que darles aviso! Cuando la pena es verdadera, no da lugar a cálculos. Si don Juan hubiera querido bien a su hermana, no le habría ocurrido callar la triste noticia. Y guarda que al general Surville le debía mucho don Juan; como que merced a su favor y a su fortuna, había llegado a la opulencia. ¿No fue don Juan tan partidario suyo? ¿No aprobó la boda de su hermana Eugenia con el bizarro militar? ¿No esa boda fue causa de graves y duraderos disturbios domésticos, que por años y años separaron amargamente a don Ramón y a don Juan? ¿Pues cómo ahora se mostraban tan indiferentes y tan insensibles a tamaña desgracia?

Preocupada y entristecida con tales pensamientos, la blonda señorita no atendía en el piano a la ejecución de aquella hermosa sinfonía de Saint-Saens, que Alfonso tocaba magistralmente.

—Dejemos por ahora la música, Alfonso. Estoy cansada. ¡Llevo tanto tiempo de no poner las manos en el teclado! Pide el coche; demos una vuelta por el paseo, y llévanos a casa.

Salieron en busca de María y de Elena. Estaban en el comedor con don Juan y con doña Carmen, quienes daban órdenes a un mayordomo y a uno de los criados franceses respecto del almuerzo y de la comida del día siguiente. El capitalista, fuerte gastrónomo, tenía costumbre, en casos como aquel, de arreglar personalmente la minuta e indicar los vinos que debían servirse en su mesa. No olvidó el menor detalle.

—Sirvan borgoña. ¿Recuerdas cuál? Tú sí, Carlos, aquel que me regaló mi hermana Eugenia.

Enseguida precisó todos los pormenores del servicio; dijo qué vajilla debía ser usada; qué servicio de café debían presentar, y luego encargó que todos los carruajes estuviesen listos.

—¡Ahora, niñas —dijo—, idos a pasear! María: vas con Alfonso a dejar a tus primas. Di a Lola que mañana... Quiero que mañana almuercen todos conmigo. ¡El almuerzo... en familia! Para la comida tendré en casa a los extraños... Si ustedes quieren, vengan más tarde... ¡Haremos música!

—Tío... —murmuró Margarita, con timidez—. Veremos qué dice mamá...

—Diga lo que diga... Los espero.

—Acaso tendrá usted invitados —observó Elena— y nosotras... acabamos de llegar...

—¿Y qué?

—Nosotras —replicó Margot— tendremos mucho gusto; pero aquí hay ciertas exigencias... Como usted comprenderá...

—¡Entiendo! ¡Entiendo! De cualquiera manera... ¿No he dicho que estaremos en familia? En la noche es cosa distinta... Y Pablo y Ramón, ¿tienen traje de etiqueta?

—No —respondió ingenuamente Margarita.

—¡Ya lo ves! Pues lo necesitan. Aquí no estamos en provincia.

Varió de tono, y agregó cariñosamente:

—¡Criaturitas... vengan! Estaremos en familia. Nos acompañarán el doctor y don Cosme. Ya sabéis que ellos no gustan de ceremonias ni de comidas como las de mañana. ¡Ea! ¡Idos con Dios!

XLI

María y Alfonso llevaron a sus primas a Tacubaya, después de dar unas cuantas vueltas en la Calzada de la Reforma.

Esa tarde no estaba muy concurrido el famoso paseo: treinta o cuarenta coches de alquiler, quince o veinte trenes lujosos, algunos jinetes, y nada más. Los concurrentes se iban retirando, temerosos de la lluvia.

Declinaba el sol, y al morir esplendía en una deslumbrante gloria de oro y de grana. Sobre el fondo áureo del ocaso, erguido entre sus ahuehuetes y sus eucaliptos, dibujaba el alcázar de Chapultepec sus terrados, sus galerías y su caballero alto, majestuoso y triste. Los últimos rayos del astro moribundo centelleaban en las vidrieras de los edificios colaterales, en los vidrios de los coches y en el charol de los carruajes, y algo como leve polvo de oro flotaba en el ambiente del paseo.

Allá por el sur, en las cumbres del Ajusco, inmensa y negra nube corría a lo largo de las cimas, desgarrando su capuz en los picachos, más allá de los cuales culebreaba el rayo, anunciando distante y fuerte tempestad.

Cuando llegaron las señoritas, doña Dolores estaba esperándolas en el balcón. Bajaron con ellas los dos hermanos, los cuales permanecieron en la casa brevísimo rato.

—¿Cuándo vendrá Juanito? —preguntó la señora al despedirlos en el zaguán, y a tiempo que un lacayo abría la portezuela del landó.

—Esta noche, tía —respondió Alfonso—. Mañana debemos estar todos en casa. Allí nos veremos.

—Sí —interrumpió María—, papá espera a todos... ¡Hace tanto tiempo que no pasa su día en familia, con todos los suyos, que será para el cosa muy desagradable si ustedes no le acompañaran... En París... mi tía Eugenia y mi tío eran los únicos que en ese día nos acompañaban a almorzar... ahora...

Alfonso miró fijamente a su hermana, como temeroso de una indiscreción.

—Ahora —concluyó la joven— estarán todos ustedes. Vamos a pasar un día muy alegre. En la noche tiene papá visitas... personas de etiqueta, el ministro de Francia, el de Bélgica, y no se quiénes más. Y, ¡adiós, que se hace tarde!

Abrazó y besó a sus primas, abrazó también a la señora y precipitadamente se dirigió al carruaje, seguida de Alfonso.

El lacayo se descubrió respetuoso, y pidió órdenes.

—¡Ah! —gritó—. ¿A qué hora mandamos el coche?

—No te molestes, hija mía —respondióle la dama—, allá nos tendrás.

Cruzáronse palabras de despedida, y partió el coche.

—¡Mamá! ¡Venga usted acá! Tenemos mucho que hablar... —exclamó Margot inquieta y vehemente, tomando del brazo a la señora, y dirigiéndose al saloncito.

—¿Qué te pasa, hija mía?

—¡Ay mamá!...

Y al ver sobresaltada a la señora, agregó en tono cariñoso:

—¡Nada grave, señora mía! Tranquilízate, tranquilízate! Espera.

Y volvióse para servir de apoyo y de guía a la pobre ciega, que a tentadillas y arrimada al muro de la derecha, iba subiendo los siete peldaños de la escalerilla del corredor.

Sentadas todas en la sala, mientras doña Dolores se disponía a escuchar lo que su hija iba a decirle, la blonda señorita se quitó nerviosamente los guantes, se desprendió el sombrerillo, le puso a un lado en una silla, y gritó, llamando a Filomena para que esta le trajese un vaso de agua.

—Vienes fatigada, criatura... —advirtió la dama—. Te puede hacer mal.

—¡No, mamacita! Vengo contrariada, inquieta, nerviosa, lo que tú quieras, pero no fatigada.

—¿Qué pasa, hija mía? ¡Acaba, por Dios! Mira que me tienes en angustia.

—¡Cálmate, mamá! —exclamó la ceguezuela, serenando a doña Dolores—. No es agradable lo que vas a oír, pero sábete que no es cosa de tanta importancia como tú piensas... Es una desgracia, sin duda, pero no tal y de tanto interés...

—Ustedes me ocultan algo muy grave, hijas mías...

—No, mamacita —interrumpió Margot dulcemente.

—Pues, vamos, ve diciendo, ¿qué ha sucedido?

Doña Dolores miraba de hito en hito a las jóvenes, como ansiosa de leer en el rostro de ellas algo que le hiciera comprender de qué se trataba.

—¿Le ha sucedido algo a Juanito? —preguntó al fin.

—¡Dios nos libre de ello! —exclamó Elena entre contrariada y afligida.

—Alguna mala noticia de Eugenia... Sí; ya me imagino que han recibido otro mensaje de París...

—¡Ah! Sí; dice mi tío que le diga yo a usted que mi tía sigue muy mal... Pero no se trata de eso...

—Pues de qué...

—Mi tía está gravísima (así lo dice el mensaje)...

—¡Me estás engañando, Margot!

—No, mamá. Está de suma gravedad... Créame usted, yo leí el mensaje, y en la casa de mi tío tendrán fiesta mañana, y estarán de fiesta mañana y noche. Para el almuerzo estaremos en familia... En la noche recibirán a no sé cuántos personajes: secretarios de Despacho, diplomáticos, banqueros... ¡sepa Dios!

—¡Y qué, hija mía! No es propio que tus tíos den comidas en estos momentos en que Eugenia se encuentra tan enferma, pero piensa que la enfermedad de tu tía es ya crónica, y que la infeliz va en camino de vivir moribunda años y años...

—¡No mamá! Es que mi tía...

—Se murió ya, ¿no es eso? Bien decía yo que me estaban engañando...

—¡Pero... mamá!

—¡A qué negarlo!

—¡No lo ocultes más, Margot! —dijo Elena—. Mamacita: desgraciadamente... ¡Ya murió!

La buena señora, que unos momentos antes fingía haber comprendido que se le ocultaba la muerte de su cuñada, preguntó:

—Pero... ¿es cierto eso, o se lo suponen por lo que dice el último mensaje?

—¡Cierto es!— respondió Margarita, terminantemente.

Llenáronse de agua los ojos de doña Dolores, la cual, durante unos cuantos minutos, trató de dominar su dolor, y luego, sollozante y bañado en lágrimas el rostro, se levantó para caer en brazos de Margarita, que se apresuró a recibirla, y la acarició amorosamente, sin decide una sola palabra.

Elena enjugaba sus ojos echada hacia atrás en el sillón, conmovida por aquel noble y sincero dolor fraternal... Pero su pensamiento estaba muy distante de aquel sitio: recorría llanuras y bosques, ansiosa de descubrir entre un grupo de cazadores, a un mancebo pálido y exangüe, jinete en un corcel de rapidísima carrera. Más de pronto su imaginación condujo a Elena a una estación del Ferrocarril Central, en momentos en que llegaba un tren, del cual saltaba, con algunos amigos, muy guapo, muy elegante y muy enguantado, el mancebo perseguido a través de los campos por el pensamiento vivísimo de la enamorada ciega.

—¡Ay, Margarita! ¡Ay, hijas mías! No podía yo convencerme de esta desgracia. Mayor para mí que cuanto ustedes pueden suponer. Eugenia era mi única esperanza. De seguro que a ella que es tan buena, que era tan buena, y más que a los empeños del doctor Fernández, debemos las bondades de Juan... Podéis estar seguros de ello... Al morir no se habrá olvidado de ustedes ni de mi... Algo me dijo Carmen respecto de eso. Pues bien, ni la idea de heredar, y cuenta que una herencia es, en estos momentos, para nosotras, dicha y felicidad, me consuela de esta pérdida. Ya saben ustedes cómo Ramón se opuso al casamiento de Eugenia; que esa boda fue causa de graves disgustos de familia... y, sin embargo, Eugenia fue siempre la misma para conmigo. ¡Siempre buena, siempre cariñosa, siempre desprendida! En cambio Juan y Carmen, y sus hijos... ¡Qué diferencia!

Porque no hay que hacerse ilusiones, no debemos hacérnoslas... El carácter de Juan es tornadizo y desigual; Carmen, lo diré, es vanidosa... Si a veces me ha parecido que no tiene corazón...

—Pues oiga usted, mamá... ¡Y espántese usted! No se puede decir. Alfonso así nos lo ha recomendado. Mis tíos saben ya el fallecimiento de tía Eugenia, por lo menos, tío Juan, y se lo calla, y lo oculta, y quiere tenerlo como un secreto de Estado... ¿Sabe usted por qué? Pues... ¡porque mañana es su día y tiene invitados, y no quiere malograr una comida, en la cual tendrá a la mesa a todos esos señorones!...

—¡Pero es posible!

—¡Y vaya si lo es! Como que delante de nosotras ha dado órdenes al mayordomo, a los criados y al cocinero.

—Pero, Margot, ten, por Dios, en cuenta, que la invitación estaba hecha...

—Lena, ¡por la virgen santísima, eso no es disculpa!... Unas cuantas esquelas... ¡Y todo estaba arreglado! Algún negocio querrá arreglar tío Juan en esa comida... ¡Y eso es todo! Y, además, que luzca el comedor, que luzca el servicio de mesa... ¿No oíste decir que sacaran la vajilla de Sèvres... y un servicio de plata? No, no tiene disculpa... que no se ha muerto un desconocido; sino persona de su sangre, y persona a quien deben tanto, porque... ¿no es verdad, mamá, que a mi tía y a su esposo se lo deben todo? Y mañana... ¡a atracarse de trufas y a beber vinos exquisitos mientras mi tía estará de cuerpo presente!

—Margot, no te conozco... —dijo Elena—. No te gusta hablar de los demás... y ahora estás haciendo lo que repruebas en otros, en Concha Mijares... por ejemplo.

—¡Déjala! —exclamó doña Dolores.

—Y yo, mamá, no iré mañana a casa de mi tío.

—Tienes razón, hija mía.

—Pues debemos ir —replicó la ciega.

—No; no debemos ir, Lena.

—Sí; porque mi tía no sabe nada; sólo saben esa desgracia Alfonso y María. Juan la sabrá esta noche, al llegar, si se la dicen

—¡Para María, como si nada hubiera pasado! Alfonso sí ha dado muestras de pena, mamá —dijo Margarita.

—¡No muchas!

—¡Por Dios, Lena! Sí que las dio; como que en la cara le leímos María y yo que algo muy grave le tenía afligido.

—Tío quiere que vayamos mañana a comer con ellos... Dice que todo será en familia. Que de personas extrañas a ésta sólo irán dos: el doctor Fernández y don Cosme. En la noche sí estarán de manteles largos; pero a la comida no estamos invitadas.

—¡Tanto mejor! —interrumpió la dama—. No estamos para esas fiestas... Una comida de etiqueta exige...

126

—Ya lo creo, y me alegro de ello; pero eso no se dice ni se hace sentir así a quienes, como nosotras, no es ello vergonzoso, no estamos en condiciones de gastar en lujos, y menos cuando apenas ayer hemos llegado. Eso que ha dicho mi tío me parece ofensivo...

—Pero... ¿qué dijo? —preguntó Elena interrumpiendo.

—¡Nada! Con toda claridad dijo que no debíamos ir; mejor dicho: que no nos invitaba a la comida, porque era de etiqueta... ¿No me preguntó si Pablo y Ramón tenían frac?

—Y no lo tienen —dijo la señora—, que ni están para eso, ni en ciudades chicas se tienen exigencias tales.

—¡Pues yo no iré mañana! No iremos.

—Irán, hijas mías, muy a mi pesar; irán, porque... ¡es preciso! Yo soy la que no ha de ir. Me fingiré enferma... Eso ayudará a ustedes para regresar temprano.

—¡Pero, mamá! —respondió Margot.

—Irán —contestó doña Dolores en tono decisivo—. Evitemos un disgusto.

En aquellos momentos llamaron a la puerta. Filomena pasó por el corredor al oír la campanilla. A poco apareció en la puerta de la sala, trayendo un ramillete, y un racimo de chochas:

—Que el niño don Juan manda esto para la niña Elena.

—¿Qué cosa es? —exclamó regocijada la ceguezuela.

— "Agachonas" —dijo Margarita en tono de mal disimulada contrariedad.

Y la señora:

—¡Que muchas gracias!

XLII

Doña Dolores, como lo había pensado, no fue a la casa de don Juan. Mandó a sus hijos, y ella se disculpó, en una cartita muy cariñosa, diciendo que estaba indispuesta; que acaso resentía el clima; que no estaba bien, y que prudentemente se abstenía de salir a la calle. Todos aceptaron la excusa y lamentaron la ausencia de la buena señora, cuya viveza de ingenio y cuyo trato jovial y fino eran del agrado de cuantos la trataban.

Muy temerosa estaba Margarita de que sus primos y sus tíos sospecharan que otro era el motivo por el cual su mamá no había concurrido con ellas en la casa del capitalista. En ésta se encontraron a don Cosme, al doctor Fernández, y un cierto clérigo italiano, dulzarrón y meloso, capellán diligente y enriquecido en una capillita, ruinosa aún, de alguna de las foranías del Distrito Federal. Labradito de cara —como dijo de él Filomena cuando le conoció— aseado y pulcro, era acreditadísimo padre de almas entre las señoras de la aristocracia, a cuya magnificente caridad debía bienestar y prosperidades, y a quienes sería deudor en poco tiempo de las sumas necesarias, no cortas por cierto, con que reedificaría aquella modesta iglesia de San Francisco de Sales, confiada a su apostólico celo y a su letra menuda, por el arzobispo de México.

El P. Gioachino Crossi, comensal en muchas mesas de alto quirio, gozaba fama de elocuente y deleitoso predicador. Listo, perspicaz, cauteloso e insinuante era de trato dulcísimo, pero de pocas palabras cuando no hablaba desde la cátedra apostólica, y era de verle y oírle cuando en un estrado se soltaba discurriendo de las más profundas cuestiones místicas: de la "discreción"; de las sequedades y arideces del espíritu próximo a gozar de la dulce visita del Amado, y cuando describía, en castellano correctísimo, la delicia inefable de las almas, repitiendo de la Abulense, maestra de maestras, y guía segura para los predilectos del Señor.

Margarita, haciendo fuerza a su carácter franco y sincero, enemigo del disimulo y del embuste, mostrábase inquieta por la salud de doña Dolores, y conversando con Alfonso cerca de doña Carmen y del P. Grossi, pudo enterarse de que el piadoso varón estaba enterado del fallecimiento de Eugenia, y que él había aconsejado no comunicar a nadie la triste noticia, muy dolorosa, según decía, pero que debía quedar secreta durante una semana al menos, con el fin de que don Juan, quien le había consultado acerca de lo que debería de hacerse, no malograra la fiesta aquella, que traería a sus salones a tantos banqueros, a tantos políticos y tan prominentes diplomáticos.

—Esto es lo que aconseja la prudencia, señora —decíale a doña Carmen—, en materia de negocios no hay que perder tiempo; si eso del empréstito ha de hacerse, como el señor don Juan me ha dicho, no convenía dejarlo para más tarde, y después las exigencias del duelo no permitirían una reunión como la de esta noche, tan propicia para que don Juan inicie ese asunto. Ya le tengo dicho que Dios bendecirá esa operación, que será benéfica para el país, le dará a mi amigo crédito y ganancias, y... a este pobre pasionista algo para su Iglesia de San Francisco de Sales. Ya saben ustedes que Dios Nuestro Señor da ciento por uno.

—Sí, padre mío —respondióle la señora— cuente usted con algo que le dará Juan, y con otro algo que le daré yo, si ese asunto tiene el resultado que todos nos prometemos. El ministro inglés nos prestará su apoyo; así se lo ha asegurado a Juan el licenciado Montenegro... Y... hablando de otro asunto; ya veremos de arreglar las honras fúnebres de Eugenia... Vaya usted pensando en ellas... Juan y yo deseamos que el servicio sea solemne y suntuoso: en la Profesa, en Santa Brígida, y, si fuere posible, en el templo del Sagrado Corazón.

—Por razones de recogimiento y devoción, preferiría yo mis ruinas, mi humilde iglesia de San Francisco de Sales...

—Pero —observó doña Carmen—, como usted comprenderá, sería molestar demasiado a nuestros invitados...

—"¡Eco signora!" Comprendo, comprendo... Yo arreglaré todo. Por acá me tendrá usted uno de estos días, y hablaremos del asunto.

Y volviéndose a don Juan, díjole dulcemente:

—Vamos... dígame usted: ¿a cómo le han ofrecido a usted ayer las acciones de "Cinco Señores"?

Siguieron hablando de negocios de minas. Margarita no oyó más, distraída por su primo, que le elogiaba calurosamente una novela de Ferdinand Fabre.

Don Cosme y el doctor Fernández examinaban atentamente en un álbum de Roma una vista de la Basílica Vaticana. El canónigo se complacía en describir el maravilloso templo cuyas proporciones tenían asombrado a su discreto y piadoso amigo.

Allá en el fondo de la antesala, Juan y Elena conversaban en voz baja.

—¿Por qué no, Elenita? —repetía el mozo con acento apasionado—. Óyeme; que me oigas te ruego; ¿me acusas de que hago vida de disipación y de placer? Bien: confieso que no soy un santo. ¿Me acusas de que no gusto de la vida del hogar? Comprendo, niña mía, que el hogar, para que nos sea grato, debe arder en amor.

—¿Qué mayores afectos que cuantos en el tuyo te brindan el amor de tus padres y el cariño de tus hermanos?

—Ese amor y ese cariño, Lena, son míos... Estoy seguro de ellos... Me es grata la casa de mis padres, pero mi juventud, ansiosa de agitación, de movimiento y de vida, no se aviene con la tranquilidad de la familia. Déjame ser así, o ámame, Elenita, como yo te amo. ¡Eres adorable! Lo que con otros fuera en ti motivo para despertar melancólica y dulce amistad es para mí fuente de amor profunda, de pasión inmensa... Si pudieras verme, leerías en mi faz pálida: que te amo con toda el alma.

Una lágrima dolorosa cayó sobre las manos de la ciega, lágrima que por un instante tembló en las pestañas de aquellos soberbios ojos negros, limpios, hermosos y sedientos de luz.

—¿Quieres —prosiguió el pálido mancebo, inclinándose hacia su prima, y bañándola en el aroma enervante del pañuelo que tenía en la mano—, quieres que ame la tranquilidad de la vida doméstica, que huya de amigos, fiestas y cacerías? ¿Quieres tenerme siempre a tu lado? ¡Pues... di que me amas!

—Juan... —murmuró la ceguezuela.

—Respóndeme... —repitió el joven en tono suplicante y dolorido.

—Si te dijera que te amo... acaso no mentiría... pero no me juzgarías bien.

—¡Elena! ¿Qué he de hacer?

—Esperar.

—¿Esperar?

—La esperanza es hija del amor y de la ilusión...

—Poética estás...

—Esperar.

—Elenita...

—Esperar.

—Esperaré.

En aquel memento llegaron Pablo y Ramoncillo.

XLIII

Espléndido estuvo el banquete, al decir de María. El capitalista obsequió cumplidamente a sus invitados, y desplegó en él inusitado lujo.

De tan brillante fiesta hablaron los periódicos y hablaron como el caso merecía, como que buen cuidado tuvo don Juan de mandar a dos de los principales periódicos de información, y muy particularmente a *El Nacional*, apuntes muy exactos: lista de los comensales, descripción de los salones, del comedor y de la mesa, el "menú", y crónica del concierto, en el cual, según costumbre europea, cantaron y tocaron artistas de los teatros, y varios profesores del Conservatorio.

Pero antes de que el concierto terminara, don Juan y su esposa, en momentos en que varios concurrentes los felicitaban por el éxito y los esplendores de aquella reunión, comunicaron a sus amigos que una mala noticia, recibida esa misma noche, los tenía tristes y apenados; la noticia llegada por telégrafo era de lo más dolorosa: Eugenia, la esposa del general Surville, estaba en peligro de muerte.

Corrió por los salones la noticia, languideció el entusiasmo, los tertulianos se apresuraron a manifestar a los anfitriones su condolencia, los profesores del Conservatorio tocaron un quinteto de Mozart, y acabó la fiesta.

Don Juan, al despedir a sus invitados en la antesala, les decía:

—Agradezco de todo corazón tantas finezas. ¡Quisiera Dios apartar de nosotros la desgracia que nos amenaza! No sería raro que dentro de pocos días invite a ustedes otra vez: pero no para una fiesta... sino a un servicio fúnebre.

Doña Carmen repetía a sus amigas:

—¡No hay que desconfiar de la misericordia de Dios!

Cuando el capitalista se retiraba a descansar, dijo a su esposa:

—El asunto va por muy buen camino... El resultado será soberbio. Sabes que ese buen P. Grossi es muy listo... Me hizo algunas indicaciones; las encontré acertadas; seguílas al pie de la letra, y el resultado ha sido excelente. Habrá que darle algo para su iglesia.

—A mí lo que no me agrada del P. Grossi, es su dulzarronería... Me parece un hipócrita. ¿Has observado cómo exagera su piedad?

—¡Y cómo sabe sacar el dinero!

—¡Por Dios, Juan! Ya te vas pareciendo a Juanito... Ese muchacho es un deslenguado. Le reprendí esta mañana. No le cae en gracia el P. Grossi, y dice de él que es un explotador de la piedad de los ricos... Lo cierto es que su iglesia está muy bien atendida... y que la obra que va a emprender saldrá maravillosa...

—El buen italiano es hombre de negocios. En una semana ha hecho a mi sombra (dírelo de paso) tres operaciones con papel de "Cinco Señores" y ahora quiere lucrar con papel de "La Asunción" y de "El Corazón de Jesús y Anexas". Téngole dicho que espere; que no recibiré informes verídicos, y que no se fíe de lo que le cuenten los ingenieros esos que estuvieron aquí ayer, ni tome por lo serio a los "coyotes", porque unos y otros son más listos que él, y cualquier día, si cede, perderá algunos miles de francos. Dejemos en paz al P. Grossi. ¿Cuándo nos daremos por sabidos del fallecimiento de Eugenia? ¿Qué opinas tú?

—Allá, a principios de julio...

—Temo que antes del quince de julio lleguen las esquelas de Surville...

—Tienes razón... No había yo pensado en eso. Tampoco se le ocurrió esto al P. Grossi. Por cierto que ya le hablé del servicio fúnebre. Él quería que fuese en su iglesia... Convine con él que en San Francisco... Es un templo céntrico y elegante. En San Francisco o en Santa Brígida...

—Donde tú quieras... Pero me parece que el P. Grossi no las tiene bien con los jesuitas... Allá en Florencia, cuando publicó su librito acerca del Papa y la Unidad Italiana en la *Civiltá*... En fin, una polémica muy larga... Creo que por eso emigró a México el excelente P. Grossi.

—Pero él es listo... y arreglará todo.

—¿Y no invitamos al Dr. Fernández? Me parece... Tienes razón...

—Mira: que el P. Grossi arregle el servicio en la Profesa, y que el doctor Fernández sea quien cante la misa...

—Está bien... Pero... ¿cuándo?

—El día dos daremos la noticia, y el servicio será tres o cuatro días después, ¿no te parece?

—Mañana telegrafiaré a Surville...

—Dile que te remita las esquelas, que tú, aquí, cuidarás de que sean distribuidas... Vienen, se hacen otras, y se muda la fecha...

—Conformes... Tengo ansia de saber cómo testó Eugenia ...

—Pronto lo sabrás... Ya conoces a Augusto...

—Me tiene triste la muerte de Eugenia. ¡Fue siempre tan buena y tan cariñosa conmigo!

—A mí lo mismo... Pero, ¡qué se ha de hacer!

—¿No temes que Dolores y las muchachas estén quejosas de nosotros, porque no vinieron a la fiesta?

—¡Adiós! ¿Por qué?

—Yo no quise invitarlas... porque las pobres, lo mismo que los chicos, no tienen trajes apropiados. Ya veremos cómo se enmienda esto... Habrían sido una nota discordante.

—Yo creo que no habrían venido. Tú estuviste imprudente... Casi dijiste que no vinieran...

—Y si aceptan y vienen...

—Es verdad.

—Mañana irá a verlas Juan. Mandaré a Alfonso y a María... Me interesan esas pobres muchachas; particularmente Elena.

—Ahora heredarán...

—No será mucho que digamos, y eso si Eugenia no varió de resolución...

—Ya lo sabremos...

—Y... ¡hasta mañana! Mejor dicho, ¡hasta luego!

—¿Oíste? Las dos de la mañana.

Y don Juan se retiró a su alcoba.

XLIV

En casa de don Juan hizo conocimiento el P. Grossi con la familia de doña Dolores y al otro día el dulce italiano se presentó de visita, a eso de las once...

—¡Ave María Purísima! —exclamó beatíficamente al entrar—. Señora mía... señoritas... Aquí tienen ustedes a este pobre clérigo, que viene humildemente a presentarles sus respetos y a ofrecerles sus servicios...

El P. Grossi fue muy bien recibido.

—¡Vaya! ¡Vaya! —exclamaba— Tenéis una bonita casa... Bien se conoce que en ella anduvo cuidadoso el celo amable de mi amigo don Juan. Yo le vi, y le vi muchas veces, que venía a ver si la obra marchaba, ansioso de verla terminada, y más ansioso aún de que llegaran ustedes... ¡Buena persona es mi señor don Juan! Es un hombre singular. Yo le quiero y le estimo en cuanto vale... Y... ¡Vale mucho, mucho! Observo en él cierta dualidad de carácter, aquella de que hablan unos paisanos míos, no recuerdo si Maquiavelo en su *Discurso sobre tiro Livio* o Ficino; cierta dualidad que me llena de admiración. En don Juan hay dos hombres, ¿capite? El uno: el comerciante, el hombre de negocios, con algo, mucho, de anglosajón, o de aquellos mercaderes del tiempo de Lorenzo el Magnífico. El otro: el cristiano, el piadoso, el perfecto católico. En él superabundan desprendimiento y liberalidad: de ello darán testimonio ustedes mismas, como lo dan tantas y tantas obras piadosas por él favorecidas; los jóvenes levitas que le deben carrera; el Seminario ese que, en muy buena parte, está sostenido por él; y como habrá de serlo mi pobre iglesia de San Francisco de Sales.

Las señoritas le escuchaban atentamente. Doña Dolores murmuró una palabra en elogio de su cuñado.

—Y, por Dios, hijas mías —prosiguió, dirigiéndose a Margarita—, que venís a tiempo, y que me prestaréis ayuda eficaz, en bien de mi ermita... Nuestro Señor os pagará con creces vuestros afanes. ¡Ya sé yo, ya sé yo! —dijo en tono insinuante y cariñoso—, cómo allá en Pluviosilla erais colaboradores muy eficaces de los capellanes de una iglesia, y cómo los diligentes hijos de San Ignacio os deben mucho... Hijas mías: mi orden es más modesta; una congregación de humildes misioneros, destinados por la Divina Providencia a la salvación de los humildes y de los menesterosos... Nosotros no somos soldados, ni tenemos generales, ni acumulamos pabellones... No somos más que las abejitas de las colmenas del Señor, consagrados también a meditar en su pasión cruenta. Vengo a pediros ayuda... No de dinero, que bien sé que sois pobres, por más que el óbolo de la viuda valga tanto a los ojos del Salvador como las dracmas del potentado, el cual daba seis veces más que la otra. No; no me daréis dinero; pero me ayudaréis a pedirle...

—Pero, señor ... —interrumpióle Margarita.

—Hija: ¿me contestas con "peros"? —respondió el P. Grossi afablemente.

—No le gusta a mi mamá que pidamos... Ni allá en Pluviosilla, donde éramos conocidas de todos... No le gusta eso... ¿No es verdad, mamá?

Doña Dolores contestó con un movimiento de cabeza afirmativamente.

—¿Ya lo ve usted? Aquí nadie nos conoce... Acabamos de llegar.

—¡Sea por Dios! Mira, hija: deseo organizar una junta de señoritas piadosas, así como vosotras; de buenas y activas muchachas, que colecten donativos para mi obra... Cuento ya con muchas... y de lo mejor y de lo más distinguido de Tacubaya... De manera que iréis en buena compañía... ¡Las buenas compañías, hijas! ¡Las buenas compañías! ¡Si supierais cuán útiles suelen ser tanto para la salvación del alma como para los intereses temporales! Más de una joven modesta y olvidada de la fortuna, se ha colocado brillantemente merced a sus amigas de alta clase... Se estrechan las relaciones, hay hermanos que son buenos partidos para una joven y... como Dios guía a los hombres por los caminos mas ocultos... el resultado ha sido la formación de nuevos y piadosos hogares.

Doña Dolores permaneció seria y silenciosa; Margot hizo un gesto de disgusto. Elena fue la que, colérica e irreflexiva, contestó:

—Será... ¡pero si nosotras no estamos deseando encontrar buenos partidos!

Intervino la madre:

—No, padre: no me gusta, ni a mi marido le gustaba, que estas niñas pidieran... Ellas ayudarán a usted de otra manera... y lo harán con sumo gusto.

—Preocupaciones, hija. Ya verás cómo mi amigo don Juan las persuade... Además, deseo organizar una hermandad de niñas devotas, de la cual espero obtener frutos copiosos de vida eterna... Y otra de muchachos, de jóvenes religiosos. Los jóvenes religiosos han sido los mirlos blancos... Cuento con estas señoritas, y cuento con los jóvenes. Unas y otros tendrán en este pobre clérigo un cariñoso capellán, lo mismo que usted, mi excelente señora.

—Con mucho gusto, padre, con mucho gusto... Tanto estas niñas como los muchachos tienen confesor... El P. Cangas de Santa Brígida, a quien los recomendó desde Pluviosilla el P. Anticelli...

—¡Dos varones insignes! —respondió el P. Grossi— El uno, buen director de almas; el otro, un erudito.

Y variando de asunto, siguió diciendo:

—¿Estáis contentas aquí? Sí; la casa es bonita... Me place...

Y sacó del bolsillo una cajita, dentro de la cual había a granel muchas medallas de cobre.

—Tomad —dijo, distribuyendo— para usted, señora; para vosotras; para esos mozos.

En aquellos momentos se presentó Juan.

Saludó con respeto a su tía y al clérigo, y cariñosamente a sus primas

—Aquí me tenéis... vengo a pasar el día con vosotras.

—Bienvenido, muchacho.

—Gracias, tía. Alfonso vendrá más tarde, con Pablo, cuando mi señor primo salga del escritorio... Y esta tarde nos iremos de paseo. Ordené que me mandaran el coche. Mamá y María no saldrán. Quieren descansar... Figúrense ustedes que aquello se acabó a las dos de la mañana. Mucho sentimos todos que no hubieran ido ustedes...

—Vienes cuando yo me voy dijo el P. Grossi—. Es hora de refectorio.

—Comerá usted con nosotros, padre —dijo la señora.

—Gracias. ¡Adiós! Espero a estas niñas el domingo a las diez... Tendremos la primera junta ese día. ¡Dios nos ayudará! Esos muchachos, que vayan cualquier día. El arreglo de la hermandad esa todavía está en proyecto... Nadie se mueva... Yo conozco el camino.

La señora acompañó al P. Grossi hasta el corredor

XLV

Desde ese día, a menos que las señoritas estuvieran en México, lo cual no era muy frecuente, Juan y Alfonso se pasaban las tardes en casa de sus primas.

Mientras Juan y Elena conversaban en el balcón, Alfonso y Margarita charlaban en la sala. Doña Dolores iba y venía, o hacía labor en la pieza inmediata.

Solían ir de paseo: a la Alameda o a Chapultepec, ya con la señora, ya acompañados de Ramoncillo.

¡Qué de veces la lluvia veraniega los obligó a salir del bosque para ir de carrera al coche, o a tomar el tranvía! ¡Cuántas otras no regresaban hasta entrada la noche, a la hora en que los guardas iban a cerrar las puertas del famoso parque!

Alfonso no se había atrevido a decir amores a Margarita; pero sin duda alguna que en una y en otro estaba encendida la chispa. Margot distinguía y prefería a su buen primo; encantábale la elegancia del mozo, no menos que su melancólica displicencia, y le interesaba la tristeza de aquella alma que parecía como entenebrecida por un desengaño, cuando el corazón abre sus primeras rosas al vientecillo plácido y embalsamado de las más puras ilusiones. Era inteligente el mancebo, y no sólo inteligente, sino culto: hablaba inglés, francés e italiano; seguía con empeño el movimiento literario de Francia; se sabía de memoria versos de Lamartine, de Musset, de Hugo, de Verlaine, de Baudelaire y de todos los poetas de la última generación; sabíaselos muy bien, y los recitaba con acento netamente francés, y por modo muy elegante y artístico, como que había recibido lecciones de Coquelin, de quien había sido predilecto discípulo.

Alfonso no tenía la verba abundantísima de su hermano, ni la audacia de este para pensar y discurrir; el fondo de su carácter era serio, y a pesar de haber sido en París, durante algunos años, verdadera flor de asfalto, conservaba cierta frescura de sentimientos, muy en armonia con su manera de vivir y de pensar. Traído y llevado por el tempestuoso mundo de los placeres parisienses, no había corrompido su corazón en él.

No era una alma sana, pero de fijo que no era un ser corrompido.

En ideas y sentimientos convenían los primos, y ya en el piano, ya en el bosque, aquellos dos corazones palpitaban al unísono.

Margarita amaba a Alfonso, pero cualquier observador perspicaz habría comprendido a poco que en el afecto de la blonda señorita había algo de cariñosa compasión; algo como el anhelo de hacer que aquella existencia entristecida recobrara la juventud e ingenua alegría que desengaños y desilusiones le habían arrebatado. Deseaba Margot que su primo fuera franco; que alguna vez le confiara aquella historia que tan prematuramente le había quitado con la regocijada alegría de los veinte años, el anhelo de amar y de ser amado. Pero Alfonso no tocaba nunca ese punto, y vanos fueron los ardides de la rubia señorita para que su primo depositara en ella su confianza.

A su vez el mancebo estaba prendado de su prima. Cautivábanle la hermosura y el ingenio de Margarita; le seducían su talento y su natural y modesta expedición, y le tenían rendido la gallarda y la singular belleza de la joven. Y se decía: ¿Amo a Margarita? Tal vez. Pero si yo le digo que en el fondo de mi corazón tengo para ella un afecto, un cariño, que no es el de un pariente, no puede dar crédito a mis dichos porque sabe muy bien, ¡vaya si se lo tiene bien sabido!, que tempranos y crueles desengaños me amargaron la vida. Ella es discreta, muy lista, muy lista, de sentimientos exquisitos, delicada como una sensitiva, y ni puede ni debe dar oído a mi amor...

Y así pasaban los días, y de aquel amor eran intérpretes por ambos lados Chopin y Saint Saens, Mendelssohn y Gounod. A veces en labios del mozo hablaban Coppée y Gautier...

Cierta tarde, precisamente el día en que don Juan comunicó a sus amigos, en elegantísimas esquelas, redactadas en francés, el fallecimiento de Eugenia, iban Margarita y su primo en el bosque, a lo largo de una larga calle de abetos. El sol se ponía dulcemente, y al morir doraba el firmamento y las lomas, y las arboledas últimas del parque se destacaban sobre un fonda gualda. Ni Margarita ni Alfonso hablaban, absortos ante la hermosura del paisaje.

El mancebo rompió el silencio, diciendo, con cierta entonación melancólica, delatora de secreta añoranza, los primeros versos del célebre e incomparable soneto de Arvers:

"Mon âme a son secret, ma vie a son mystére: Un amour éternel dans un momento conçu..."

—¡Lindos versos! —exclamó Margarita apoyándose dulcemente en el brazo de su primo— ¿De quién son? ¿Tuyos?

—¡Ojalá! De Arvers... Un poeta cuya gloria perdura en este soneto, en catorce versos de expresión apasionada y dulce... Dicen que fueron dedicados a la hija de Nodier o a Mme. Víctor Hugo... Alguien ha dicho que este soneto es una lágrima caída de los ojos de un poeta en momentos de inspiración... y luego... convertida en perla.

—¿Lo sabes todo?

—Sí.

—Recítalo.

Detúvose Alfonso, y, con acento enamorado y triste, murmuró dulcemente, casi al oído de su compañera, el inolvidable poema.

—Vuelve a decirle.

El mozo repitió el soneto con voz trémula y profundamente apasionada.

AI terminar la recitación, Alfonso miró fijamente a su prima... Esta bajó el rostro, y siguió andando. De pronto se detuvo...

—¿Sabes?

—¿Qué?

—Ese soneto... parece que, en cierto modo, es un eco de tu corazón...

Inmutóse Alfonso.

—¿Por que dices eso, Margot?

—Porque sí.

Y siguieron avanzando silenciosamente...

AI fin habló Margarita.

—Sí, ¿no es verdad que en tu corazón hay un secreto y en tu alma un misterio... que entristecen tu corazón...?

Alfonso no respondió.

—Vamos, señor mío... ¿No merece Margot el favor de esa confianza? Cuéntame esa novela... ¿Novela? No; ese poema triste.

—Pues oye, prima mía.

XLVI

—Primita mía, escucha mi novela.

—¿Es muy interesante?

—Tú dirás.

—¿Es alegre?

—Creo que no.

—¿Triste?

—Parece serlo.

—¿Realista?

—Sí; y de buena cepa... Más bien, romántica.

—¿Romántica y realista?

—No son términos antitéticos.

—Señor mío: cualquiera diría que, convertido en crítico, pontificas en la más grave de las revistas inglesas.

—¡Margot!

—Sentémonos aquí, en este tronco, de cara al sol que muere, bajo estos arboles vetustos; que bien merece la triste historia de ese amor... desdichado, el ser contada en este sitio melancólico, ante los esplendores del occiduo sol.

—¿Poetizas, soñadora?

—¡A crítico profundo... altísimo poeta!

Sonreía la blonda señorita, sonreía maliciosamente, mientras su compañero callaba entristecido.

Sentóse la joven en un tronco cortado a cercen, y Alfonso en otro, cercano, tendido a la vera del camino.

Esperaba Margarita que su primo diera principio a la narración; pero este, echado el sombrero hacia atrás y apoyados los codos sobre las rodillas, jugaba con los guantes, cabizbajo y mudo...

—Habla —dijo Margot.

—Temo que te burles de mis tristezas y de mi... novela.

—¡Habla, Alfonso! Yo te lo ruego.

—Puesto que tú lo deseas, oye: era lindísima, encantadora...

—Así lo creo... Vi su retrato el otro día. Me lo enseñó María.

—La conocí en Niza, durante una temporada que pasamos allí con mi tía Eugenia... La conocí en un combate de flores... Su coche fue el premiado. Me cautivó la soberbia hermosura de aquella mujer que atraía las miradas y la admiración de todos. Dos días después vino a la casa de mis tíos, a una comido que ellos ofrecían a sus amigos para celebrar no se qué aniversario... Fui presentado; la llevé a la mesa, y desde esa noche...

—Entiendo. Fueron amigos... y te enamoraste locamente.

—Ruth se llama... Su padre es muy rico... Es un banquero judío residente en Burdeos.

—¿Y pensaste en casarte con una judía? ¡Por Dios, primo! Me alegro del fin de esos amores...

—No tendría eso nada de particular... En Francia, en toda Europa, hay matrimonios de esos todos los días... La más alta nobleza de Francia, la más antigua, no tiene escrúpulo para esos enlaces...

—Por el dinero ...

—Te encuentro antisemita

—¡Y yo te encuentro... judaizante! Además, nosotros no somos nobles... ¿Recuerdas aquello, precisamente del libro de Ruth... "tu Dios será mi Dios, tu pueblo será mi pueblo"? La religión es todo para el cristiano...

—Para mi la religión... No soy irreligioso... No encuentro en la religión, como algunos, motivo para halagar mi vanidad y dar suelta y empuje a mis altiveces ... Odio a las gentes gazmoñas... Creo porque amo... Amo porque creo. No soy, como mi hermano Juan, indiferente a cosas tan altas... Juan, más que indiferente, es descreído... Creo firmemente en la fe de mis padres; soy católico; lo soy por educación y por convicción; pero ciertas prácticas y ciertas preocupaciones no se avienen con mi carácter ni con mi manera de ser y de sentir. Advierto que aquí las prácticas religiosas tienen mucho de hábito, de costumbre; me parece que falta en las personas más piadosas la verdadera ilustración católica. Dime: ¿qué motivo hay para reprobar un enlace por disparidad de culto?

—¡Primo mío, primo mío! Es necesario ilustrar a usted. Toda la ilustración católica está en el catecismo... Sí; me felicito de que esos amores se hayan malogrado...Vamos a la novela.

—A ella voy.

—Ruth... ¡bonito nombre!, no te quiso.

—Era una niña frívola... pero ¡tan hermosa!

—Te engañó.

—Sí. Mis padres aprobaban mi elección.

—Naturalmente.

—¿Por qué dices eso, Margarita?

—Naturalmente: era joven, bella, elegante, distinguida, de exquisita educación... millonaria, ¿no es verdad?

—Sí; pero tú lo dices por lo último

—¡A qué negarlo!

—El padre de Ruth no se oponía a nuestro enlace.

—¡Tanto mejor! Pero un día...

—Un día, sí, aquel idilio...

—Hebreo... ¿no es así?

—¡Margot!

—Aquel idilio aristocrático, flor espléndida de la "high life" francesa, se convirtió en tragedia.

—Un agregado de embajada, un joven inglés de hermosa presencia, con riquezas en India y castillos en Escocia, vino y...

—Y todo acabó, ¿no es cierto?

—Sí.

—No sigas. Te ahorraré los comentarios... ¡Vámonos!

Margarita se levantó, levantóse Alfonso, y siguieron hacia el fondo del bosque, por donde iban Juan, Elena y Ramón seguidos del carruaje.

—Pues ahora, primo mío, vas a escucharme... Celebré tu desgracia. ¿Por qué? Por lo que ya he dicho, y porque tu alma dulce y bondadosa necesita de algo más que de una heredera judía, bella, elegante y opulenta. O mucho me engaño, o para ser feliz lo que te conviene es una... cristiana, sencilla, modesta, cariñosa, que viva para ti, ajena a las vanidades de la sociedad opulenta en que has vivido. ¡Si creo que en este mundo te han envenenado el alma y te han marchitado el corazón! Alfonso, aleja de ti los recuerdos de esa mujer. Olvida ese desengaño... ¿Quién no lleva en el fondo del corazón tristes memorias de una dicha malograda? Vive para ser dichoso. ¿Qué te falta para conseguirlo? ¡Nada! Quererlo. Tu corazón ahora mustio y sin aliento, volverá a amar... Pero óyelo bien, óyelo, Alfonso: mira en quién pones tu amor y en quién fijas tus afectos. Eres demasiado romántico primo: ni novelas lamartinianas, ni novelas de Zola... La vida no es perfectamente buena ni perfectamente mala... Si crees porque amas y si amas porque crees, ajusta tu vida a lo que te ofrecen esos dos ideales. Dios mandará a tu alma benéfica lluvia de santos afectos, y tu corazón, ahora mustio, volverá a florecer, como esas plantas que tienes delante, cuando pase el invierno. ¡No me gusta tu novela! ¡No me gusta esa tu literatura poética, no me gusta! Procure el novelista que en la segunda parte de su libro haya mas sencillez y... más acierto.

—¡Eres cruel conmigo, Margarita!

—Acaso. ¿Sabes por qué?

— ¿Por qué?

—¡Porque te quiero mucho, Alfonso!

XLVII

Ese mismo día principió el duelo en la casa de Collantes. Se distribuyeron esquelas; fueron cerrados los balcones; quedaron entornadas las puertas del despacho, y sobre la clave del portón colocaron los criados un gran moño negro.

Desde ese día lucieron cocheros y lacayos correcta y elegantísima librea de luto, y doña Carmen, en la antesala, y don Juan en ésta y en el escritorio se mostraron de lo más tristes y apenados por la inesperada pérdida de aquella hermana tan querida.

Acudieron a la casa secretarios del Despacho, diplomáticos, banqueros, periodistas, y cuantos amigos tenía nuestro don Juan.

—¡Quién pensara —decía el P. Grossi, en medio de un gran círculo de personas, hablando dulcemente con uno de los próceres más opulentos de la ciudad metropolitana—, quién creyera que a la brillante fiesta del día 24, sucedieran estos penosos días de dolor y de duelo! ¡La muerte, amigo mío! ¡La muerte acecha nuestros pasos, como ladrón furtivo! Hay que estar alerta, porque no sabemos en qué día ni a qué hora llegará el Hijo del Hombre. La idea de la muerte no debe apartarse nunca de nuestra mente, señor mío...Preciso es vivir prevenidos, dispuestos a emprender ese largo viaje, del cual no regresan nunca los viajeros. Hay que sembrar, hay que sembrar virtudes y caridad para recoger óptimos frutos de salvación. No conocí a la generala; pero me dicen todos que Mme. Surville era un ángel de bondad y de dulzura, un tesoro de piedad... ¡Ya habrá recibido en el cielo la merecida corona!

Multiplicábanse los amigos en aquel palacete, y en la portería llovían tarjetas y cartas; los días aquellos fueron para María por extremo fastidiosos, lo mismo que para Juan y para Alfonso; pero éstos, que no estaban obligados a permanecer en la casa, se pasaban las horas en su casa, de charla con sus primas.

Doña Dolores y sus hijas vistieron luto, y se disponían a encerrarse durante nueve días, hasta que pasara el servicio fúnebre, que fue dispuesto y organizado en la Profesa, como era del caso, por el excelente P. Grossi, quien no sólo arregló lo referente al túmulo y a la misa, sino que se entendió con el maestro Campa para lo relativo a la parte musical.

—¡Mío caro maestro! —exclamaba el clérigo, hablando con el talentoso compositor— ¡Mío caro artista! Música doliente, que arranque lágrimas, que avive nuestra fe, que encienda en caridad nuestros corazones y que nos hable de las eternas esperanzas.

El italiano pedía música italiana, y recomendaba, no sé qué autores, pero el discreto compositor supo conseguir, no sin trabajo, que se le dejara en absoluta libertad respecto a tal punto. El respondería del éxito, acerca del cual las personas inteligentes quedarían satisfechas.

Arreglados estos asuntos, el P. Grossi, cuyas aptitudes decoradoras eran patentes, dedicóse a dirigir y vigilar la construcción del túmulo, para lo cual solicitó la cooperación de Pina. Tuviéronse a la vista muchas fotografías de San Pedro de Roma: el sepulcro de Cristina de Suecia dio la idea principal, y el conjunto fue decorado con las armas de la familia Surville.

Diariamente concurría el P. Grossi en casa de don Juan para dar cuenta de la comisión que se le había confiado; y cuando el túmulo quedó concluido, una semana antes de los funerales, don Juan y doña Carmen, con todos sus hijos, fueron a la iglesia de San Francisco de Sales para ver la obra, la cual dejó a todos muy contentos.

María indicó la conveniencia de que a los blasones de los Surville se unieran en el túmulo los de la familia Collantes, un escudo cuartelado con castillos y estrellas. Era dudosa la procedencia de tales armas, no registradas acaso para la heráldica española, y las cuales se remontaban, al decir de don Juan, que se decía poseedor de vieja ejecutoria, a un buen caballero asturiano y a las centurias de la reconquista del suelo hispánico, bajo las banderas de San Fernando.

Diose gusto a la niña, no sin leal y disimulada oposición de Juanito, y el P. Grossi se apresuró a ordenar que los pintores copiaran el blasón, tomándole de un pliego de papel que proporcionó la señorita.

—¡Qué blasones ni qué nobleza! —repetía Elena cuando Juan le refirió lo acaecido— No hay más nobleza que la de la inteligencia y la del corazón. Nosotros, por la rama pa-

142

terna, descendemos de un honrado especiero que por muchos años vendió en Veracruz aceite y almendras, y que procedía de muy sencillos labradores oriundos de Ramales, allá por las montañas santanderinas; por la línea materna descendemos de unos andaluces cultivadores de tabaco en Villaverde, y establecidos en la Florida después de la expulsión de los españoles. Un zurrón de almendras, una botita de aceite y unas matas de tabaco vendrían como de encargo para el túmulo... ¡Qué blasones ni qué castillos! Para blasones, don Cosme Linares, y el otro don Cosme, que se dice descendiente de un virrey... Como que por eso llevan el mismo nombre... ¡Ni los Medicis!

Y Juan y Alfonso, y Ramón y Pablo, y Margarita y doña Dolores, reían a más no poder con las murmuraciones de la ceguezuela.

—¡Por Dios, Lena! —díjole la dama—. Calla, hija mía, que ya te vas pareciendo a Conchita Mijares.

Los muchachos se fueron: Pablo al escritorio y Ramoncillo con varios condiscípulos y paisanos suyos, que a la sazón estudiaban en México, unos en jurisprudencia y otros en medicina. Juan y Alfonso propusieron ir a Chapultepec.

—Pero, muchachos... —respondióles la señora— si estamos de luto.

—Sí, tía, es verdad... —suplicó Alfonso— pero qué hay con eso... Además, nadie conoce aquí a las muchachas.

Y tanto rogaron Juan y Alfonso, que doña Dolores hubo de ceder.

—¿Vais a pie?

—Iremos en el tranvía.

XLVIII

Los funerales de la señora de Surville fueron magníficos y en ellos estuvieron reunidas las personas más distinguidas de la sociedad mexicana.

La decoración del soberbio templo era de las más severas, y el túmulo ideado por el P. Grossi mereció elogios de todos los concurrentes.

Por deseo de doña Carmen, las coronas fueron de violetas —la flor bonapartista— y guirnaldas violáceas circuían los blasones de las familias Surville y Collantes.

Celebró la misa el doctor Fernández; el P. Grossi cantó el Evangelio, y un clérigo joven, protegido de don Juan, cantó la epístola.

Al esplendor supremo del servicio contribuyó oportuno monseñor Fuentes, quien, llegado la víspera para los preparativos del Concilio, no tardó en presentarse en el palacete de Collantes.

—Asistiré a las honras, si ustedes lo permiten —dijo—, que buenas memorias hago de Mme. Surville, la cual me hospedó en su casa cuando estuve en París, al regresar de Roma...

Muy agradecidos los señores, se apresuraron a dar aviso al P. Grossi para que arreglara lo necesario...

E hízolo a maravilla, con el lujo que el caso requería; asistió el prelado y dio la absolución, rodeado de clérigos y de monaguillos, y con toda la pompa de un obispo elegante, inteligente, educado a la sombra del Vaticano, firme en su dignidad y convencido del poder que tiene sobre la multitud el ceremonial grave y solemne de la liturgia católica.

Ardían en el temple centenares de cirios, y la orquesta dirigida por batuta tan segura como la del maestro Campa, llenaba el sagrado recinto de nobles e inspiradas armonías.

Terminó el oficio a las once, y el prelado, el celebrante y sus compañeros con algunos otros amigos de don Juan, fueron a la casa de este para acompañarle a la mesa.

Fue aquel almuerzo un verdadero banquete, en el cual alardeó el capitalista de su riqueza y del inusitado lujo de su comedor.

Luego que se retiraron los invitados, bajó don Juan al escritorio para despachar su correspondencia, seguido de Pablo, que le servía de secretario, y de cuya laboriosidad y expedición estaba más contento cada día.

—¡Estoy muy cansado, sobrino! Abre las cartas, y dame cuentas de ellas. Obedecióle el mozo... y leyóle dos o tres referentes a asuntos mercantiles, las cuales fueron reservadas para otro día. Enseguida se trató de diez o doce cartas de pésame, procedentes de Francia...

—¿No viene alguna de Surville?

—Sí; ésta. Y con ella una para mi mamá.

—Dámelas...

Abrió don Juan la carta de su cuñado; leyóla atentamente; dejóla en la mesa, y luego, sin ocultar su contrariedad, dio al mancebo una carta...

—Toma... es para tu mamá.

Mal disimulaba el capitalista la impresión desagradable que le había causado la carta de Surville; volvió a leerla, y concluida la lectura, estrujó el papel, y levantándose, murmuró:

—Despacharemos mañana. ¿No hay otra cosa?

—No.

—Mañana. Nada urge.

144

Y agregó:

—Parece que Eugenia se acordó de ustedes al testar... Me dice Surville que hay un legado para Lola... ¡No será muy grande! Me hace algunos encargos acerca de eso... Ya hablare con tu mamá. Llévale la carta... Vete, y procura venir mañana a buena hora.

—Siempre llego oportunamente, tío.

—Sí; pero mañana te necesito media hora antes de la hora acostumbrada.

-Estaré aquí

- Dia tu mamá y a tus hermanas que mañana las espero a almorzar. Si ramón quiere venir, que venga. ¿Quiéres acompañarnos también?

- Bien, sí...

—En la tarde trabajaremos mucho.

Don Juan guardó en el bolsillo la carta de Surville, salió del escritorio, y paso a paso se dirigió hacia la escalera.

Pablo arregló sus papeles, guardó todos en un "chiffonier", tomó el sombrero, dijo adiós a sus compañeros y se fue.

Llegó Pablo y puso en manos de doña Dolores la carta de Surville.

En ella el general, inconsolable de la pérdida de su esposa, "ma brave et tres chère épouse et campagne" —decía— le comunicaba tamaña desventura, que no por haber sido esperada era menos dolorosa, y le comunicaba que la excelente señora, cariñosa, como siempre con los suyos, y teniendo en cuenta las circunstancias pecuniarias de la familia, había hecho modificaciones a su testamento, pocos días antes de morir y dejaba para dotar a Margarita y a Elena, pero directamente a doña Dolores, cincuenta mil francos; que dentro de pocas semanas se procedería al arreglo de todo, y en su oportunidad, la mencionada cantidad quedaría a disposición de quien debiera recibirla.

XLIX

Como lo deseaba el capitalista, al siguiente día doña Dolores y sus hijos comieron con él...

Después de la comida se habló de Eugenia y del General Surville.

—¿Qué te dice Augusto? —dijo Juan a doña Dolores—. Ayer te mandé con Pablo una carta que vino para ti.

—Me la entregó ayer tarde. Augusto me da noticia de los últimos momentos de Eugenia. Dice que desde hace varios meses perdieron los médicos toda esperanza; que él se esperaba la desgracia de un momento a otro, pero que su deseo y su cariño le engañaban, y se había dado a pensar que Eugenia viviría aún en octubre...

—Lo mismo nos dice a nosotros... ¿Y no te habla de las últimas disposiciones de Eugenia?

—Sí; me dice que recibió los últimos auxilios con suma entereza; que en tales momentos dio muestras de fe y de cristiana resignación... y que en su testamento consignó algo respecto a estas criaturas. Entiendo que se trata de unos encajes, de los cuales me habló varias veces en sus cartas. A principios del año recibí una en que me decía que las niñas se casarían pronto, y que se proponía hacerles muy buenos regalos el día de la boda; que ella tenía muy ricos encajes; algunos heredados por Augusto; otros que éste le había comprado en Malinas, cuando fueron a Bélgica, y otros más, entre los cuales estaba un velo de sombrilla, obra maravillosa, con la cual la había obsequiado la emperatriz Eugenia, al volver de Suez.

—¡Conocemos ese velo!... —exclamó María, acariciando un perrito de Chihuahua que le había sido regalado por el secretario de Comunicaciones—. ¡Es un encanto!

—Es una pieza valiosísima... —interrumpió doña Carmen—. Imagínate: una orla de hortensias, y en cada gajo el escudo de la emperatriz entre ramos de violetas... Ese velo... vale, sin atender a su procedencia y a su valor histórico, más de treinta mil francos... ¡Ya se ve! Regalo de una reina.

—Pues, hija, si ese velo nos ha sido regalado, no sé qué haremos con él —dijo Margarita— nosotras que somos pobres ... ¡Sería muy feo que usáramos esa presea!

—Podrían venderle... En Francia lo pagarían a muy buen precio... —murmuró don Juan—. Pero no piensen en eso, Lola... Eugenia habrá dispuesto de otros encajes, sí, pero no de esa joya, que Surville, bonapartista de buena cepa, conservará como un tesoro.

Se habló de otros asuntos: de los esplendores del servicio fúnebre; del talento de monseñor Fuentes; de la belleza de la esposa del ministro francés, y de la compañía de ópera que estaba próxima a llegar. La temporada principiaría a fines de agosto o en la primera quincena de septiembre.

María y doña Carmen lamentaban que el luto no les permitiría gozar de ese espectáculo.

—¿Por qué? –se apresuró a decir Juanito– Eso no es más que una preocupación... Por eso me gusta a mí vivir en París... Allí se pierde uno, cuando quiere, y no está uno obligado a respetar ciertas preocupaciones sociales ...

—Ya hablaba yo de eso con el P. Grossi... —dijo doña Carmen.

—¿Y qué opina, mamá?

—Dice, y dice bien, que no por escuchar a Tamagno, ni por oír el *Otelo* de Verdi, hemos de sentir menos a tu tía Eugenia ...

—Es cierto, mamá —replico Alfonso que, sentado cerca de Margarita, hojeaba un álbum de acuarelas—, pero... me parece una incorrección las que vean a ustedes en el teatro dos meses después de los funerales de mi tía... En nosotros los hombres nadie repara... pero en las señoras sí.

—¡Magnífico! ¡Magnífico! —exclamo María—, ¡lo de siempre! Para las pobres mujeres la exigencia más dura, la tiranía, la censura cruel... ¡Para ustedes tolerancia, libertad, disculpa!...

—No pierdan el tiempo en esas discusiones —dijo don Juan, interviniendo—de aquí a septiembre... nadie se acordará de que estamos de luto...Ya ordené que nos tomen una platea... Se va, o no se va... pero la platea estará a nuestra disposición. Si nosotros, al fin, no oímos a Tamagno... Lola, Margot y Elena irán con ustedes o con Pablo y Ramón.

—¡Nosotras no! —apresuróse a decir la señora—¡Cómo ha de ser eso!

—No, no; irán ustedes. Dile a Pablo mañana que me lo recuerde, y te mandaré dinero para que estas niñas se hagan algunos vestidos, y para que los muchachos se provean de ropa de etiqueta...

—¡Gracias, Juan! Mucho te lo agradezco; pero, a ser franca, debo decirte que no será para ir a la ópera... No me parece conveniente eso, cuando Eugenia acaba de morir...

—Dos meses en la vida social son dos años... Pablo: mañana llevarás dinero a tu mamá... Iremos a la ópera... Esas niñas no han de vivir como unas monjas, entre cuatro paredes... ¡a cada edad lo suyo!...

—¡Y vámonos!... —dijo la señora, levantándose—. ¿Dónde está Elena?

—En el gabinete... con Juan... Para allá se fueron hace un momento —contestó María.

Levantóse Margarita en busca de su hermana. Al volver, trayendo del brazo a la ciega, y mientras Juan salía para hablar con un criado y pedirle el coche, la blonda señorita dijo a la morena, en tono severo:

—¡Lena, por Dios! ¡No está bueno eso! No es correcto que te separes de nosotros para irte con Juan...

—¿Qué hay en ello de malo? —respondióle la joven.

—Nada, sin duda alguna; pero no me parece que haces bien... Ya hablaremos.

–¡Ya hablaremos! —contestó contrariada la ceguezuela.

L

A principios de septiembre, una mañanita, al volver de la iglesia, recibió Margot una carta que decía así:

"Mi buena y cariñosa amiga:

Ya me imagino lo que dirás de mí, que no he sido ni para escribirte cuatro renglones. Tienes razón, mucha razón, en quejarte de mí; pero, hija, considérame: figúrate que las fiestas han seguido en casa de Arturo; con motivo del santo de su mamá, primero, y luego para celebrar el cumpleaños del señorito de la casa. Tuvimos varios bailes, que todos salieron de lo mas bonitos. Hemos dado tres dramas: *Despertar en la sombra*, aquel drama que hacían tan hermosamente Concha Padilla y don Enrique Guasp; repetimos *Un drama nuevo*, y estrenamos *El esclavo de su culpa*, y *El sombrero de copa*. Ahora estamos ensayando *EL gran galeoto*; pero la representación queda desde hoy aplazada para diciembre, si es que no hacemos "posadas", como quieren las Aguilera, unas muchachas mexicanas, muy simpáticas, y de lo más alegres, que están aquí, con su hermano Óscar, que vino empleado a la fábrica del Albano. Yo prefiero que haya posadas por aquello de los bailecitos; que para comedias tiempo habrá después.

Tengo mucho que contarte, mucho, mucho, y de contártelo tengo siempre que me prometas no burlarte de mí y de lo que tú llamas mis sensiblerías. Hija: ¡qué quieres!... ¡Sin amor no se puede vivir! Y te contaré: he pasado días muy tristes, y estoy padeciendo mucho. No por él, que es bueno, y me quiere con toda su alma, sino porque tanto mi mamá como mi tía se oponen a estos amores, de tal manera que ya no querían dejarme ir a casa de Arturo, y de las posadas no les hables.

Pero como ya sabes que yo siempre me salgo con la mía, conjuré la tormenta, y ahora están más tolerantes, y por quitarme de la cabeza estos "delirios", como ellas dicen, no me contrarían en nada, y al tratarse de ir a México se han mostrado de lo más propicias. De modo que pronto nos veremos. Ya te hablaré de óscar. Es un muchacho muy bien parecido, finísimo y cariñoso como el que más. Ya leí en un periódico el elenco de la ópera. ¡Tengo unas ganas de oír a Tamagno! Óscar que le oyó la otra vez, dice que es sublime, particularmente en el Otelo de Verdi. Ya le oiremos juntas. Por acá chismean que es una gloria oír a las gentes. No se quién de aquí, que estuvo allá, contó al volver que tú y Lena se van a casar muy pronto con los primos que vinieron de Francia; que tú te casarás con Alfonso y Elenita con Juan. Dime lo que haya de cierto en este asunto, que así corresponderás a mis confidencias con otras confidencias. ¿Verdad que lo harás, primor?

Del diez al once me tendrás por allá. No se con quién iré; pero no faltará alguna familia con quien pueda hacer el viaje. Les avisaré por telégrafo.

Muchas cosas mías a tu mamá, a Lena, a Ramón y a Pablo. Para ti muchos besos, muchos, muchos, de esta tu infeliz amiga que te quiere con todo el corazón.

Conchita"

"P. D. Alguno dijo en casa de Arturo que ustedes estaban de luto por una tía que vivía. en París y que falleció hace pocas semanas. Yo he dicho que eso no es cierto, porque de serlo ya habría yo recibido la esquela de rigor. Sin embargo, me porfían que sí, y dicen que en *El Siglo de León XIII* salió la noticia. Si es cierta tal desgracia, reciban todos nuestro mas sentido pésame".

Como lo había dicho, la monologuista vendría a pasar las fiestas y a oír a Tamagno. Doña Dolores tenía resuelto que sus hijas no fueran ni a fiestas ni a espectáculos mientras no pasara el luto. Además, no entraba en sus propósitos el meterse en gastos de trajes y perendengues, a pesar de los deseos del capitalista.

Al oír de labios de Margot la carta de Conchita Mijares, dijo tranquilamente:

—Venga enhorabuena esa amiguita; venga cuando guste. Lo que es ustedes no irán a la ópera, que no se ha muerto el falderillo de la casa, no somos nosotras gentes sin corazón ni sentimientos. Pablo y Ramón llevaran a Concha al teatro; ustedes la acompañarán a subir y bajar las calles, a visitar a su grande y buena amiga la esposa del licenciado López Villa... y paren ustedes de contar. Bien me sé yo con quién hará excelentes migas la Conchita...

—¿Con quién, mamá? —preguntó Elena.

—¡Con quién ha de ser! —exclamó Margarita— ¡Con Juan!

—¡Con Juan, digo! —murmuró la dama.

—¿Y por qué dices eso? —replicó la ciega.

—Hermanita mía: porque... tal para cual.

—Eres injusta, Margot; mamá también lo es. No sé yo por qué motivo no quieren a Juan. Juan es bueno. Bajo esa ligereza suya, que no es más que aparente. se oculta un corazón muy noble, un alma elevada, llena de cariño y de pasión. Ustedes le acusan de disipado... porque es amigo de divertirse, y porque no puede vivir sin fiestas, ni teatros... Además: ¿qué culpa tiene él de haber vivido en París, de haberse habituado a la vida que allí hacen todos? En México se fastidia... ¡Nada más natural que procure divertirse!...

—Sí hija mía; pero que no lo haga en compañía de Pablo... a quien trae y lleva de aquí para allá, que hasta pretende que viva con él en México, lo cual no he de permitir yo, porque no hemos de vivir aquí solas, acompañadas únicamente de Ramón, que no es

149

más que un muchachito sin seso y sin respetabilidad. Juan distrae a Pablo de sus quehaceres... Mi hijo no está acostumbrado a trasnochar... El mejor día le tendremos enfermo, y... en fin, que eso no es de mi agrado, y yo no lo he de tolerar.

—Pero, mamá... —respondió Elena— la culpa no es de Juan, sino de mi hermano... ¿Por qué no acusa usted a Pablo y se muestra usted tan severa con Juan? Piense usted que cada edad tiene sus placeres... Son jóvenes...

—¿Qué entiendes tú de eso, hija mía? De seguro que los dos caballeritos no se pasan las noches rezando el rosario...

—Mamacita... ¡Si todas las noches van al Principal!

—Sí, al Principal... Ya lo sé. Como que se dice que Juan está prendado de una tiple muy aplaudida en *La verbena de la paloma*...

—Mamá: ¡eso no ha de ser cierto!

—Margot —contestó doña Dolores—, lee en ese periódico la lista de los obsequies que recibió esa cómica el día de su beneficia, anteayer.

Leyó Margarita el artículo, en el cual un gacetillero decadentista daba cuenta del espectáculo.

—Nada dicen de Juan... —observó Elena.

—Espera... —dijo Margarita, y siguió leyendo—: "La elegante e inspirada actriz recibió de sus amigos y admiradores, soberbios presentes. Del Sr. Armando Chauvier doce botellas de Champagne "Ayala", colocadas en graciosa cesta de mimbre dorado, decorada con cintas de seda; del Sr. Santiago Zavall una sombrilla con el puño de brillantes; del Sr. Pedro Ibarrena un rico estuche de tocador; del Sr. Carlos Cepeda una caja de guantes suecos; del Sr. Pablo Collantes un biombo japonés; del señor don Juan Collantes y Aguayo... un brazalete de perlas y esmeraldas..." Y sigue la lista. Nuestro hermanito... haciendo regalos a las "suripantas".

—No veo en eso nada de malo —contestó la ceguezuela pálida y trémula.

—¡Por Dios, Lena! —exclamó Margarita.

—Pues yo sí, hija mía. Ni me place que Pablo ande entre bastidores, ni está la Magdalena para tafetanes, ni para biombos japoneses. Pablo vino a México a trabajar, no a cortejar tiples...

—Yo me refiero a Juan... —advirtió Elena.

—Tu primo puede gastarse lo que quiera... pero no debe arrastrar a tu hermano hacia los caminos por donde él transita...

—¡Mamá!

—¡Doblemos esa hoja!

LI

"Mi señora doña Dolores:

    Ya me tenías enojado. Hace más de dos meses que os fuisteis a vuestra Babilonia, y no habían sido para escribir cuatro letritas a este pobre anciano. Pero te perdono el olvido en que me habéis tenido, por aquello de nuestro P. Ripalda, de que no perdona Dios al que a otro no perdona.

    Te agradezco qua hayas ido a visitar a la Indita en nombre mío, y harás bien en visitarla frecuentemente.

    Celebré que estéis bien instaladas en Tacubaya. Allí viviréis más tranquilamente, lo cual os conviene mucho a todos.

    Nada me dices de los muchachos. Un pajarito es quien me ha contado que Pablo está empleado en el despacho de su tío, y que Ramón se pasa los días subiendo y bajando. Santo y bueno que el muchacho se divierta; pero cuida de que no se aficione a perder el tiempo. Procura que, mientras llega el nuevo año, se ocupe en algo de provecho. La ociosidad, ya lo sabes, es enemiga de todas las virtudes; y una gran ciudad, como esa, tiene mil peligros para la inexperta mocedad. ¿En qué sendas extraviadas anda Pablo? Te digo esto por algo que leí en un periódico. Ya sabes que yo hago diariamente el sacrificio de leer los periódicos, para saber lo que pasa, y aunque ciertas cosas mundanas no me interesan, suelo leer lo que se refiere a teatros y demás pampas de Satanás, y en no sé qué papel leí que mi señorito don Pablo, en compañía de su primo, se permite regalar objetos de lujo a las "divas" de la zarzuela. Ápartale de esos caminos y cuida de que no pierda sus buenas costumbres. Recuerda lo que hemos hablado acerca de ciertos individuos. Cuida también de que esos muchachos frecuenten los sacramentos. Allá está el buen P. Cangas a quien los tengo recomendados. Di a Ramón que vuelva a leer el *Pilatillo* del P. Coloma. Que Pablo lo lea también. Será excelente el provecho que han de sacar de ese librito.

    Supe por un periódico francés el fallecimiento de Mme. Surville (Q. S. G. H.) y no me he olvidado de ella en la santa misa. Te doy el debido pésame. Con el dinero que ella os ha dejado, podréis tener más tranquilidad, y vivir (¿cómo diré?) de manera más independiente, sin necesitar de nadie. Con eso, y con lo que Pablo (siempre que siga por el camino recto, el que corresponde a un joven católico) pueda ganar, la vida os será más fácil. Procura arreglar eso del legado de tu cuñada. El cambio sobre Europa está muy alto, y casi duplicarás e1 capitalito ese.

    Di a esas niñas que en sus oraciones no olviden a este pobre viejo.

    Saluda al Sr. Fernández, y que Dios misericordioso os bendiga y proteja.

P. Anticelli, S. J."

En los momentos en que doña Dolores acababa de leer la carta anterior, se presentaron Juan y Alfonso

—¡Buenas tardes, tía!

—¡Tía, buenas tardes! Venimos por las muchachas... ¿Andan de paseo?

—No, Juan —contestó la dama—, pronto estarán aquí.

—Quiere María... —dijo Alfonso— que las llevemos... Comerán en casa, y esta tarde, después del paseo, vendremos a dejarlas...

—Ya sabes, Alfonso, que me es grato el que las niñas vayan a casa de ustedes... pero es preciso que sepan que esta noche llegará de Pluviosilla una amiguita suya, a quien deben esperar en Buenavista...

—Bueno, tía... Eso no es un obstáculo para que nos acompañen a comer... María necesita hablar con Margot respecto de la ópera... —dijo Alfonso—. Papá insiste en que vayamos todos: nosotros y ustedes... Hoy le llevaron una platea, y asientos de orquesta para nosotros, para Pablo y para Ramón.

—Hijos míos: a decir verdad, yo no quiero que las muchachas vayan a la ópera. Piensen que estamos de luto. Ustedes, los hombres, tienen pocos escrúpulos. Si Carmen y María van, que vayan... pero nosotras no pondremos un pie en el teatro.

—¡Tía! ¡Qué cosas tiene usted! ¡Preocupaciones sociales!... Piense usted que mi tía Eugenia murió en París, esto es a miles de leguas distante de nosotros.

—Para el corazón no hay distancias, Juanito. ¿No es cierto, Alfonso?

—Sí, tía.

En ese instante llegaron las señoritas.

—¡Venimos por ustedes! —exclamó Juan, adelantándose a saludar a la ciega.

Alfonso, sin decir palabra, dio la mano a Margarita.

—Estos muchachos vienen por ustedes... pero les he dicho que... ¡Lee ese mensaje!

Y alargó a la joven una hoja de papel amarillo, doblada en cuatro.

—¡Lena! —dijo la blonda señorita—. Esta noche llegará Conchita Mijares... Pues, amigos míos, queridísimos primos... ¡No podemos ir! Cuando regresen ustedes, me harán el favor de decir a Pablo que venga por nosotros para que vayamos a recibir a esa señorita...

—No —replicó Juan en tono casi imperioso—, no, señorita, porque Pablo comerá hoy conmigo... Tú y Lena se irán con nosotros; comeremos juntos en casa; iremos todos esta tarde a dar una vuelta por la calzada, y después irá usted, prima y señora, a recibir a su amiguita. ¡Así se hará!

Margot consultó con la mirada la voluntad de doña Dolores.

—¡Así se hará! —repitió Juan acariciando a la ceguezuela. Ya variando de asunto, agregó:

—Y esa amiguita... ¿es guapa?

—No es fea.

— ¿Es joven?

—¡Diez y nueve o veinte abriles!

—¿Elegante?

—¡Así, así!

—¿Inteligente?

—¡Una artista!

—¡Me gustan las artistas!

—¡Ya lo sabemos! —exclamó Elena—. Como que hasta les regalas soberbias alhajas...

—¿Yo?

—¡Sí, tú, primito! ¡Cuánto te costó el brazalete con que obsequiaste hace pocos días a la tiple del Principal?

—¿Quién les dijo eso? ¡Cosas de Pablo!

—No; Pablo no ha dicho nada... ¡Bueno está él para traer esas noticias! Él también estuvo obsequioso en ese beneficio —dijo Margot.

—¡No mientas, Juan! —prorrumpió la ciega—. ¿Te olvidas de que hay periódicos en México?

El mancebo contestó con una carcajada.

—Sepan ustedes el origen de eso. La otra noche, en el teatro, nos dijo Perico Ibarrena: "¿Quieren que los presente a la tiple?" Y dijimos que sí, y subimos al foro. Y... de allí salió que fuésemos a cenar con la artista. En la cena se habló del beneficio anunciado, de los obsequios que se hacen con el motivo... ¡Y eso es todo!

—¡Y tú, Juan —replicó Elena—, en vez de mandar, sencilla y modestamente, un ramillete, mandaste un brazalete de perlas y esmeraldas!

—Si hemos de ir... ¡Vámonos!

—¡Vayan! —dijo doña Dolores—. Margarita: de la estación para acá... Procuren estar a tiempo en Buenavista, porque esa criatura cuenta con encontrarlas allá.

LII

Al pasar frente a Chapultepec, Juan miró su reloj y dijo en tono afable:

—Todavía es temprano: papá no sube de su despacho hasta después de la una y media. Propongo que vayamos al bosque. Damos una vuelta para hacer apetito, que para eso no hay nada como el aire del campo, y luego a casa...

—¡No, Juan! Ya es muy tarde... —dijo Margot.

—Son las doce y treinta minutos... ¡Tú qué dices de lo que he propuesto, Lena?

—Como quieran...

—No, Juan —insistió la blonda señorita.

—No; ¡vamos! —contestó el mancebo, mirando a su prima.

Y detuvo el carruaje, y asomándose por la portezuela dijo al cochero que, tirantes las riendas y recogida la fusta, se inclinaba para oír a su amo:

—¡Al bosque!

El brillante auriga aflojó las riendas y agitó la fusta. Los caballos avanzaron, y el carruaje describió una curva y penetró en el parque.

Cerca del estanque una familia provinciana se extasiaba mirando un cisne negro. Más allá, al principio de la rampa, dos oficiales de artillería conversaban tranquilamente. Por allá, por el fondo del bosque iba muy despacio un coche de sitio. El viento meridiano mecía dulcemente las copas de los ahuehuetes, y al pasar susurraba con idílica placidez.

Juan tocó el silbatillo, y el coche se detuvo.

—Daremos un paseo a pie.

Todos bajaron. Elena, tomó el brazo de Juan, y Margarita el de Alfonso, y las dos parejas siguieron hacia adelante, paso a paso, y muy cerca una de otra. Pero pronto Juan y su prima se quedaron muy atrás. Observóle Margot, y apoyándose en el brazo del primo se detuvo.

—¡Espera! —murmuró.

—Vienen detrás de nosotros. Iremos más despacio.

La joven siguió caminando, atenta a lo que su primo le decía.

—Margot: eres cruel conmigo. Enciendes en mi alma amor vivísimo, y cuando te lo confieso y te lo declaro me oyes indiferente y fría. ¿Dices que no me amas? ¡Mientes, prima, mientes! Yo, al mirar tus ojos leo en tu corazón; leo en él que me amas, que me amas con toda tu alma, y que darías algo, más de lo que tú misma piensas, por verme

154

libre de tristezas y por estar segura de que en mí no quedan recuerdos de otro amor. Óyeme: mis tristezas...

—Tus añoranzas, que así las llamo yo...

—Como tú quieras. Mis añoranzas proceden, no de penas de amor malogrado o perdido, sino de ciertos anhelos de mi alma nunca satisfechos. Soy un ser necesitado de cariño, sediento de afectos delicados, para quien la vida es ingrata, para quien sería bastante un hogar modesto, lejos de las frivolidades de una sociedad superficial y vana. A qué negarte, Margot, que una esperanza malograda, nívea flor muerta a poco de abrir su corola, ha entenebrecido mi espíritu y ha llenado mi alma de tristeza. Vine a México deseoso de tranquilidad, soñando con dar aquí a mi corazón cansado el reposo que en Europa no encontraría yo para él; y mil veces, a bordo, bajo el espléndido cielo de las Antillas, contemplando el mar sereno que me parecía como sembrado de estrellas, acariciaba yo el pensamiento de conseguir que papá, cediendo a mis ruegos, adquiriese una finca cerca de Pluviosilla, o en alguna de las regiones inmediatas, y allí sepultarme en vida, y allí pasar los años, entregado a rústicas labores, a la caza, y a la lectura. Nunca creí que el amor... Prima mía: tu belleza me atrajo; tu bondad me tiene loco de amor...

Margarita avanzaba al lado de su compañero mirando el suelo.

—¿Y quién me garantiza que en ese corazón dolorido, tan gastado por amores tempestuosos, exista un afecto dulce, apacible, como le he soñado yo, como tiene que soñarle una mujer para quien la vida obscura y silenciosa es la más bella, y que ni ambiciona grandezas ni es tan loca que sueñe con esplender y deslumbrar? ¿Quién me asegura, Alfonso, que ese amor que dices sentir por mí es duradero y profundo?

—¿Quién Margot? Mi leal y honrada palabra.

—¿Y quién me asegura también que en ese pobre corazón tuyo, tan lastimado y triste, no quede algo de los malogrados afectos?

—¡Soy incapaz de engañarte, Margot! —exclamó Alfonso, en tono suplicante.

—¿Y si tu corazón te engaña? Para mí la felicidad suprema sería reinar siempre en el corazón de aquel a quien entregara yo el mío...

—¿No hay, acaso, en el tuyo —replicó el mozo vivamente— algo también de pasados afectos?

Margarita palideció, presa de repentina emoción.

—¡Responde, Margarita!

—¡Respóndeme, Alfonso!

Ambos callaban. Por la mente del joven pasó como una visión la imagen una de arrogante señorita, en medio del bullicio y de la alegría de una fiesta, como entre un oleaje multicolor, en lujoso carruaje, al finalizar un combate de flores. A su vez la blonda señorita miraba con los ojos del pensamiento la figura de un mancebo pálido, de grandes ojos negros: la de un estudiante casi imberbe, con un libro bajo el brazo.

—¡Respóndeme, prima!

—¡Responde tú!

—Al punto. De aquel amor no queda nada.

—Poco dejó en el mío una ilusión de niña...

Margarita se apoyó dulcemente en el brazo de su primo, y apoyóse trémula, tan trémula que este advirtió la inesperada agitación de la joven.

A la vera de la calzada y seguido de una muchacha de mal aspecto, venía un mancebo, un joven delgado, endeble, astroso, mal vestido, que al mirar a la blonda y elegante señorita se detuvo un instante, sorprendido de aquel encuentro. El joven siguió adelante, como si la mirada compasiva de Margot le hubiese causado espanto.

—Prima mía: ¿eso es lo único que tienes que decirme?

—Alfonso: ¿a qué ocultarte que te amo?

Y Margarita, sonrojada e inquieta, volvióse, y miró hacia atrás, como buscando a Juan y a Elena, pero en realidad para ver a la despreciable pareja que acababa de pasar: él desaseado, crecido el cabello, con el sombrerillo de paja echado hacia la derecha, raído el pantalón, blancos de polvo los zapatos; ella mal refajada, con una falda roja y una blusa azul, envuelta en un chal oscuro...

—¿Me amas? –preguntó Alfonso, radiante de júbilo.

—¡Ya te lo dije! —respondió la joven muy quedito. apoyándose otra vez en el brazo de su primo.

Oyóse un grito:

—¡Alfonso! ¡Vámonos!

En la curva de la calzada, cerca del coche, esperaban Juan y Elena.

—¡Allá vamos! —conrestó Alfonso.

Y los dos jóvenes, como dos chiquillos echaron a correr hacia el carruaje.

El lacayo que venía en busca de ellos, se detuvo respetuosamente y dijo:

—Dice el señor... que ya es hora de regresar...

LIII

Al entrar en el coche, Margarita observó que Elena había llorado.

—¿Qué tienes? —díjole— Cualquiera diría que acabas de llorar...

Juan calló.

—Hemos recorrido una calle falta de sombra y el sol me ha hecho mal.

El carruaje salió del parque y entró en el primer tramo del paseo. Uno que otro transeúnte en las calles laterales; más adelante un coche de sitio que volvía a la ciudad; cerca de éste un elegante cupé que, tirado por un soberbio tronco, avanzaba rápido y majestuoso, y en cuya caja charolada centelleaba el sol. Allá a lo lejos, dejando ver los grandes monumentos del suntuoso paseo, las arboledas parecían estrecharse como empujadas por los palacetes colaterales.

Elena venía triste; Juan bromeaba a propósito de una frase de Margarita; ésta sonreía, y con su risa delicada disimulaba cierta penosa curiosidad que en su mente habían despertado los enrojecidos y húmedos ojos de Elena. Alfonso la miraba extasiado, jugando con los guantes, entretenimiento que era en él característico cuando no estaba triste.

—¿Y quién es la amiguita a quien esperan ustedes? —preguntó Juan.

Se habló de Conchita Mijares. Elena dijo quién era, y con pocas palabras describió a la joven y en pocos rasgos la dio a conocer a sus primos, los cuales manifestaron gran deseo de conocer a la muchacha.

Al pasar por el hotel de Iturbide, Juan detuvo el coche.

—Las dejo aquí. Me esperan a comer unos amigos... Pablo será de los comensales.

—¿Te vas? —dijo Elena

—Hija mía —respondió—, las dejo muy a pesar mío... pero un compromiso anterior me obliga a ello... ¡Adiós!

Sonó la portezuela al cerrarse, sonó con ese ruido seco, sordo y aristocrático, que en las altas horas de la noche y en las calles silenciosas suele delatar al carruaje rico y hermoso; subió el lacayo al pescante, y el soberbio tren avanzó lentamente entre los otros muchos, por la estrecha y concurrida calle. Paróse a poco, para dar paso a un tranvía, cuyo silbato detenía a los transeúntes en ambas aceras. Un vendedor de flores ofreció su mercancía. Tomó Alfonso varios ramos de violetas, dio una moneda al rapazuelo, y ofreció a sus primas los ramilletes húmedos y fragantes cuyos aromas llenaron el interior del carruaje.

—Dame unas... —dijo el joven en tono de ruego a Margarita.

Esta separó algunas y las colocó graciosamente en la solapa de su primo, murmurando al ponerlas:

—"*¡Honni soit qui mal y pense!*"

Y agregó con viveza:

—Que nadie, al verte, recuerde la frase de Alfonso Karr.

Después de la comida se charló alegremente en la antesala, mientras se tomaba el café.

—¡Toquen! —dijo don Juan a María.

—¡Papá! ¿Te olvidas que estamos de luto

—No; pero... ¿no ves que estamos en familia?

Y oyendo música se pasó casi toda la tarde.

Vino Ramón; pero en vano fue esperado Pablo. Había solicitado permiso para no ir al escritorio.

—Falta mucho tu hermano... —advirtió don Juan a Margarita—. Su ausencia entorpece mis negocios... Hoy no he despachado mi correspondencia. Di a Lola que llame al orden a ese muchacho.

La joven se puso roja como una amapola. Elena se atrevió a contestar:

—Falta porque Juan no lo deja en paz... Hoy se lo llevó a comer con unos amigos...

—Vaya con él, enhorabuena, pero después del trabajo.

—Ya se lo hemos dicho, tío: Juan es causa de todo.

—Déjate, muchacha, que bien me sé yo lo que es el tal Juanito. En París hacía lo mismo. Tenía yo un excelente secretario, y como Juan le traía de aquí para allá, tuve que despedirle y tomar un viejo, con quien mi señor don Juan no pudiera hacer buenas migas... En fin, —agregó levantándose—, ¿no vais a recibir a vuestra amiga? llevaos el coche, e idos con Ramón, porque con Pablo no contaréis hasta mañana. Alfonso: ven conmigo al despacho... Te dictaré algunas cartas.

Salió el capitalista. Alfonso se despidió de sus primas, y se fue.

Doña Carmen y María montaron en un cupé. Ramón y sus hermanas se fueron en un landó. Eran las seis. A las seis y cuarenta llegaría el tren de Veracruz.

Al despedirse de sus sobrinas, díjoles doña Carmen:

—¡Traedme a vuestra amiguita! si queréis el coche, pedídmelo!

LIV

Al llegar a la estación supieron que el tren llegaría con media hora de retardo. Dejaron el carruaje y fueron a pasearse por el andén, donde muchas gentes iban y venían, cansadas de esperar.

Ramoncito se encontró allí a varios amigos, paisanos suyos, estudiantes todos, que habían ido a recibir a sus parientes, los cuales venían a pasar las fiestas de septiembre.

Detúvose a charlar el chico, y mientras, Elena y Margarita llegaron hasta el extremo del andén.

El sol declinaba y por la región del Norte persistía aún leve claridad violácea. Resonaban a lo lejos silbatos de trenes y de máquinas, bocinas de tranvías, y de cuando en cuando a los rumores de la ciudad cansada venían a juntarse los ecos de no distante banda militar. Bandadas de gorriones cruzaban el espacio, y grato vientecillo refrescaba el ambiente caldeado por el día.

Detúvose Margarita a contemplar el panorama que tenía delante: el inmenso recinto de la estación; algunos edificios tristes y sombríos; una casa, con aspecto de granja, sombreada por altos chopos, cuyas hojas principiaban a caer, anunciando el otoño; los muros leprosos de los barrios ínfimos; arboledas distantes, colinas remotas; el ocaso ignífero; una luz verde, la de la farola de un guardavía, que anunciaba la llegada de un tren. Entre los pardos edificios y sobre los follajes de un huerto cercano, brillaba aquella luz como una esmeralda caída en el negro balastra... Pero la atmósfera era límpida, el cielo estaba despejado, y la última claridad solar inundaba apacible los espacios.

Margarita respiró ampliamente, como aquel que deja estrecha habitación y sale a gozar de la frescura de un jardín.

Miró la vía que como cinta férrea se iba y se alejaba, y pensó en Pluviosilla; en las amigas que allí había dejado; en aquellos campos siempre verdes; en los años que allí había vivido; en su alegre niñez; en su tranquila juventud; en su primera impresión amorosa. Y se acordó de Alfonso, y pensó entristecida en aquel joven a quien había amado, en aquel estudiante inteligente y amable, que un día dejó la tierra natal para venir en busca de ciencia y de fortuna, y que había naufragado, como tantos otros, en el pantanoso lago de la gran ciudad, en la charca infecta en que perecen tantas y tantas almas generosas, dignas de altos y felices destinos; pensó en aquel mancebo infeliz, a quien había visto ese mismo día envilecido, repugnante, degradado, en compañía de una mujer infame...

El pensamiento de la joven varió de objeto repentinamente: dejó las alegres memorias de lo pasado y las tristezas de una ilusión perdida, y volvió a lo que más cerca tenía.

—Dime, Lena —dijo dulce y cariñosamente Margarita— ¿por qué lloraste esta mañana en Chapultepec?

—Se te ha ocurrido eso —replicó la ceguezuela contrariada por la pregunta— y nadie te lo quitará de la cabeza...

—Habías llorado, Lena... Tus ojos estaban rojos y húmedos...

—No había llorado...

—No debes ocultarme nada... ¿Qué mejor amiga que yo? ¿No te inspiro confianza?

—¡Por Dios, Margarita! ¡Piensa que me apenas y me acongojas!

—Lena... No puedo callarlo más... Tú has correspondido al amor de Juan...

—¿Yo?

—Sí.

—¿Quién te ha dicho eso? ¿Alfonso?

—No. Lo he comprendido yo. Esos amores, Elena, van a ser tu desgracia.

—¿Por qué?

—Porque sí.

—¿Crees que Juan es malo?

—No sé si es malo o si es bueno; pero creo que en esos amores no está tu felicidad.

—Pero, por Dios, Margot, qué cosas se te ocurren.

—Habla de eso a mamá.

—No le hablaré de ello.

—Harás muy mal. Yo le diré todo

—Y yo le diré que Alfonso te enamora.

—Lo sabe ya.

—¿Lo sabe ya? ¿Quién se lo dijo?

—Yo.

—¿Tú?

—Sí. Y ahora le diré algo más.

—¿Qué cosa?

—Que hoy he dado mi corazón a Alfonso.

Sonó la campana anunciando la llegada del tren, silbó la locomotora y la multitud corrió a colocarse en el hangar.

Ramón vine a reunirse con sus hermanas.

—Quédense aquí. Yo buscare a Conchita... y la traeré.

Llegó el tren, y a poco la señorita Mijares entraba en el landó con sus amigas.

—¡Pero, muchachas, muchachas —exclamaba—, qué lujos son estos! ¡Si tenéis un tren digno de un príncipe! ¡Cómo me gustan a mí estas cosas!

LV

—Hija... Debes decir la verdad.

—¡Verdad te digo! —respondió la ciega.

—Antes de que tu hermana me hablara de ello, puedes creerme, ya estaba yo al cabo de todo...

—¿Al cabo de qué?

—¿Crees tú, Elenita, que a mis años y con mi experiencia, no podía darme cuenta del interés que habías despertado en tu primo?

—En eso, tal vez tenga usted razón... Pero de eso a que yo haya correspondido al amor de Juan, hay mucha diferencia.

—No tengo motivos para creer que seas capaz de engañarme... Pero, si las apariencias no mienten, cualquiera creería...

—¡Me ama! Juan no me ha dicho una palabra de amor... Me distingue, me obsequia, me prefiere a Margot... y ¡nada más! ¡Acaso mi desventura le causa lástima!

—¡Bien, Lena!... ¡No hablemos mas de esto! ¡Óyeme! Te ruego que me escuches dócilmente, sin esa rebeldía que constituye el fondo de tu carácter; rebeldía que siempre ha sido para mí causa de inquietud, lo mismo que para tu padre...

—Siempre me acusa usted de rebelde y de voluntariosa, como si constantemente me opusiera yo a obedecer a usted y a seguir sus consejos... No me han comprendido ustedes. Yo soy buena, sumisa, ¡vaya!, ¡hasta dulce de carácter! ¡Todos lo dicen, todos lo cuentan, todos me lo repiten!

—Nadie dice lo contrario, hija mía... pero, preciso es decirlo, a veces ...

—¿A veces qué?

—A veces, cuando en ti está contrariada alguna pasioncilla... no aceptas consejo ni advertencia... Mira: te voy a hacer una pregunta, una sola, una y nada más... pero a condición de que me respondas sinceramente.

—Pregunte usted, mamá.

—¿Vas a contestarme la verdad?

—Sí

—¿Nada más que la verdad?

—Nada más.

—¿Eres conmigo tan franca y sincera como tu hermana?

—Sí.

—¿Me confías cuanto piensas y sientes, como ella lo hace?

—Ya van dos preguntas.

—¡Y cien que fueran, hija mía! ¿Niegas a tu mamá el derecho de hacértelas?

—No; pero...

—En mí debías de ver a tu mejor amiga.

—Me dice usted eso porque yo no soy como Margot, que tiene muchas amigas, a quienes dice todo; y a usted le consulta cuanto le ocurre y cuanto piensa hacer...

—Sí; y así debías hacer tú, criatura. Una madre nunca da un mal consejo...

—Pero, mamá... ¡Si yo nada tengo qué consultar!

—¡Me ocultas algo, Elena!

—Nada oculto.

—Margarita me ha confiado la inclinación que le demostraba Alfonso.

—¿Y nada más eso? ¿A que no le ha dicho a usted que ya son novios?

—Ya lo sé.

—¿Y quién lo ha dicho?

—Margarita.

—¿Y aprueba usted esos amores?

—No los repruebo... aunque preferiría que no existieran.

—Es mucho decir... cuando Alfonso es el preferido de todos en esta casa.

—Alfonso no es un mal muchacho.

—¿Y Juan?

—Juan, hija mía... ¡Te lo diré, porque es preciso, y porque tú no se lo dirás! Juan no me gusta... Su vida es muy disipada...

—¡Qué empeño en hacer de Juan un calavera y un perdido!

—¡Tanto así no he dicho, criatura! Ese muchacho, los mismos de su casa lo dicen, está acostumbrado a la vida libre de París.

—Alfonso también.

—Acaso... Pero es lo cierto que nada tenemos que echarle en cara.

—¿Y a Juan?

—A Juan sí.

—¿Qué cosa?

—Sus galanteos a la cómica esa...

—Nada tienen de particular esos obsequios...

Doña Dolores observó en el semblante de la ciega una viva contrariedad; una contrariedad penosa que se reveló y se hizo patente en el gesto de la joven.

—Vamos, Elenita, si tú fueras novia de Juan...

La ciega sonrió dulcemente. Doña Dolores concluyó:

—¿Verías con indiferencia los obsequios de Juan a esa mujer?... Respóndeme.

—Si fuera novia de Juan, no. ¡Pero como no lo soy!

—Y si hoy, mañana, cualquier día... Juan te dijera que te amaba, ¿qué le responderías?

—No lo sé.

—¿Te es agradable?

—Sí mamá... ¡a qué negarlo!

—¿Llegarías a amarle?

—Tal vez.

—Pues, hija... cierra tu corazón a ese afecto. Ese hombre no es para ti... ¿Has advertido la ligereza de su carácter? ¿Te has dado cuenta de que para él no hay nada respetable? ¿Te has dado cuenta de sus ideas morales, de su falta de corazón, de sus ideas religiosas?

—No, mamá. ¡Pobre Juan! No le conceden ni una sola cualidad... Ni Pablo se la concede...

—Por algo será.

—Juan no es malo... pero a fuerza de decir que lo es, han de conseguir que no sea bueno.

—Nadie le dirá nada.

—¿Y por qué apruebas o al menos toleras los amores de Margarita con Alfonso, y te repugna que Juan... vamos, que Juan fuese mi novio?

—Por lo que tengo dicho.

—Pero, mamá... ¿No me basta con la desgracia de ser ciega? ¿Todavía se quiere que cierre yo mi corazón a un noble y sincero afecto?

Los ojos de la ciega centellearon húmedos. Doña Dolores se acercó a ella, la abrazó tiernamente, le dio un beso en la mejilla y díjole con voz empapada en lágrimas:

—¡Alma mía... no! ¡Deseo tu dicha y tu felicidad!

A la sazón llegaban Margarita y Ramón en compañía de Concha Mijares.

—¡Lolita! —exclamó esta al entrar—. Hemos hecho todas las compras. Venimos de la casa de don Juan... ¡Qué amable es la señora! ¡Y María es muy amable! ¡Y el señor muy obsequioso!

Y agregó entre seria y jovial, con alegría de niña mimada:

—Y los primos... ¡qué guapos!

LVI

No bien hubo partido el coche en que se fueron con Pablo las tres señoritas, doña Dolores se arrepintió de haber dado su consentimiento para que sus hijas asistieran a la ópera. Y pensaba:

"Aquí nadie conoce a las muchachas, como no sean unas cuantas personas, las cuales, de seguro, no estarán en el teatro. No temo la desaprobación de nadie, porque nadie desaprobará que reciente como está el fallecimiento de Eugenia, las niñas hayan dejado el luto, y anden ya en fiestas y espectáculos; pero lo cierto es que no estoy contenta de mí; he sido débil en ceder a los deseos de mis parientes y a las súplicas de Concha. ¡Pero qué loca es esa criatura! Apenas ayer conoció a la familia de Juan y ya tiene en aquella casa suma confianza. ¡Ni mis hijos ni yo nos atreveríamos a tanto como ella! Con Juanito y con Alfonso trata como si fuesen viejos amigos. Pero, en fin, ¡no hay mal que por bien no venga!... Juan galantea a Conchita y ésta se deja galantear de mi sobrino. ¡Mejor qué mejor! Esto servirá muy oportunamente para que ese muchacho me deje en paz a Elena... La pobre niña se ha interesado por su primo... Y yo me lo explico muy bien. Su desgracia la separa y aleja, en cierto modo, de la vida de su hermana. Nunca había escuchado una palabra amorosa, porque, como es natural, nadie, por lástima o por respeto, o porque hay cosas que son imposibles, ha puesto en ella ese afecto que une dos corazones y enlaza dos almas y las obliga a dejar a padres y hermanos para encender un nuevo hogar y crear una familia. Lena no ha tenido mas que el cariño de la familia y de sus amigos, cariño profundo, a no dudarlo, pero que lleva en el fondo algo o mucho de penoso y compasivo interés. Juan es listo... En su trato y en su conversación con Elena huye hasta de la más leve idea que recuerde a la niña su infortunio y su desgracia... A esto une una cierta delicada predilección que ha cautivado a mi pobre hija, y ésta le ama... sí, le ama. Pero este amor será para la desdichada niña fuente de grandes dolores, de penosos días, de inagotables amarguras... No hay en Juan la alteza de carácter y el profundo sentido moral que fueran del caso para que ese mozo uniera su destino a una joven bella, bellísima, porque mi hija lo es, pero incapaz por su ceguera de brillar y lucir. ¡Cuánta abnegación necesita un hombre para hacer la compañera de su vida y la madre de sus hijos a una ciega!... Además mi sobrino es vanidoso y ligero; es un muchacho sin juicio, sin hábitos domésticos, sin amor al trabajo (que no por ser rico no debe amarle), y dado a la alta vida disipada, a las fiestas, a los teatros... Es preciso matar en Elena esa pasión naciente, ese amor que me parece tremendo y fatal, y que crece y crece cada día en el silencio y en la obscuridad. Elena ama a Juan. Cree, como lo afirma mi hija, que Juan no le ha dicho aún ni una sola palabra amorosa... pero lo que hasta hoy no ha dicho lo dirá mañana o habrá boda, y la niña llorará bien pronto tristes desengaños. Es preciso tomar consejo. Voy a escribir al P. Anticelli".

Y la buena señora se puso a escribir.

Concluida la carta, la cual no fue corta, doña Dolores llamó a Filomena, y le dijo:

—Ven, mujer, recemos el santo rosario...

Después de la una de la mañana llegaron las niñas, acompañadas de Ramoncito.

—¿Y Pablo? —preguntó la dama.

—Nos dejó al salir del teatro, y se fue con Juan —contestó Margarita.

—¡Siempre lo mismo! —respondió la madre tristemente—. ¿Os habéis divertido?

—¡Mucho! ¡Mucho! ¡Qué encanto! Lolita: que nos den una taza de té... Los muchachos querían llevarnos a la "Maison Doree"...

—Pero yo no quise porque era ya muy tarde... —agregó Margarita.

Filomena había servido el té, mientras las muchachas andaban por el tocador. Pronto estaban en torno de la mesa.

—¿Sabe usted, Lolita? —rompió a charlar Conchita Mijares.

—¿Qué, hija mía?

—¿Sabe usted quién estaba en la ópera y nos fue a saludar a la platea?

—¿Quién?

—Mi ex presidente...

Margarita, Elena y Ramoncito reían.

—¿Quién de tantos? —respondió dulcemente la dama.

Concha hizo un gestecillo malicioso y agregó:

—Samuel Trabanco.

—¿Y qué hace aquí ese loco?

—Trata de erigir monumentos a los hombres célebres mexicanos ... A las celebridades vivas.

—Calla, muchacho; ¿a qué recordar esas tonterías?

—También —prosiguió el chico— trata de mediar y prosperar a la sombra del episcopado...

—Iba de lo más guapo... Muy atacado con el frac. Pero no ha variado ¡Qué ha de variar! ¡El mismo coranvobis y la misma prosopopeya! ¡El mismo tono de misa solemne, como si entonara el prefacio! Y ese aspecto entre profano y levítico...

—Sí —interrumpió Ramón—, como algo que no es de carne ni pescado.

—¡El mismo de siempre! —siguió diciendo Conchita Mijares.

—Ahora le ha dado por que está emparentado con las más altas personalidades políticas, y no se cansa de decir que goza de la confianza del delegado apostólico, que monseñor Fuentes tiene en él un firme y sabio consejero, y que el señor arzobispo...

—¡Calla, Ramón! —exclamó la señora.

—¿Por qué, mamá? La verdad debe decirse...

—No.

—Vea usted, mamacita: yo no digo mentiras. ¿No es verdad que Samuelito Trabanco revolvió en Villaverde todo, todo, todo? ¿Que sembró cizaña en la cristiana y católica grey? ¿Que impulsó al obispo a hacer desatinos? ¿Que puso odios entre los clérigos, rencores entre el pastor y las ovejas? ¿Que luego, con motivo de no sé qué negocios mercantiles, hizo mil tonterías? ¿Qué después?... ¡Vamos! ¡Con decir que acusó al P. Doyagüe, su confesor, un santo sacerdote, de haber violado el sigilo sacramental!

—¡Silencio y no hables más, Ramón!

—¡Bien!... ¡Pues callaré!

—Sí; y hablemos de otra cosa... ¿Y la ópera?

—¡Muy buena, mamá!

—¡Qué linda es *Aida*! —exclamó la monologuista ¡Y qué bien que Samuel Trabanco imita a las cantantes! Ahora en el antepalco nos hizo reír mucho. ¡Con qué facilidad imita y remeda a todo el mundo! ¿Le oyeron ustedes remedar al Sr. arzobispo?

—Según veo, sigue ese muchacho sus inclinaciones de bufón... —dijo gravemente la señora— no hablemos más de él. Vaya, hijas mías: ¡a dormir, que a poco nos sorprende aquí la luz del día!

—Sí —exclamó levantándose Ramoncillo—, pero conste que Samuelito Trabanco no ha variado de carácter, y, guarda, que estados mudan costumbres, y que sigue siendo bufón de ricachos y de obispos ¡Buenas noches! Digo... ¡buenos días!

LVII

Terminaba septiembre, y la familia de Conchita Mijares la llamó con insistencia, indicándole que regresara con algunos paisanos que de un día a otro debían volver a Pluviosilla; pero la monologuista estaba muy bien hallada en México, y ya no se acordaba de su Óscar, de quien la chicuela se decía perdidamente enamorada... "¡Este es mi último amor!" —repetía el día de su llegada, contando a Margarita los encantos de "aquel idilio"—. "¡Mi último amor!" Pero ahora, y sobre todo si era en presencia de Juan o de Alfonso, mostrábase contrariada cuando le hablaban de su novio, quien disgustado de que la chica no contestara, había terminado por no escribirle ya.

Bien coqueteaba Concha con el Juanito, quien no salía de la casa de sus primas, las acompañaba a todas partes, y tarde a tarde las llevaba al bosque.

Como la monologuista era simpática y muy zalamera, don Juan, doña Carmen y María estaban encantados con el carácter ligero y bullicioso de la muchacha.

Supieron que era pobre, y la colmaron de atenciones y de obsequios. Tuvo vestidos, guantes y sombrerillos que María y doña Carmen le regalaron; don Juan la obsequió con unos pendientes de perlas; Juan le mandaba dulces y flores, y hasta Alfonso se mostró dadivoso con la joven, a quien ofreció, ricamente encuadernados, libros de Alfonso Daudet y una obrita de Coquelin, acerca del arte dramático, libro que fue muy del agrado de la señorita.

Margot y Elena se excusaban frecuentemente de ir a la ópera, pero Conchita no faltó ni una sola noche, y cuando no iban sus amigas se quedaba en la casa de don Juan. Cenaba allí frecuentemente, y después de la cena recitaba en el salón poemas de Velarde y de Campoamor. Dejábase cortejar de Juan, lo cual, muy a pesar de la aparente y calculada indiferencia de Elena, no era del agrado de ésta. La pobre ceguezuela no se daba cuenta de las coqueterías de Conchita; pero Margot le habló de ellas y le dijo:

—¿Ya lo sabes? Esto te probará que no debes dar oído a las palabras amorosas de Juan.

—¡Tú siempre con el mismo tema! —respondióle la ciega—. Mi indiferencia... te probará que no me intereso por Juan, como tú supones...

Doña Dolores se felicitaba de las coqueterías de Conchita Mijares, e insistí en detener a esta, con objeto de que Elena se convenciera de la falsedad de los afectos de su primo.

Conchita deseaba no volver tan pronto a Pluviosilla; doña Dolores la detenía, y la familia de la chica, a su vez, cedía, regocijada y sabedora del disgusto de Óscar.

La monologuista subía y bajaba con María y con los hermanos de ésta, y la insípida muchacha encontró en la Mijares una compañera muy agradable y complaciente, que ni era molesta como la ciega, a quien había que traer y llevar como a una chiquilla, ni tan grave y discreta como Margot.

El mayor placer de Conchita era presentarse en el palco con la familia de don Juan, e ir a la Reforma, todas las tardes, en landó abierto.

La contrariaba, sí, no poder presentarse en el teatro tan ricamente ataviada como María; mas, por fortuna, los obsequios de su amiga y de doña Carmen vinieron a sacarla de penas, y, en dos o tres días, con ayuda de Margot, los vestidos quedaron hechos.

María, por su parte, se mostró de lo más delicada, y ya por rasgo de pura bondad en favor de su amiga, ya porque no creía que la ópera tuviera en México las mismas exigencias que en París, iba al teatro muy sencillamente ataviada. No llevaba ricas alhajas.

— ¿Para qué? —dijo— ¡Ya sabe todo el mundo que las tengo!

Y en el paseo, en el palco, en la mesa, en todas partes, seguía el flirteo con Juan, y era constante el palique, con desaprobación de Linares, provocando gestos del canónigo y haciendo reír dulcemente al P. Grossi, que al ver aquello decía para sus adentros:

—¡La gioventú! ¡la gioventú!

Y hasta llegó a indicar que invitaba a la Conchita para que recitara un monólogo en una fiesta que tenía proyectada, a beneficio de la obra de su ermita de San Francisco de Sales, como el buen italiano decía siempre.

Mientras tanto, Alfonso se mostraba de lo más discreto en sus amores con Margot. La seriedad de la joven, cuya dulzura y cuya rubia belleza tenían loco al muchacho, eran un poderoso estímulo a nobles ideales y a sencillas, pero graves aspiraciones. Nada de apasionamientos líricos; nada de galanteos frívolos; nada de miradillas mortecinas ni de romanticismos cursis.

Margot estaba en su puesto; Alfonso en el suyo, y ni el más perspicaz se habría dado cuenta del amor del joven y de su blonda prima.

Juan muy ocupado en atender a Conchita, no era para su primo Pablo mefistofélico tentador, y el mancebo, con gran satisfacción de doña Dolores, volvió a su vida metódica, y a su laboriosidad genial.

LVIII

No tardó en contestar el P. Anticelli.

"Pluviosilla, septiembre 30 de 1894.

Sra. Dolores Buruaga de Collantes. México.

Hija mía:

Hasta hoy puedo contestarte tu carta del día 21, porque he estado enfermo diez o doce días, y tan mal, que ni he dicho misa. Ya esta máquina anda mal, cada día peor, y a mis setenta y tantos años todo se vuelve achaques y dolamas. Pídele a Dios por mí, para que me dé una buena muerte.

Quedo enterado de lo que me dices. ¡Buen olfato tengo yo! Pon a esos afectos oportuno remedio.

Lo otro no me parece malo; pero no hay que fiar. Respecto a Pablo, lo que debes hacer es llamarle al orden dulcemente. No le irrites, y confía en Nuestro Señor.

Todo esto, como recordarás, me lo imaginé yo. De ello te hablé. Por cierto que observé que te contrariaban mis dichos. Si ese mozo no entra por el camino recto, habrá que disponer las cosas de modo que vuelva a su antiguo empleo. Te hablé de los peligros de las grandes ciudades. La vejez sabe mucho. O, como ustedes dicen, más sabe el diablo por viejo que por diablo.

¡Que Dios os bendiga, hija mía!

A tus oraciones se encomienda este pobre viejo, tu servidor y capellán.

P. Anticelli, S. J."

La carta del jesuita llegó en momentos en que doña Dolores estaba muy tranquila. La conducta de Pablo la tenía satisfecha, y las coqueterías de Conchita con Juanito, serían, a juicio de la buena señora, motivo suficiente para que Elena., que no ignoraba lo que pasaba, prescindiera de su primo.

—¡Pobre P. Antcelli! —pensaba—. ¡Por fortuna está conjurada la tormenta!

Al volver Pablo del despacho trajo una carta del general Surville. Las niñas estaban en México con Ramón. Habían ido a traer a Conchita Mijares, a quien María había retenido el día anterior.

Doña Dolores y su hijo leyeron la carta.

En ella decía el general Surville que en virtud de las facultades que Eugenia le había concedido en el testamento, había puesto ya a disposición de don Juan la cantidad de veinticinco mil francos, más otros diez, que él, por su parte, en memoria de su esposa, agregaba al legado de ésta; que Eugenia había dispuesto que tal cantidad la recibiera doña Dolores, como la habría recibido don Ramón, con destino a toda la familia, y para que formara, por decirlo así, parte de la fortuna paterna; que igual destino daba a los diez mil francos del aumento; que el dinero había sido entregado ya al cajero de don Juan en París, con orden de que el capitalista lo entregase en México a doña Dolores; que, además, Eugenia había ordenado se remitieran a sus sobrinas algunos encajes, cuarenta metros de ellos, los cuales habían sido entregados también al cajero... Los encajes estaban valuados en dos mil francos.

Doña Dolores, bañada en lágrimas de agradecimiento, acabó la lectura de la carta, e inmediatamente dictó a su hijo la contestación.

—Con ese dinero —dijo al concluir, y mientras el muchacho le presentaba la pluma para que firmara—, con ese dinero, que, según me dices, casi quedará duplicado por el cambio, habrá para vivir modestamente; volveremos a Pluviosilla, volverás a tu empleo... y Dios dirá...

—No me opondré a ello, mamá —dijo el joven—, si allá vive usted contenta, volveremos a Belchite.

—Sí; y cuanto antes mejor... Ya hablaré con Juan... Le suplicaremos que...

—Sí; negociaremos el giro... Y los encajes... ya vendrán.

—O que nos dé el dinero...

—Sí; pero con abono del cambio...

—Compraremos casas en Pluviosilla... Viviremos en una... y las otras nos darán una rentecita segura. Tú trabajarás; Ramón acabará la carrera...Y conformémonos con nuestra suerte, que para vivir felices poco necesitamos. Mañana hablaré con Juan. Indícale esta tarde algo del asunto... y recoge y entrega esa carta que esta allí en el tarjetero y llévasela a Concha. Me temo que María la detenga.

—No será María quien lo haga... Juan será quien obligará a María a detener a Concha... ¡Ya deseo que se vaya! ¡No he visto criatura más coqueta!

—¡Es cosa de su carácter!

—¿Carácter? Jure usted que ya se mira casada con Juan. Yo quiero mucho a mi primo, mamá; pero lo conozco muy bien... No se casará jamás, y menos con una muchacha así como Concha... Juan no ha nacido más que para vivir de fiesta en fiesta, de placer en placer. Si algún día se le ocurre casarse, será con una rica... Es ambicioso, pero no trabajará nunca. Gastará lo que herede... y entonces ya procurará casarse con alguna rica heredera...

—Por Dios: hijo mío... que no cultives mucho la amistad de tu primo. Trátale bien, pero sin esa intimidad que veo en ustedes...

El joven se sonrojó.

—¡No, mamacita, no tema usted! —exclamó, abrazando a la señora—. ¡No! —repitió, y le besó en la frente.

LIX

—Mamá —decía sigilosamente Margarita—, ¡esto ya no es tolerable! Las coqueterías de Concha con Juan, son insufribles. ¿Cuándo se irá?

—Pronto, hija mía. Lee esta carta.

Doña Dolores dio un papel a Margarita. Era la carta de la tía de Concha. Suplicaba que la joven regresara cuanto antes a Pluviosilla. La madre de la monologuista estaba enferma, y era preciso que la niña volviese.

—Ya encargué a Pablo que la traiga esta tarde, y se irá mañana. Mañana partirán con tu tía las muchachas López, y no hay que perder la ocasión. Si has de escribir a las Pradillas, y a las Arteagas, no pierdas tiempo, y escríbeles. Yo también he de contestar al Padre Anticelli.

Enseguida hablaron de la carta de Surville, de la cual nada había dicho la señora a su hija. Doña Dolores comunicó a Margarita su proyecto de volver a Pluviosilla.

—¡Pero, mamá!... ¡Qué dirán de nosotras! Quitar casa y levantar el campo... y ¿para qué? Para volver cuatro o cinco meses después. Me parece que lo más conveniente sería quedarse aquí...

—¡Ay, Margot! ¿No dices eso porque un afecto te retendría aquí?

—No, mamá... Pero, ¿no es verdad que nuestro regreso daría mucho qué decir a nuestros paisanos?

—Sí que lo daría... Mas pienso en que lo conveniente, ya que la generosidad de Eugenia ha venido en auxilio nuestro, es que volvamos a nuestra tierra. La vida de México no es para nosotras... Se gasta mucho. Aquí... las exigencias son mayores. ¡No estoy aquí contenta! No sé que me dice el corazón, pero presiento alguna desgracia... No sé por qué vivo sobresaltada...

—Está usted nerviosa, mamá... ¡Eso es todo!

—Será lo que quieras, hija mía... Ello es que mañana hablaré con Juan, y antes de que llegue el invierno, estaremos de regreso.

—Piénselo usted.

—Lo pensaré y veremos...

Llegó Ramón con la monologuista. La muchacha venía disgustada.

—¡Qué he de hacer! Me iré; pero ya verán ustedes cómo la inquietud de mi tía no tiene motivos. ¡Si así es siempre!... ¡Más asustadiza y más temerosa no he visto yo otra mujer!

Y Conchita, rabiando, se quitó el sombrerillo y se descalzó los guantes, y entrándose a las habitaciones interiores, dijo volviéndose a doña Dolores.

—Voy a hacer la maleta... Dejaré todo listo, y si es posible... ¡Hágame usted ese favor?

—¿Cuál mujer?

—Que Ramón y Margot me lleven a despedirme de sus tíos. Ni ellos ni los muchachos estaban allá cuando Ramón me dijo lo que Pablo llevaba encargo de decirme... No pude despedirme. Volveremos con Lena, que no quiso venir. De todas maneras ha de volver a México, Ramón.

—Sí, hija mía: irás a despedirte, todos volverán con Elena.

—¡Sí, y mil gracias! Figúrese usted que sería muy feo que me fuera yo, como dicen, a la francesa, sin decir adiós. Ya usted ha visto que finos han sido todos conmigo, cómo me han distinguido, y cómo me han obsequiado... Voy a llegar a tiempo. La mamá de Arturo cumplirá años dentro de cinco días, el nueve, y tendremos fiestas.

—Allí te encontrarás con Óscar... —interrumpió Margot.

—Déjate a Óscar en paz. Ya le arreglaré yo las cuentas... ¡Jesús! ¡Estoy nerviosísima! ¡No me gustan fugas ni prisas!

—Pienso en una cosa —murmuró doña Dolores.

—¿En qué Lolita?

—En que sería bueno avisar a Elena... que las espere.

—Pues nada más fácil —dijo Margot—. Avisar por teléfono...

Y la joven corrió al aparato.

A poco volvió:

—Hablé con el ama de llaves... Vamos, Concha, te voy a ayudar... Yo soy para esto muy expedita.

Y las dos muchachas entraron en las alcobas. Concha sacaba prendas del ropero, y la blonda señorita las iba colocando en un mundo...

—Me voy Margot... y no has querido confesarme tus amores con Alfonso... ¡Y yo que hago confianza de ti; que te cuento todo; que para ti no tengo secretos y tú tan reservada... ¡Mejor es callar!

—No, Concha. ¿A qué confesarte... lo que no es verdad? ¿Quieres que por darte gusto dé por cierto lo que cuentan en Pluviosilla?

—¡Bueno! Pero... niégame que no le desagradó a tu primo.

—No.

—Y niégame que a ti te simpatiza Alfonso...

—No me desagrada... Es guapo, y es bueno...

—No digas más.

—No digo más.

Y en tono de cantaleta escolar dijo Conchita, sílaba por sílaba.

—¡Pues... qué... quiere decir cris...tiano!

A las siete y treinta y cinco tomaron el tranvía Margot y Concha, acompañadas de Ramón.

Al llegar a México la señorita Mijares quiso hacer algunas compras; en ellas anduvieron hasta muy cerca de las ocho.

Después compraron dulces en "El Globo", y a Concha se le ocurrió despedirse de una amiga.

Cuando llegaron al palacete de don Juan aún estaban de sobremesa.

—¿Y Lena? —preguntó Margarita al entrar en el comedor.

—Acaban de irse... La fue a dejar Juanito —respondió doña Carmen.

Y enseguida ordenó a los criados que arreglaran la mesa y sirvieran a las tres personas que acababan de llegar.

LX

Avanzaba el carruaje por la calzada de la Reforma, avanzaba lentamente el cupé y a cada lado del paseo, muy mal iluminado en la segunda mitad, los altos y desairados eucaliptos de cada lado, parecían desfilar en fúnebre pompa, como revestidos de negros sudarios hechos girones. Era obscura la noche, y no había en la inmensa y solitaria avenida más claridad que la de los titilantes y mortecinos focos eléctricos que en cada tramo esparcían insuficiente luz, buena parte de la cual se perdía entre el follaje, proyectando negras y colosales sombras.

Por las calles laterales uno que otro transeúnte medroso y asustadizo, que fatigado y urgido, iba o venía bajo la penumbra de las arboledas, las cuales, allá a lo lejos, en el distante y oscurísimo fondo se estrechaban y perdían en una noche impenetrable, que hacia lo alto estaba rota por la silueta vaga del alcázar, cuyas vidrieras iluminadas le daban aspecto de palacio en noche de fiesta. Un simón desvencijado, o próximo a desvencijarse, ruidoso y de vidrios retemblantes, apagada la linterna del lado izquierdo, estaba detenido poco más acá de la última rotonda, y otro, igualmente torpe, venía hacia la ciudad, como cansado y falto de aliento. Al pasar frente al otro coche, el cochero lanzó agudo y vibrante silbido, que fue contestado por el auriga del carruaje parado, como si correspondiera a la señal inteligente de su compañero.

Lejana tormenta centelleaba en las cimas del Ajusco. Por el Oriente brillaban pálidas estrellas. El viento nocturno, viento de lejana lluvia, zumbaba en los árboles y en la hierba de las acequias colaterales, y traía del cercano bosque, de la calzada de la Verónica y de las huertas de Popotla, misterioso rumor.

Embriagábase Lena con la fragancia de los cojines y almohadillados del cupé, y embriagábase también con el aroma aristocrático de que estaban impregnados los vestidos de su primo, cuyo bigotillo perfumado trascendía a violetas acabaditas de cortar.

—¡A qué tanto desdén! —decía Juan a su prima, en tono de ruego—. ¿Estas celosilla? No tienes razón para ello. ¿No fue todo esto cosa convenida entre tú y yo? ¡Buen resultado nos dio ese plan! Tu mamá no cree en nuestros amores.

—¿Y por qué razón ocultarlos? —replicó Elena—. No puedo darme explicación de ese capricho tuyo... Si he cedido a tus deseos en eso, fue para probarte cuánto te quiero.

—¡Gracias, Elenita, mil gracias!

—¡No he merecido, ni merezco ese pago! Estoy arrepentida de mi compromiso. ¿Crees que me han sido indiferentes tus atenciones a Concha? Has abusado de mi desgracia... Como no veo, y siempre procuras hablar con esa muchacha lejos de mí, no podía yo saber hasta dónde llegabas.

—¡Pura ficción! Pero, ya acabó todo, Lenita mía. ¡Todo acabó! Mañana se irá Concha.

—Sí; pero dime: ¿por qué ese empeño tuyo en que mi mamá no sepa de nuestros amores? Margarita no le ha ocultado nada, y, ya lo sabes, no desaprueba sus relaciones con Alfonso.

—Temí que se opusiera a nuestro amor.

—¿Por qué?

—Por esos malditos rencores de familia, que tú conoces, que todos conocemos, y que ahora, felizmente, gracias al buen tacto de papá, van desapareciendo. Y... desaparecerán, no lo dudes, cuando seas mi esposa, cuando Alfonso sea esposo de Margarita... Mira: ahora sí que no hay por qué ocultarle nada. Me voy a los Estados Unidos... (el viaje durará un mes) le hablaré a tía Lola; le hablaré a papá, y... en pocos días, Lenilla, serás mi esposa. ¡Linda boda! Dos hermanas casadas con dos hermanos... Una pareja apadrinando a la otra. ¡Y qué bella estarás, alma mía! Ya me parece que te veo vestida con el traje de boda.

—¡Con un traje que no veré!... —dijo casi en un suspiro la ciega, llevándose el pañuelo a los ojos.

En esos momentos Juan se asomó por la portezuela del cupé, y en inglés dijo al cochero que retrocediera lentamente.

—¿Qué dijiste? —preguntó la doncella.

—Que tome por la otra calzada, porque está en obra ésta, y no podemos pasar.

Habían llegado a la entrada del parque. El carruaje retrocedió.

—¿Por qué vamos tan despacio?

—Porque la mitad de la vía esta obstruida con piedras y árboles derribados...

A la derecha, y no muy lejanas, oíanse las cornetas de los tranvías, que a lo largo del acueducto iban para Tacubaya y San Ángel. En el caserío cercano ladraban unos perros, acaso alebestrados por el paso de un desconocido.

Juan estrechaba entre sus manos ardorosas las manos frías y trémulas de su prima.

—¡Tengo miedo! —murmuró ésta.

—¿Miedo de qué, yendo conmigo, con tu Juan? —Y atrajo hacia su hombro la cabeza de la joven.

—¿Me quieres mucho, Lena?

—¡Mucho! ¡Mucho! —respondió la joven balbuciente.

—¿Me amas como yo te amo?

—Más que tú. En mi desgracia, en mis infortunios, en las tinieblas en que vivo envuelta, eres para mí felicidad y ventura, dicha y amor; eres luz del cielo, luz incomparable, soñada, pedida, anhelada, luz de sol espléndido, el sol mismo. ¡Juan! ¡Quiéreme tanto como yo te quiero! ¡Quiéreme como te quiero yo!

Juan dijo a Jack otra frase en inglés, y el coche siguió a través de un camino que cruzaba hacia la derecha del ejido, cerca de la capilla de Chapultepec.

Pasaban los tranvías. El cochero detuvo el cupé.

Después, a paso muy lento, prosiguió la marcha, y entró en la calzada de la Condesa.

Cuando el lacayo saltó a tierra y llamó a la puerta de la casa, mientras, abierta la portezuela del coche, bajaban de él Juan y Elena, doña Dolores misma vino a abrir.

—¿Y los demás? —preguntó sobresaltada.

—¡Vendrán más tarde, sin duda! —respondió Juan.

—Cuando salimos, no habían llegado aún... —dijo Elena.

—Lo siento... —se apresuró a decir el mozo— porque no podré despedirme de Conchita... ¡Tía! Favor de decirle que lamento no haberla visto para decirle adiós; que si me despierto temprano, en la estación la veré... Pero... —agregó sonriente y afable— ya usted sabe que madrugar es para mí un suplicio... ¡Adiós! ¡Adiós, tía! ¡Adiós, primita!

Dio la mano a la señora, acarició a Elena, poniéndole una mano en el hombro, subió al coche, dio la dirección y saludó desde el cupé.

El lacayo saltó al pescante, el cochero tiró de las riendas, hizo restallar la fusta, y el suntuoso tren partió al trote de los caballos, y se alejó, y se perdió bajo los chopos de la calzada de la Condesa.

LXI

Ocho días después, una mañana, a la hora del desayuno, recibió Margot una carta al-mizclada, escrita en dos plieguitos de papel inglés, timbrados con una gotita de jockey blanca y roja. Era la carta de Conchita Mijares, y así decía:

"Queridísima Margarita:

Aquí me tienes en tu amable y simpática Pluviosilla, donde, según dices y repites, vive una tranquila y contenta, pero donde, a decirte la verdad, esta, tu pobre e infeliz amiga se aburre, se fastidia, y se muere de tedio y de tristeza.

¡Cómo echo de menos el bullicio y los encantos de esa brillante capital, así como la grata compañía de ustedes y de tus buenos y simpáticos primos.

Figúrate: ¡de México a Pluviosilla! ¡Como quien dice del cielo a la tierra! No sé, no me explico, cómo tú que eres de buen gusto y tienes tanto talento, tú que eres talentosa como dice Arturo, vives suspirando por esta tierra, por la "tierruca" como aprendiste a decir en aquel libro de Pereda, tu novelista predilecto. Y, a propósito de novelas: unas amiguitas muy simpáticas y muy literatillas me han prestado un libro de los Goncourt, que me dicen que es de lo más interesante. Arturo lo alaba mucho, y Óscar afirma que es obra de mérito; pero yo creo que este no lo ha leído. ¡Este muchacho es así! Habla mucho de libros, pero yo, a la corta o a la larga, descu-bro que no los conoce ni por el forro. No lee más que periódicos. ¿Conoces tú esa novela? Esta que me prestaron, está en francés, y como yo en esa lengua no soy, que digamos, una profesora, voy entendiendo el libro poco a poco y con mucho trabajo. Dile a Juan —a tu primito— que ya me las pagará todas; que no fue ni para decirme adiós; que jamás pude suponer que fuese tan descortés con una amiga como yo, que tanto lo aprecia; al que ya me las pagará y que, aunque diga que no sé cumplir lo que prometo, no le he de escribir, como le ofrecí que había de hacerlo luego que llegara yo a Pluviosilla.

Ten la bondad de saludar, de parte mía, a tu mamá, a Lena, y a los muchachos. Dile a Ramón que anoche vi en el parque a una pollita que yo sé que a él le gusta mucho; y a quien tu hermanito no le parece un saco de paja —Lupita Olvera—, que está linda como una palmera de oro; que me acordé mucho de él, y de lo que platicábamos una noche al volver de la ópera. No olvides decirle esto, mi buena Margot.

Di a Carmelita que le vivo y le viviré de lo más agradecida, lo mismo que a todos por todas las finezas para conmigo; que mi mamá y mi tía, aunque no tienen el honor de conocerlos, les mandan muy afectuosos saludos y les dan las gracias por sus delica-das atenciones. Al señor don Juan otro tanto, muy especialmente. A María muchos besos, y que ya le escribiré. ¡Para ustedes, ni se diga! ¡Ya saben cómo y cuánto las quiero, y que soy muy reconocida!"

Hablemos de otra cosita.

Hija mía: ¡qué cierto es aquello de que sin amor no se puede vivir! Llegué, y como lo esperaba yo, o mejor dicho, como lo temía yo, me lo encontré de lo más disgustado. En tres días no le vi la cara. Pero al cuarto, el domingo (los domingos los tiene libres) vino a verme con su hermana Teodora. Salimos a pasear... y... ¡qué había de suceder! Nos arreglamos otra vez. Ya sabes tú como sé yo manejar estos asuntos, y cómo no me faltan recursos para vencer.

¡Sepa Dios en qué pararán estos amores, Margarita mía! En mi casa no los aprueban, lo cual me obliga a que, para lo de adelante, estos amores no los huela nadie. Digo a todos que terminé con Óscar, que hemos quedado como unos buenos amigos, y que yo me dejé en México un pedazo de mi corazón. Pero Óscar no está conforme con esta comedia, y quiere, a todo trance, hablarle a mamá. Está empeñadísimo, hija mía, empeñadísimo, y yo no sé qué hacer. Tengo miedo de que le hagan un desaire."

Ahora bien; aquí, en reserva te diré que ya voy comprendiendo que, pobre y fea como soy, puedo encontrar cualquier día mejor partido, uno así como uno de tus primos. No siempre los ricos se han de casar con ricas. Supongo, porque te conozco, que no me harás la ofensa de creerme interesada. Yo quiero que me amen profunda y apasionadamente; pero... ¿por qué no atender un poquito a las comodidades de la vida? Juan y Alfonso son dos jóvenes muy brillantes y de gran mérito. ¡Cuando comparo a Óscar con ellos! ¡Que tristeza, hija mía! ¡Dichosa de ti! Yo comprendo que Óscar es digno de toda consideración, pero... pero... ¡ya me entiendes! ¡Yo me entiendo también! Con toda franqueza te digo que no quiero quedarme, como dice Juan, "pour coiffer sainte Catherine". Además, ya te dije que acá, en casa, no pueden ver a Óscar. Mentarle es como mentar al diablo. Le reciben, hija, porque... ¡qué han de hacer, dado mi carácter impulsivo y resuelto!

Otro día te escribiré con mayor calma. Me voy a casa de Arturo. A las seis será el primer ensayo de *Como empieza y como acaba*. Allá me encontrare a Óscar. Vino a no sé qué negocios de la fábrica, y no regresará hasta mañana. Al pasar me dijo que nos veríamos en casa de Arturo. No querían que trabajara yo en este drama, pero porfié, y, como siempre, me salí con la mía.

¡Adiós, primor! Te manda un millón de besos tu

Conchita"

"P. D. ¡Ah! ¡Se me olvidaba! ¿Cómo van tus amores con Alfonso? ¿Cuándo nos darás los dulces de la boda? Cuéntame, cuéntame, y saluda a Alfonso de parte mía. Se me olvidaba contarte algo interesante. Aquí está Adolfo Ramírez. ¡Pobre muchacho! ¡Que lástima me da! No tiene remedio. Lo de siempre, Margot, lo de siempre. Vino a visitarme hace dos días. No le conocía yo... ¡así está! ¿Te acuerdas qué guapo era antes? ¡Pobre! ¡Maldito vicio ese de la bebida! Acabara con él. Me parece que el infeliz te quiere todavía. ¿Y tú le amas aún? Dice Adolfo que una mañana te vio en Chapultepec que ibas del brazo de un lagartijo; que tú no le viste, o no le conociste, o no te diste por entendida. ¿Con quién ibas? Me supongo que con Alfonso. ¡Adiós Margot! Si no dejo la pluma, la postdata será más larga que la carta".

Esa misma tarde contestó Margarita:
"Mi querida Concha:
No quiero dejar para mañana mi contestación. Todos agradecemos mucho tus recuerdos; y te saludamos cariñosamente. Daré tus memorias a mis tíos. Tu dirás lo que quieras, pero la verdad es que yo vivo allá más contenta que aquí. No nací para la vida de las grandes ciudades. Y ten presente que casi no pongo los pies fuera de casa. Se me pasan los días sin salir.
Ya te he dicho, mi querida Concha, que una señorita no debe leer cualesquiera libros, aunque una u otra persona se los recomiende y elogie. No solamente yo pienso así. Alfonso, que es muy discreto, que ha leído tanto, y que, en punto a novelas y poesías, conoce cuanto en Francia se ha publicado, es de la misma opinión y dice (me lo dijo esta mañana) que no debes leer ese libro de que me hablas porque no está escrito para señoritas. Pregúntale al P. Anticelli. Ya me dirás lo que contesta.
Oye los consejos de tu mamá. ¿Puede una madre darlos malos? ¡Por Dios, Conchita, que no hagas locuras ni tonterías! No es malo representar comedias, no señor, no lo es; pero ya tu vida es la de una verdadera actriz. ¿No crees que el tiempo que gastas en estudiar dramas y comedias, podrías emplearle en cosas de mayor provecho?
Piénsome que, al leer esta carta, dirás quedito (o en voz alta) que soy beata y gazmoña, y sepa Dios que más... Di lo que quieras. Yo te digo lo que debo, y lo que mi cariño y la razón me aconsejan.
Saluda a tu mama y a tu tía, de parte nuestra.
Un abrazo, un beso, y adiós.
Tu amiga.

Margarita".

Dobló su carta la blonda niña, ajustó los dobleces con un cuchillo de marfil, metióla en una cubierta, y al humedecer rápidamente con un pincelillo los bordes de la nema, sintióse sobresaltada.
—¿Por qué? —díjose—. ¿Enojarán a esa loquilla los términos francos y clarísimos de mi carta? ¿Le causare con ellos disgustos y desazón?
Y pensó: "Esta criatura, ¡Dios la tenga de su mano!, corre gran peligro. Es lista, tiene cierta cultura, es muy superior a su familia, a toda la cual se impone siempre, y el mal es gravísimo porque Concha no tiene seso. Además, falta de padre, o como si tal fuera,

la mimaron desde chiquilla, es por extremo voluntariosa, y cuando se ve contrariada, cuando cualquiera cosa le impide la realización de un deseo o de un capricho, calla, sí, calla, mas persiste en su idea y en sus intentos, y por este o por el otro motivo, como ella suele decir, se sale siempre con la suya. El sentido moral es en Concha muy débil, caedizo, inestable; en ella cualquier propósito bueno es efímero. El sentimiento religioso es en ella limitado; parece devota, pero en ella la devoción es fuego fatuo; la fe... algo así como vulgar costumbre... El trato con ese Arturo Sánchez que la da de libre pensador y jacobino, me tiene extraviada a Concha... y todo esto es malo, malísimo... Me da lástima, y por eso he tenido que decirle la verdad".

Y una idea horrible, rápida como un relámpago, cruzó por la mente de Margarita.

—¡Dios le depare —siguió pensando— un marido superior, que la ame profundamente, y que sosiegue en esa linda cabecita tantos diablillos azules como allí viven, danzan y se revuelven en constante prestigioso movimiento!

Margarita dio dos o tres vueltas a su carta, haciéndola girar entre los dedos; asentóla en seguida con la plegadera, y luego con aquella letrita suya, tan clara, tan elegante y tan aristocrática, escribió nerviosamente, pero con suma lentitud:

Srita. Concepción Mijares.
4a. Calle de los Desamparados, 7.
Pluviosilla. (Ver.)

Secó el sobrescrito, pegó con el mayor cuidado el sello postal, y sobre todo, asentó una hoja de papel secante.

LXII

Terminaba la comida.

Los criados recogieron en graciosos canastillos, engalanados con cintas de seda, casi todas las copas del servicio anterior, y pusieron frente a cada comensal, lindos platos de Sévres, en los cuales habilísimo artista regó diversas flores campesinas, y junto a cada plato colocaron cubiertos para frutas y postres, y un bol con agua de violeta.

Luego, mientras uno de los servidores pasaba las fruteras y otro retiraba los candelabros de plata, donde ardían sendos pares de bujías encaperuzadas con pantallitas rojas, el tercero de los criados encendió a un tiempo los focos eléctricos del suntuoso comedor, los de la araña y los que ocultos en corolas de cristal opaco llenaban los arbotantes repartidos en los muros.

Inmensa oleada de luz inundó el recinto: centelleó la argentería; subió el mantel en nitidez; brillaron con transparencia incomparable vasos y garrafas; duplicaron los boles su glauco tinte, y avivárorse granates y rubíes en los póculos de burdeos y de chablí, reservados por don Cosme y el clérigo

Lucieron las frutas su belleza rústica: las pomas califórnicas su carmín amoratado; las mandarinas su ardiente juboncillo; las naranjas cordobesas su ropilla jalde; los racimos el ámbar róseo de su orujo dorado, y las ananas, aunque tardías, espléndidas, sus penachos esmaragdinos y sus regios ipiles recamados de oro.

"¡Probadme!", decían en dulceras y tazones pastelillos y tortas, compotas y jaleas, y al lado de una caprichosa fuentecilla curva, donde entre rajas de limón y en lecho de caviar, brillaba la coraza de acero de dos pescaditos rusos, en cráter desbordante, una pirámide de fresas, coronada de azúcar, alardeaba de su ápice nivoso.

El espejo circular del centro, reflejando la luz de muchas lágrimas de Edison, irradiaba prestigioso en torno de una ramilletera veneciana, donde se aglomeraban, entre mustios helechos de plácida fragancia nemorosa, pálidos crisantemos —última flor del año—. Las palideces ebúrneas de las "musmés", hacían resaltar la púrpura imperial de cuatro rosas napoleónicas, cuyo tono aterciopelado competía con la hopa de monseñor Fuentes, quien, por caso rarísimo, estaba gárrulo y afable. Bromeaba a Juan y a Alfonso, y —nota característica del talentoso prelado en ratos de confianza y jovialidad expansivas—, lanzaba los enmelados y agudos dardos de su ingenio contra el manso don Cosme y contra el discretísimo P. Grossi, al cual llamó carlista. A ello dio motivo el italiano, encareciendo la buena mesa del pretendiente, y elogiando con elocuencia digna del barón Brisse, el jerez y las trufas del Borbón.

—No soy académico, ni filólogo, P. Grossi... —decía el obispo, mondando lentamente una mandarina— pero... he leído, no sé en qué parte —sin duda que no fue en San Isidro el Hispalense—, cierta historieta etimológica, que habrá de interesar vivamente a nuestro don Cosme, quien allá en remotas mocedades fue muy dado a las letras.

—¡Y ahora también, monseñor! —exclamó don Cosme, removiéndose en su sitial, en una contorsión de sierpe, y agitando la mojama de su cuerpecillo dentro de los pliegues de la estrecha y larga levita—. ¡Ahora todavía! Colaboro de tiempo en tiempo en *La Voz de México*. ¡Y hasta versos hago! He puesto en sonetos la letanía lauretana... Al presente, corrijo... Voy ya de mi escrupulosa corrección, en el salus infirmorum. ¡Ya recibirá V. I. mi obrilla! Pero, oigamos la historieta.

180

—¡Bien! —prosiguió el obispo, sonriente y dirigiéndose al italiano—: Cuéntase que un buen señor, devoto y piadosísimo, afecto al buen yantar, comía cierta ocasión, en el palacete de cierto nuncio apostólico... ¡Cuidado, mis buenos amigos! ¡Cuidadito con pensar que mi cuentecillo etimológico lleva saeta! No salga después el P. Grossi, y me diga dulcemente: "Monseñor: sois cáustico satírico

—Hable V. I. —murmuró picado el clérigo—. ¡Pláceme ver a V. I. de tan buen humor!

Y damas y caballeros pusieron atención.

—Es el caso... —prosiguió el prelado, separando hacia el borde de su plato la corteza de la mandarina— que el nuncio aquel se trataba a cuerpo de príncipe, y excelente anfitrión, cuidaba (como nuestros anfitriones) de la dicha de los convidados. Sirvieron ese día un platillo de aves, trufado ricamente, y el devotísimo caballero...

—Y parece que las frutas son dispépticas... —interrumpió el italiano.

El obispo siguió diciendo:

—...el devotísimo caballero, al ver el plato y animado por el aroma del tubérculo, exclamó: *Tartúfole, Signor Nunzio.*

—¿Y...? —iba a preguntar don Cosme.

—De aquí —apresuróse a decir el prelado— la palabra francesa "tartufe" (tartufo en castellano) inmortalizada por Moliere en una comedia insuperable. ¡P. Grossi! ¡P. Grossi! *Se non è vero è ben trovato*

Don Cosme entornó sus ojos humildemente; el clérigo se puso rojo como una cereza, y mozos y mozas se miraron y sonrieron.

El P. Grossi dijo al punto:

—V. I. debe saber que *il racconto e veechio.* Le oí en Roma, durante el Concilio Vaticano, de labios de sangriento periodista, de aquel que fue entonces el más terrible adversario de los obispos galicanos. A él atribuyeron cierto epigrama tremendo contra monseñor de Orleans... ¿Se acuerda V. I.? Llamóle: monseñor Du Paon-Loup. ¡Ah! ¡Para sátiras y epigramas los romanos! ¡Pasquino no ha muerto!

Alegre risa circuló en la mesa. Palideció monseñor Fuentes, y sin hacer caso de lo que el clérigo había dicho, se puso a deshacer un racimo.

Don Juan, en alta voz y tono afable, dijo:

—¡Ea! Beberemos vino de Champagne. Como Federico el Noble, sólo en el campo gusto de tal vino... Pero como el nuncio del cuento, tengo a mi cuidado la dicha de mis comensales—. Y volviéndose al criado que dirigía el servicio, le hizo una señal.

Charlaba Juan en voz baja con Elena; Alfonso y Margarita departían regocijados; María y Pablo hablaban de frívolos asuntos, y mientras doña Carmen trataba con el P. Grossi de la obra que éste había emprendido en su capilla de San Francisco, el prelado encomiaba las naranjas sevillanas, y hacía memorias de los jardines de San Telmo. Don Cosme, muy pensativo, saboreaba lentamente ciertos turroncillos de famosa procedencia monjil.

En soberbia bandeja de plata, que trajo a la mente de Margot el triste recuerdo de sus lloradas mancerinas, puso un criado al lado de María las copas destinadas al espumoso y regocijante vino. Presentó luego a la joven en un platillo de cristal una rosa deshojada.

Tomó la niña unas tenacillas de oro, y, con gracia y elegancia supremas, puso en las cráteras sendos pétalos de la odorante flor.

El obispo, mirando atentamente a la joven, exclamó en tono afable y cariñoso:

—¡Cuánta elegancia, María! —y dirigiéndose a don Cosme, agregó—: ¡Eso es helénico! ¡Digno tema de anacreóntica! Amigo don Cosme: ahí tiene usted asunto para ella, o para un sonetillo renaciente, a la manera de Bembo...

—¡Pues a la obra, monseñor!

—¡No en mis días! No taño ni lira, ni caramillo ni rabel. ¡Quédese el tema para otro! Yo vivo para la pedestre prosa.

El criado distribuyó las copas y después trajo el vino en una ánfora de cristal, en una ánfora de suprema esbeltez, en torno de cuyo cuello se enredaba una guirnalda de rosas, y finamente, muy finamente, inclinado el magnifico vaso entre las dos manos, sirvió a todos.

—¿Hay personas en el salón? —preguntó don Juan.

—Sí, señor.

Esperó a que fuese retirado el servicio de postres: y después de consultar su reloj, prorrumpió, dirigiéndose al obispo:

—¡Salud, amigos míos! —Y agregó—: Nos aguardan en el salón. Allá tomaremos el café.

Mientras los criados abrían de par en par la puerta principal, disponiéndose a romper sus guantes, don Juan se acercó a Juanito, que llevaba del brazo a la ceguezuela, y díjole en voz baja:

—No te vayas. Necesito hablar contigo. Mañana mismo saldrás para Pluviosilla en un tren especial que ya está pedido. Partirás a las diez de la mañana. Allí esperarás mis órdenes, y te embarcarás en Veracruz del diez y ocho al veinte...

Lena oyó todo, se estremeció como si la conmoviera una corriente eléctrica, y estrechó el brazo de su primo hasta hacerle mal.

—¿Te vas? —murmuró tristemente al salir, avanzando en el pasillo.

—Ya lo has oído. Se trata de alguna jugada en la bolsa, y, sin duda, iré a Londres. Mi papá no fía en cualquiera.

—¿Y me dejas?

—Volveré pronto... ¡Cuestión de dos meses! Hecha la operación, nada me retendrá en Europa. ¿Qué quieres de París?

—Nada.

—¿Nada, Lena?

—¡No te separes de mí! —suplicó dolorosamente la señorita—. Necesito hablarte a solas... Ahora mismo...

Y entraron en el salón.

Doña Carmen y María servían el café. Margarita y Alfonso tocaban a cuatro manos La invitación al vals.

—¿A cuántos estamos hoy?— preguntó Elena a don Cosme, el cual le ofrecía una taza de café.

—¡A veinte, hija mía! –contestó el viejo amablemente.

Y la joven pensó:

—Hay tiempo.

—Por fin, criatura: ¿quiere usted café?

—¡Gracias, don Cosme, mil gracias!

LXIII

Margarita y María tocaban a cuatro manos algo de Saint-Saens. Alfonso, atento a la belleza y a las miradas de la blonda señorita, volvía las hojas. Todos escuchaban silenciosamente, mientras Juan y Elena conversaban en la antesala. El mozo, sentado en una duquesita, saboreaba el café y fumaba un cigarrillo habanero. La joven se inclinaba hacia su amante, apoyada en un cojín.

—¿Te vas? –dijo, después de un rato de penoso silencio.

—¡No por gusto mío! —respondió Juan.

—¿Cuándo regresarías?

—¡No lo sé! ¡Cuestión de tres o cuatro meses!

—Que serán para mí como cuatro siglos...

—¿Por que? —murmuró el joven, siguiendo por el aire con mirada ensoñadora o distraída las espirales de humo de su fragante cigarrillo, las cuales, reproducidas en un espejo, ascendían lentas en la pesada atmósfera del saloncito.

—Porque sin ti no podré vivir... No te veo, no te he visto nunca, y sin embargo conozco tu rostro. Por el timbre y por las inflexiones de tu voz adivino la expresión de tu semblante, y cuando estrechas mi mano sé lo que vas a decirme ...

Lena tendió el brazo sobre el cojín en que se apoyaba, abriendo la mano como esperando encontrar la de su primo.

—¡Juan! —exclamó en tono cariñoso—. ¡Me hace mal el aroma de tu cigarrillo!

—Elenita —replicó el joven con acento suplicante—, ¡pero si está riquísimo!

—Me molesta... No sé lo que tengo, pero desde hace varios días que me hacen mal los aromas. Si tú supieras cuánto he padecido durante la comida, con la fragancia de las fresas.

—Dejaré mi cigarrillo...

—¡No, no!

—Si lo deseas...

—Te decía yo —prosiguió— que al estrechar tu mano ya sé lo que vas a decirme; tus pasos, antes que llegues, me traen tu imagen, y al pensar en ti, cuando hago castillitos en el aire, siento que estás a mi lado, junto a mí, cerquita de tu Lena, y me parece que te veo, que te veo y percibo el perfume de tus vestidos y de tus manos. Me dicen cómo eres, y ya lo sé; pregunto acerca de tu persona, y cuando me dicen lo sé ya. ¡Te conozco, te conozco como si te hubiera visto! ¡Si yo te viera, me moriría de felicidad, de alegría!

Juan se había levantado para seguir fumando. En vano la ciega buscaba tenazmente la mano de su primo, y con ansia febril se inclinaba hacia el sitio que ocupara su amante.

Siguió diciendo con voz apasionada:

—Te vas... y me quedo triste; no vienes y vivo entre angustias y zozobras; te siento al lado mío, y dicha y felicidad inundan mi ser; pero ¡ay!, esa alegría dura un instante en mí, y tu palabra ligera y festiva lastima cruelmente mi corazón. Yo quisiera que fueras conmigo más serio y reflexivo. Dicen que eres frívolo y tronera, y yo digo que no; pero tus conversaciones y tus dichos te hacen parecer ante mí como falto de amor, como indiferente y tornadizo...

Y agregó suplicante:

—Juan... ¿qué no me quieres?

El mozo tiro por alto su cigarrillo en la escupidera más cercana, y sentóse al lado de la ciega.

—No me quieres...

—¿Por qué dices eso, alma mía?

—No eres conmigo tan cariñoso como antes ...

—¡Sí, prima! ¡Te amo más que nunca!

—¡No me llames prima! Llámame de otro modo, como sabes llamarme cuando estás cariñoso y apasionado...

—¿Cómo quieres que te diga? ¿Alma mía, bien mío, dulce amor mío?

—No.

—¿Pues cómo?

-De otra manera solías llamarme... —murmuró tristemente la ciega, paseando su mirada limpia y vaga, sin expresión ni vida.

—¡Ah! Te llamaba yo ...

Y Juan se inclinó y dijo quedito, quedito, en el oído de la joven.

—Esposita mía...

Un relámpago de felicidad iluminó el rostro de la ciega, y por sus labios pasó con rapidez de colibrí una sonrisa de ventura.

Juan tomó entre sus manos delgadas, distinguidas, pálidas y exangües, la mórbida mano de su prima. Esta se estremeció como una amapola azotada por el cierzo, y dijo apasionadamente:

—¡Así! ¡Así! Cuando estás a mi lado: cuando tienes mi mano entre tus manos me parece que te veo; como que se ilumina con luz de aurora la noche que me envuelve; y te veo, sí que te veo; y te miro de hito en hito, y miro centellear tu mirada apasionada y triste como adormecida en las violáceas ojeras. ¿Es verdad que hay mucha tristeza en tus ojos y en tus miradas? Eso dicen las gentes ...

—¿Quién te ha dicho eso, prima mía? —repitió Juan malhumorado.

—¿Te disgusta que te diga yo eso?

—No; pero... ¿quién te lo dijo?

—Lo dicen todos: mamá, Margot, mis hermanos, las señoritas que te conocen, y que me hablan de ti. Me dicen que tus ojos negros, muy negros; que tus pestañas grandes y rizadas proyectan en tus mejillas tintes de hiedra. Recuerdo cómo son los ojos de Pablo... ¡Dicen que los tuyos se les parecen! ¿Es eso verdad?

—No sé, Lena. ¡Nunca me miro en un espejo!

—¿Te contraría que te hable yo así? Si te disgusta... No me agrada saber que estás disgustado.

—No, Elenita.

—Sí; te contraría... He sentido en tu mano un movimiento que me lo dijo, un crispamiento de contrariedad. Lo he sentido, sí, lo he sentido. ¿Te desagradó lo que dije? Dímelo, y no volveré a decirlo.

Juan no contestó. Elena inclinó abatida su cabecita ensoñadora.

En el salón gemía el piano una melodía melancólicamente dolorosa.

—¡Juan! —prorrumpió Lena con acento desolado—. Tú no me quieres...

—¿Por qué dices tal cosa, prima mía?

—Porque tus propias palabras me lo dicen. Pero... dejemos eso... Si me quieres tanto como me dices... ¿por qué te vas?

—Papá lo quiere...

—¡No te vayas, Juan, no te vayas! Tengo miedo de que te vayas. Me parece que ya no volverás. París te ha robado el alma... México te fastidia... ¿Qué haré sin ti; que hará tu Lena sin su Juan?

—Prima mía... pronto me tendrás de regreso.

La ceguezuela se estremeció de pies a cabeza, asiendo fuerte y apasionadamente la mano de su primo.

—Si tú supieras... En mis ratos de ensueño ¡que son tantos!... cuando, como yo digo, me pongo a hacer castillitos en el aire, sueño con... sueño... ¡No; mejor no lo digo!... ¡No quiero decírtelo!

—No me ocultes nada, prima mía... —suplicó Juan.

—¿Prima mía? ¡Qué bien te digo! Tú no me quieres ya... Y yo sé por qué. Te amo, te he amado demasiado para que el amor no muriera en ti.

Juan, pensativo, clavó sus ojos en la alfombra.

—Lena, Lena mía... Dime eso que no quieres decirme...

Elena no contestó. Insistió el mozo, pero la joven guardó silencio, y retiró su mano de entre las manos de su amante.

Entonces este acarició dulcemente la cabeza de su prima, y díjole al oído, con angustioso ruego:

—¡Esposita mía... dímelo!

Irguióse la ciega, y volviéndose a Juan, le dirigió una mirada de sus ojos sin luz, y díjole seriamente:

—Lo diré: sueño que soy tu esposa; que vivo a tu lado; que por fin hay luz y alegría para mí: la luz de tu presencia, la claridad que a mi eterna noche habrá de darle la seguridad de que eres mío. ¡No te vayas.!... Si te vas, no vendrás nunca... y es preciso que vuelvas... y pronto, pronto. Temo...

—¿Qué temes?

—Nada.

—Algo te preocupa, y no es este viaje inesperado...

Otra vez se estremeció la ciega.

—Di.

—Debo decírtelo

—¡Pues dilo!

Entonces Elena, atrayendo al joven, díjole en voz baja algo que le hizo palidecer y levantarse como impulsado por un resorte. Después de unos cuantos minutos de silencio, soltó una carcajada y exclamó:

—¡No pienses en tonterías! ¡Se te ocurren unas cosas!

Cesó la música en aquel momento. Pablo y María entraron en la antesala.

La señorita dijo:

—No tomaste café. ¿Quieres una copita de anisete? Voy a servírtela.

LXIV

Juan partió al día siguiente para Pluviosilla. Elena no pudo disimular su pena ni su angustia. Lloró y lloró todo el día.

Doña Dolores no pudo menos que decirle:

—Hija: ¿qué tienes? Si yo o alguno de tus hermanos estuviésemos de muerte, o yo entre cuatro cirios, no llorarías así. ¿Por qué lloras? ¿Qué te apura?

La ciega hizo un esfuerzo y se echo a reír. Reía, pero sus ojos estaban llenos de lágrimas.

—¡Bendito sea Dios! —siguió diciendo la señora—. ¡Bendito sea el momento en que Juan se fue! ¿Se fue? ¡Pues que no vuelva nunca! Te has enamorado de él, hija mía; sí esa es la verdad... Tú lo niegas, pero nada hay más cierto. No me causó extrañeza que tu hermana se enamorara de Alfonso, porque Alfonso es un muchacho de mérito... Pero Juan, hija, Juan no vale nada, como no sea por su dinero, esto es, por el dinero de su padre. Tú, niña, no sabes ni lo que es el mundo, ni lo que son algunos hombres... ¡Juan es un perdido, hija mía! Líbreme Dios de que dieras oído a ese muchacho...

—Mamá: ¡eres injusta con él! Es ligero de carácter, frívolo, parlanchín, audaz, pero nada más. Nadie le quiere... ¡Sólo Pablo!

—Ni Pablo. Ya sabes, porque la oíste de sus propios labios, la opinión en que le tiene...

—¡Y antes tan amigos!

—Sí; y mucho que me alegro de que tamaña amistad haya ido a menos. Hoy Juan es otro con él, y me felicito de ello. Pablo con esa mala compañía, iba por pésimo camino.

Doña Dolores dio la vuelta y Elena se quedó hundida en su tristeza y en su dolor.

A poco volvió la señora en traje de calle.

—Me voy a México —dijo calzándose los guantes—, Juan me citó para las cuatro de la tarde.

—¿Van a liquidar cuentas? —dijo Margot

—No sé cuáles serán esas cuentas... Yo no supe jamás que tu padre le debiera algo a tu tío... Pero, en fin, él dice que sí, y será.

—¡Mamá! —interrumpió Margarita con suma vehemencia—. ¡Por Dios no sea usted débil! Procure usted que Pablo asista a esa conferencia. A las mujeres nos engañan con facilidad. El legado de mi tía y el obsequio de mi tío, no son gran cosa, pero esas cantidades nos darán independencia y tranquilidad, que mucho necesitamos.

—Tú, hija, si Dios quiere, te casarás con Alfonso... El muchacho es bueno y te hará feliz... Yo no me intereso en este asunto por mí, sino por ustedes, principalmente por esta criatura, y después por ustedes. Pablo se bastará a sí mismo; Ramón necesita hacer carrera...

—¿Y cuánto reclama mi tío? —preguntó Margarita

—No lo sé; no me lo ha dicho. Nunca me había hablado de eso, hasta el otro día. A Pablo sí; le tenía dicho que al recibir el dinero de su legado liquidaría conmigo..., pero tampoco dijo cuánto... Veremos en qué para esto. Me voy.

Doña Dolores se compuso el sombrero ante el espejo, santiguóse, y salió.

Momentos después llegaba Alfonso.

Margarita salió a recibirlo muy afable y muy cariñosa.

—¡A buena hora viene el caballero! —dijo al tomarle el sombrero—. Quedó en venir a comer con su novia, y le hemos esperado en vano...

—El viaje de Juan fue causa de todo. No salió hasta medio día, y ya a esa hora no era posible venir. Papá me detuvo en el despacho y me hizo escribir cien mil cartas. No hay en el despacho quien escriba en francés, y además, él no fía de cualquiera. Es listo mi papá... ¡vaya si es listo! Por fin logró lo que deseaba, y esa operación le dejará muchos y muy buenos pesos. ¡Con tal que Juan ande listo! ¡Sí que andará listo!

—Bien; pero, ¿qué va a hacer Juan en Pluviosilla de aquí a mediados del mes? A fastidiarse...

—Déjale, que él buscará entretenimiento. Allí se encontrará a Conchita Mijares... ¿qué más necesita para estar a sus anchas?

—¿Y no le parece a usted, mi señor don Alfonso, que no viene un caballero a visitar a su novia para hablarle de combinaciones mercantiles, y de Conchita Mijares, de esa pobre muchacha cuyo destino me tiene siempre inquieta y en zozobra?

Alfonso se sentó en el taburete del piano, y girando con él, volvióse al teclado y se puso a tocar una melodía española, dulcemente apasionada... Margot a su espalda le oía, puesta una mano en el hombro izquierdo de su primo. Alfonso no era un pianista; pero tocaba con delicadeza y expresión.

Margot le escuchaba estática, siguiendo con la mente la encantadora serenata. A1 terminar ésta, la blonda señorita inclinóse, diciendo:

—Alfonso... ¿me quieres mucho?

El joven echo atrás la cabeza, descansándola en el brazo de Margarita, buscando la mirada de su prima, y murmuró, que no dijo, con melodiosa y correcta pronunciación francesa:

Quvre les yeux, dirai-je, oh ma seule lumière Laisse-moi lire dans ta paupière.
Ma vie et ton amour:
Ton regard languisant est plus cher a mon âme
Que le premier rayon de la celeste flamme
Aux yeux privéers du jour.

LXV

Y la ceguezuela se alejó paso a paso, apoyándose en los muebles, mientras Alfonso dejó el piano, y asiendo la mano de su prima, se dirigió al balcón.

Hermosa tarde de invierno, resplandeciente y límpida pero en cierto modo entristecida por el vientecillo helado que arrancaba de los árboles del jardín vecino, todo aridez y desolación, las pocas hojas muertas que, persistentes en las ramas, parecían detenidas allí en espera del hinchamiento de las yemas, y de la pronta y exúbera aparición de los renuevos.

El viento levantaba nubes de polvo; el tranvía sonaba a lo lejos su bocina destemplada, y escuchábase lejana y alegre la música de una banda militar que divertía el ocio de los cadetes en los terrados de Chapultepec.

—Alfonso... —dijo Margot, echándose de codos en la balaustrada del balconcillo–. Estoy muy triste...

—¿Triste? ¿Por qué, bien mío?

—¡No lo sé, señor mío, no lo sé!

—Oigamos, Margot, lo que piensa esa rubia cabecita ensoñadora y lánguida; eso que no sabes y que te pone triste... ¿Cómo llamas tú, alma mía, a esa tristeza?

—Añoranza.

—¡Linda palabra!

—Nueva en la lengua, según dicen... Cierta dulce tristeza de cosas perdidas; de seres amados que se fueron; algo que nadie sabe explicar, y que a veces parece presentimiento atractivo de una pena o de una desgracia, y en otras próximo advenimiento temeroso de algo que anhelamos y que habrá de disiparse como el humo, como el penacho de esa locomotora que se aleja a través de esa llanura amarillenta y dilatada... El dolor tiene sus atractivos; los tiene, y muy dulces, como que la vida no es más que dolor... Mira, no me creas pesimista. Así me llamaste el otro día, y —si he de decirte la verdad— no me agrada lo que me dijiste... La vida no es absolutamente buena, ni absolutamente mala... En un libro leí el otro día estas palabras, que copié en una tarjeta, para que tú las conocieras, y para que en ellas aprendieras algo que no saben decir muchos de esos poetas, y de esos novelistas que tú lees ...

Margarita hundió su mano entre los pliegues de su falda, y de allí saco una billetera de piel de Rusia, y jugando con la aristocrática y linda carterita aromatizada, siguió diciendo, fijos los ojos en los de su primo:

—Sí, señor mío. Oí de tus labios, la otra noche, algo que no me gustó; algo que me hizo estremecer... Te disculpé: la música de Chopin tiene soplos mortales, ambientes de sepulcro... Pensabas en la muerte.

—¿Dices eso, alma mía, por aquello que te dije al oído, mientras tú tocabas el soñador *Nocturno*?

—¡Sí!; por eso.

—Me sentía dichosísimo a tu lado... ¡Tan dichoso, que tuve deseos de morir!...

—Y murmuraste a mi oído versos de Leopardi... No me gusta ese poeta. Era un hombre de alma enfermiza, sí, enferma de incurable dolencia... Pero confieso, confieso que la hermandad entre el amor, el dolor y la muerte es cierto... Oye...

—Te oigo, niña mía.

Margot sacó de la billetera una tarjetita. Iba a leer y se detuvo.

—¿Guardarás en tu cartera esta tarjeta? ¿La guardarás como recuerdo mío?

—Sí, Margot.

Y la joven leyó, traduciendo del francés:

—La vida no puede ser nunca enteramente feliz, porque no es el cielo, ni enteramente desgraciada, porque no es más que el camino que al cielo nos conduce...” ¡Verdad! ¡Verdad! Y... ¡verdad! Ahora... déjate de pesimismos y de leer a Leopardi y quiéreme mucho, tanto, tanto, tanto como te quiero yo.

Sonrió el mancebo dulcemente, y tomó la tarjeta.

—¿De quién es eso? ¡Ah! De Mad Craven. La conocí. Murió hace dos años. Es de la familia del conde de Mun, el gran orador, a quien he tratado muchas veces.

Alfonso guardo la tarjetita, y siguió diciendo:

—¡Tienes razón, alma mía! La vida tiene mucho de bueno ¿Cómo no creerlo así? Cómo no creeerlo cuando te amo, cuando tengo la dicha de amarte y la felicidad suprema de que me ames tú. Explícame ahora tu tristeza.

—No acierto a explicármela yo; no acierto a darme cuenta de este sobresalto ni de esta inquietud que, a veces, frecuentemente, me acongoja. Paréceme que me amenazan grandes amarguras; me estremezco sin motivo; me parece el cielo obscuro, y he llegado a pensar que...

—¿Qué no te quiero, y que no estimo tu corazón y tu alma en cuanto valen?

—¡No, no, Alfonso! Me amas, lo sé, me amas. Estoy segura de tu cariño. Y estoy segura de otra cosa, de que mi amor te hace feliz... Desde que me amas, eres otro. No hay en ti la tristeza que trajiste de Europa... Suele velar tu rostro algo sombrío, pero unas cuantas palabras mías disipan esa nube, y vuelve a tu rostro la sonrisa, y te veo plácida y noblemente soñador. Y esa alegría tuya me alegra, y esa dicha tuya es mi dicha... ¡y te amo, y te adoro, y te amo, y te amaré toda mi vida!

—¡Cómo te amo y cómo he de amarte yo!

—¿Sabes? —agregó la blonda doncella en tono regocijado, dejando ver toda la hermosura de sus ojos azules—. Dios creo nuestras almas una para la otra... ¡Dios es muy bueno! ¡Como que es Dios!

Alfonso tomó entre sus manos las manos de su prima, y las estrechó dulce y respetuosamente.

Obscurecía. El vientecillo invernal seguía soplando y traía los últimos acordes de la habanera con que la banda militar se despedía. La música ardorosa y apasionada del baile tropical llegaba hasta los dos amantes como los acordes de una melodía misteriosa, ideal, celeste.

LXVI

Volvió Lena a la sala. Alfonso se adelantó y le ofreció el brazo para llevarla al balcón.

—¿Estorbo? —preguntó, apoyándose en el brazo de su primo.

—¿Estorbar? Ven a charlar con nosotros...

—Me falta buen humor.

—Ven.

Colocóse al lado de Alfonso, y se reclinó en el barandal.

—¿De qué hablaban? ¿Se puede saber?

—Sí, prima.

—Contemplábamos el firmamento... ¡Qué hermosa noche! La atmosfera límpida, ni una nube en el cielo...

La noche había cerrado. Languidecían los ruidos de la ciudad, y el vientecillo traía el misterioso rumor de las cercanas arboledas. Hacia la derecha, el alcázar resplandecía sobre la masa fuliginosa del bosque, como un joyel de diamantes...

Todos callaban. Alfonso, baja la mirada, de codos en la baranda, entretenía su pensamiento haciéndole vagar por la red de sombra de un árbol escueto proyectada en el suelo por el foco eléctrico de la esquina, foco titilante y mortecino. Margarita estaba abstraída en la contemplación de los esplendores de aquella noche divinamente invernal... De pronto corrió hacia la puerta de la sala, buscó tras la colgadura el conmutador, y encendió los focos del centro.

Volvió al balcón, y, silenciosa como antes, entregóse de nuevo a contemplar el cielo.

—¿En qué piensas? —díjole Alfonso.

—Propiamente hablando, en nada. Me place viajar con el pensamiento por los espacios luminosos del cielo...

—Estás poetizando... —dijo Elena riendo.

—¡Dios me guarde de ello, si poetizar es decir sensiblerías cursis!

—Estás soñadora, Margot... —murmuró el joven en el oído de su amada.

—Pienso... —continuó Margarita— en que la contemplación del cielo en una noche así despierta en el alma infinitos anhelos. Siento que mi alma desea abismarse en esa constelada inmensidad, como en un mar de luces desconocidas, en un piélago de amor purísimo...

—¿No digo bien, Alfonso? —insistió la ceguezuela— ¿Miento al decir que Margarita se ha dado a poetizar?

Nadie respondió. La blonda señorita siguió diciendo:

—Ante esa inmensidad misteriosa, se presiente una otra patria mejor, y dulce tristeza subyuga nuestro espíritu, y deseamos morir...

—Melancólica estás, Margot...

—¿No dice tu famoso Leopardi que el amor y la muerte son hermanos? Pero ya te lo he dicho, ya te lo he dicho, Alfonso, que no me gusta ese poeta. Me repugnan las almas enfermizas. Las compadezco, pero me hacen daño sus tristezas...

La ciega parecía abstraída por un pensamiento dominante.

—Sí, sí, aunque Lena se burle de mí, aunque tú, que eres mas soñador que yo (sea dicho de paso), me censures... no he de negarlo, sin ser romántica ni sensiblera, que me place la meditación solitaria, lo mismo ante un soberbio panorama alpino, que ante el espectáculo del cielo... Comprendo que nuestra alma no vive a gusto en la tierra... que su destino es otro.

—Sí —murmuró Alfonso con su dulce acento francés—: "L'homme est un dicu tombé qui se souvient des deux."

Margot rompió de pronto la conversación, y exclamó:

—Vamos a tocar... Deseo oír música. Toca, Lena.

—¡No estoy para ello! —replicó la ceguezuela— ¡Y menos para música clásica!

—Toca de Chopin... —suplicó Margarita.

—De Chopin, no, Lena. Esa música al decir de Margot, me vuelve pesimista. Como quien no dice nada: ¡un Schopenhauer!

—El *Nocturno* Lena...

—No —se apresuró a decir Alfonso—, no, música alegre... un vals...

—No, no tengo ganas de tocar...

—Yo te lo ruego, Lena...

Y tomó el brazo de la ciega, y la llevó al piano.

—Un vals de Waldteufel.

—Sí, pero a cuatro manos. Ven, Margarita.

Alfonso se volvió al balcón.

Tras breve preludio que parecía el eco de lejana fiesta, un vals embriagador, cuyo tema parecía desenvolverse como una onda de humo perfumado, brotó del piano en rítmica misteriosa y vaga idealidad sugestiva.

Elena retiró las manos del teclado... Miróla Margarita, y le dijo:

—¿Qué te pasa?

La ceguezuela no respondió, y acometió briosamente el tema... Mas a poco se echó a llorar...

Acudió Alfonso.

—¿Qué tienes, Elenita?

—Nada; pero me he sentido muy mal. Llévenme al balcón... No es nada; no se inquieten...

Llegó un coche y se detuvo a la puerta de la casa. Era el cupé de Alfonso, en el que habían llegado doña Dolores y Pablo.

La señora venía triste y abatida.

—Hemos venido en tu coche, Alfonso. ¡Mil gracias! —díjole Pablo.

Se habló del incidente breve rato.

—¡Ya estoy bien!... ¡Ya estoy bien! —repetía

Elena. A poco se despidió Alfonso.

LXVII

Doña Dolores no quiso cenar. A instancias de Filomena tomó un poco de dulce.

Todos callaban: la ciega, llorosa y abatida; Margot pensativa y cabizbaja; la señora muy apenada; Pablo, sombrío y colérico. Sólo Ramoncito intentaba desvanecer con su charla la nube que pesaba sobre aquella familia, de ordinario alegre y de buen humor.

Ramón se soltó diciendo:

—A estas horas estarán de palique Juan y Conchita Mijares. Lo que ella se quería. ¡Bien guillada que estaba aquí por Juan! Aseguro por quien soy, que en estos momentos está en riña con el novio, porque mi queridísimo primo habrá llegado deslumbrante, arrollador, invicto como César...

—¡Muchacho, calla! —exclamó doña Dolores—. No estoy para charlas.

—¡Perdón, mamá! —respondió el muchacho, componiéndose el cuello altísimo de su camisa, y arreglándose la coruscante corbata—. ¡Perdón, mamá! No puedo resistir al deseo de seguir charlando. Todos ustedes están tristes y mudos... ¡Eso no está bueno! ¡Alegría! ¡Mucha alegría! Dime, Margot; dime: ¿no es verdad que tu queridísima y nunca bien alabada amiga Concha Mijares se fue prendada de nuestro primito, del galante y aristocrático Juan? ¿No contestas? Pues... quien calla, otorga.

—¡Calla, por Dios, Ramón! —volvió a decir doña Dolores.

El jovencito no la oyó, o no quiso oírla, y prosiguió:

—Entre el almacenista de "El Puerto de Veracruz", hoy escribiente en la fábrica del Albano, y el señorito Juan, soberbio tipo parisiense, pálida flor de asfalto francés... la elección es dudosa...

—No hables mal de la gente... —interrumpió la ciega contrariada.

—No; la elección no es dudosa... La ilustre monologuista, gloria del teatro casero de Arturito Sánchez (covachuelista clásico, poeta insigne y periodista perilustre) anhelaba juntar sus laureles artísticos a los rancios blasones de la nobilísima estirpe de los Collantes y de los Aguayos.

—¡Mamá! —prorrumpió impaciente la ceguezuela—. Oye a Ramón. Dile que hable de otra cosa... ¡Es tan fea la murmuración!

—¡Calla, por Dios muchacho! Si tu padre viviera, ya te habría impuesto silencio. ¡Bueno era él para oír malas ausencias de las personas!

—¡Ja, ja, ja! ¡Vive Dios, mamacita, que nada malo digo! Mi charla es inocente. Es pura historia...

—Será lo que tú quieras; pero no todas las historias deben ser sabidas... —Y doña Dolores se puso en pie, y seguida de Margot y de Pablo se dirigió a la sala.

—Dígame usted, mamá: ¿qué pretende mi tío? Me muero de impaciencia...

—Vas a saberlo...

Tomaron asiento en el estrado. Doña Dolores y Margarita, en el sofá; Pablo en un sillón. Este se echó hacia atrás en la poltrona y preocupado y pensativo cruzó la pierna, y siguió fumando, atento al humo de su tuxteco y a la conversación que iba a principiar.

—¡Esto no tiene nombre! —prorrumpió la señora—. Siempre desconfié de mi cuñado y de la desigualdad de su carácter...

—¿Qué liquidación es la que pide?

—¡No la pide; la hizo ya! —dijo Pablo dejando caer sus palabras.

—Al decirle yo que deseaba recibir el dinero legado por Eugenia, y con éste el obsequio de Surville, me contestó al otro día, terminantemente, con toda clridad: "¡Después que liquidemos!"

—¿Cuánto importa esa liquidación? ¿De qué procede? —preguntó Margot.

—De alguna cantidad que suplió a tu padre...

—¡Eso dice!... —interrumpió Pablo desdeñosamente.

—Parece que sí... Nos ha mostrado cartas...

—¿Está probada la deuda? Cartas...

—Probada no —replicó Pablo—, falta saber si papá no hizo el pago oportunamente... Papá era muy escrupuloso en todos sus asuntos...

—¿Y a cuánto asciende la deuda?... —volvió a preguntar la señorita.

—A poco más de lo que debemos recibir. Juan nos carga en cuenta dinero facilitado para venir, y los gastos de instalación.

—De manera que...

—De manera que aún quedaremos adeudando quinientos duros, o como dice mi tío, quien no pierde la costumbre de contar a la francesa, dos mil quinientos francos...

—¿Y el cambio?

—Queda abonado el cambio.

—¡Pero esto es atroz!

—¿Qué piensas hacer?

—¿Yo? –dijo la señora—. ¡Nada! Que paguemos... ¿Se debe? Pues... ¡pagar!

—Sí, pero...

—¡No hay pero que valga!... Sobre todo para él que tiene dinero —observó Pablo desalentado.

—Si se debe... pagar. ¡Tiene usted razón!... Pero antes, dejar en claro... si la deuda es cierta.

—Eso pienso yo, hija mía... Pablo dice que disputar sería inútil.

—Sí; ¿cómo probar nosotros que mi padre no debía nada? ¿Tenemos comprobantes?

—¿Y el dinero facilitado para el viaje y los gastos de la instalación? —observó la blonda señorita...

—Debemos pagarlo. Creímos que la bondad generosa de tu tío llegaba basta favorecernos, y nos engañamos. Sería indigno alegar nuestro error.

—Tiene usted razón, mamá. ¿No lo crees tú así, Pablo?

El mozo contestó afirmativamente, con un movimiento de cabeza.

—Quedaría el recurso de acudir a un tribunal... Un abogado hábil... El Derecho tiene sus preceptos, según entiendo.

—¡El Derecho! ¿Sabes, Margot, lo que es el Derecho, lo que ha sido siempre? —rompió a decir el joven, incorporándose en su asiento.

—No.

—Pues voy a definírtelo: es la ciencia de conciliar los errores políticos, legislativos y económicos de los gobiernos con el mezquino interés de los particulares...

—¡Déjate de bromas, Pablo!

—No, hermanita: tal es mi convicción.

—Entonces no queda más recurso que callar, ¿no es así, mamá? ¿Qué opinas tú, Pablo?

Pablo no contestó, sacudió la ceniza de su puro, y volvió a reclinarse en la poltrona.

—¡Y yo que soñaba que con ese dinero compraríamos unas casitas en Pluviosilla! ¡Yo que tenía la ilusión de regresar allá, y allí vivir tranquilas, en paz y gracia de Dios, lejos de este bullicio, de este vértigo y de esta feria de vanidades!

—Mamá: el hombre pone y Dios dispone.

—No volveremos a Pluviosilla —murmuró Pablo tristemente; y agregó con vehemencia—. me basto y me sobro para que nada falte a ustedes.

—¡Así lo creo, hijo mío, así lo creo! Pero...

—¿Pero qué, mama?

—Voy a tratar un recurso que me parece salvador...

—¿Suplicar? —dijo Margarita.

—¿Suplicar, mamá? ¡Nunca! ¡Jamás! —dijo entre dientes Pablo, levantándose—. ¡Eso seria indigno de nosotros!...

—Sin duda, muchacho. Déjame, que yo pondré a salvo nuestro decoro.

Profundo silencio reinó en la sala.

LXVIII

Muy temprano se fueron a misa Margot y doña Dolores. Pablo dormía y Ramón con el libro de Física entre ambas manos se paseaba en el corredor.

Filomena, la excelente y dulce Filomena, acudió en ayuda de Elena, la cual contra su costumbre se había despertado a eso de las seis y media.

—¡Ay, Filomena! —exclamó Elena, sentándose al borde de la cama y disponiéndose a que la criada la vistiera—. No he dormido en toda la noche...

—¿Por qué, niña? —preguntó cariñosamente la criada.

—¡Si tú supieras lo que me pasa, lo que padezco y lo que sufro!

—¡Lo comprendo, niña, lo comprendo! La desgracia de no ver es muy grande...

—¡Si yo pudiera escribir!

—Pero, niña... su mamá de usted o sus hermanos pueden hacerlo... Usted les dice lo que quiere decir... y ellos escribirán.

—Pero...

—¿Pero qué, niña?

—Nada.

—Niña... —murmuró la criada con ternura suplicante—, diga usted lo que iba a decir.

—¿Para qué?

—¡Dígalo usted!

—Lo que tengo que decir no debe saberlo nadie: solamente una persona ...

—¿Que no tiene usted confianza en la niña Margarita?

—Sí

—Pues entonces ...

—Pero no quiero que ella sepa lo que yo quisiera escribir a esa persona ...

—Pues Pablo o Ramoncito...

—Tampoco.

—Pues la señora.

—Menos.

—¿Qué... no tiene usted confianza en ella?

—Sí; pero no me conviene que sepa esto... Al menos, ahora.

—Pues entonces, niña, si de ese modo piensa usted, no sé yo...

—Mira: tú me quieres mucho... ¿no es verdad?

—Sí, Elenita; con todo mi corazón.

—¿Me guardarás un secreto?

—Sí, niña.

—¿De veras? ¿Me lo juras?

—¡Se lo juro a usted!

—¿Sabes escribir?

—¿Ya no se acuerda usted?... Aunque mal.

—¿Quieres hacerme un favor?

—El que usted quiera, si no es cosa que a la señora no le guste.

—Gústele o no le guste ...

—Pero niña Elena... —suplicó dulcemente la criada.

—Hija: las cosas, o hacerlas bien hechas, o no hacerlas... ¿Escribirás lo que yo te diga?

—Sí; puesto que usted lo quiere.

—Pues bien... Mamá y Margarita se irán a México con los muchachos. Luego que estemos solas te dictaré la carta... y luego tú misma la llevarás al correo... Es preciso que la carta que vamos a escribir, llegue mañana a su destino.

—¿Pues de qué se trata, niña?

—Ya lo sabrás.

La ciega saltó de la cama, y, apoyándose en el brazo de Filomena, se dirigió al lavabo.

En esos momentos llegaban doña Dolores y Margarita.

—Filomena —dijo la dama—, queremos desayunarnos, porque tengo que ir a México. Ve a servirnos... Margarita ayudará a Elena.

Quince minutos después todos estaban en el comedorcito. Elena, pálida y ojerosa, bella como siempre pero abatida y preocupada, se desayunaba lentamente.

—No me lo esperaba yo... —decía la señora contrariada y casi colérica—. Terminantemente me dijo que no. En buena forma, es cierto, pero se rehusó a obsequiar mis deseos.

—¿De quién se trata? —interrumpió Pablo.

—Del P. Grossi, hijo mío; del P. Grossi... Le rogué que, con modo, como él sabría hacerlo, como es capaz de hacerlo... ¡Vaya si lo es!, que le hablara a tu tío, y le hiciera ver que...

—¡Hizo usted mal, mamá! La dignidad ha debido impedírselo a usted.

—El P. Grossi no nos quiere —se apresuró a decir la blonda señorita—; si fuésemos de su devoción, mejor dicho, si contara con nosotros para la cuestión de su iglesia, otra cosa sería.

—Ni aun así... —dijo Pablo, untando de mantequilla una rebanada de pan—, ni aun así... ¡Por nada de esta vida, como no fuera por dinero, opondría el P. Grossi su palabra evangélica a los deseos y opiniones de mi tío! ¡Como que por mi tío y por mi tía avanza la obra de la capilla, y por mi tío tiene el buen señor cuarenta acciones de "Cinco Señores!" ¡De "Cinco Señores", mamá, cuyos dividendos son al presente como los de ninguna otra negociación! ¡Qué sencilla y qué cándida es usted, mamacita! ¿Cree usted posible que el dulcísimo P. Grossi, esa alma de Dios, por servir a usted, por hacernos un favor, se quiera enajenar la voluntad del señor don Juan Collantes, flor de la banca y hacedor de empréstitos? ¡Ni pensarlo, mamá!

—No haría lo mismo el señor Fernández...

—No. ¡Ya lo creo! Pero hará usted mal en molestarle, porque todo será inútil. ¡No hay más que resignarse!

—Tú dirás lo que quieras... Yo debo cumplir con mi deber... Ahora le veré cuando salga del coro. Margot... ¡a vestirse! ¡Muchachos, listos, y en marcha! Lena: ¿quieres ir con nosotros?

—No, mamá... —respondió la ceguezuela—. Prefiero quedarme. ¿Qué voy a hacer?

LXIX

En el comedor fue escrita la carta.

Filomena escribía bien, con letra muy clara y con pocas faltas de ortografía, pero la poca práctica hacía que a cada instante vacilara.

Dictábale la ceguezuela, y la fiel y cariñosa muchacha iba escribiendo sin darse cuenta de la gravedad del asunto.

—Niña —exclamó repentinamente, dejando la pluma—, ¿qué tenía usted de estos misterios, qué necesidad había de esto? ¿Por qué no decírselo a la señora o a la niña Margarita? Si don Juan quiere a usted, si usted lo quiere, ¿para qué ocultar estas relaciones? Su padre de usted decía (muchas veces lo repitió delante de mí) que los matrimonios entre parientes no eran buenos. Puede ser que a la señora no le gusten estos amores de usted y de su primo; pero... ¡Hay tantos matrimonies así!

—Sigue escribiendo...—dijo la joven. Filomena obedeció.

—Decíamos...

—Que...

—Lee.

—"...quiero que vengas, necesito que vengas antes de salir para Europa. Lo que te dije es cierto, y el asunto debe ser resuelto muy pronto. Ven a arreglarlo con mis tíos..."

Elena dictó:

—Punto y seguido. "Te entregue mí corazón, mí amor, mí alma, mi vida...

"Dicen que no eres bueno, pero yo creo que no eres malo. Eres caballero, y, como tal, debes cumplir la palabra empeñada a esta pobre y desgraciada criatura que tanto te quiere, que te adora, y que de ti, de tu lealtad, de la bondad de tu corazón lo espera todo. Mi familia nada sabe, ni siquiera Margot. Ven a arreglarlo todo, antes de que lo sepan. Temo que no vuelvas de Europa, y entonces... "

—Entonces ...

—"Dime". En dime pon dos puntos.

—Sí; ya los puse. Siga usted.

—Y una interrogación después.

—Ya está.

—"...¿qué hare yo?". Cierra la interrogación.

—¡Ya!

—"Si no vienes, si no vuelves, si a tiempo no arreglas esto... ¿qué hare yo?"

—Ya está.

—"...¿qué haré yo?"... "Temo que no vuelvas. Y, ¿sabes lo que entonces pasará? ¡Te has detenido a considerarlo?"

—¿Considerarlo? —repitió Filomena.

—"Hazlo por ti..." Espera, Filomena... —dijo Elena, interrumpiéndola y ahogando un sollozo.

La criada tuvo que dejar la pluma, y, sobresaltada, fijó en Elena una mirada de sorpresa y espanto. La ciega hizo un esfuerzo, y prosiguió, enmendando resueltamente la frase:

— "No lo hagas por ti... ni por mí... hazlo por tu..."

—¿Por quién? —preguntó Filomena, en cuyo pensamiento estaba ya la terrible palabra—. ¿Por quién, niña?

—"¡Por tu hijo!" —respondió sin vacilaciones la ciega.

—Pero...

—¡Escribe lo que te digo!

—Pero, Elenita... ¿qué quiere decir eso?

—Lo que dice.

—¡Niña, por Dios! —exclamó angustiada la servidora.

Elena no respondió . Después de un rato de silencio, con acento de mando, acento en el cual se revelaba cierto despecho doloroso, mal contenido y encubridor de una pena punzante y vergonzosa, dijo:

—¿Ya lo entendiste? ¿Ya lo sabes todo? Pues no temas y escribe.

—¡Niña Elena!

—Escribe... ¡Es preciso!

—Yo no escribo eso.

—¡Por Dios, Filomena!

La excelente servidora se echó a llorar. Elena, de codos en la mesa, el pañuelo entre las manos, al parecer impasible, paseaba en torno suyo la mirada inexpresiva de sus ojos sin luz.

—¡Cálmate! —suplicó cariñosamente—. Cálmate y escribe.

—¡No puedo creer esto, Elenita, no puedo creerlo! —replicó acongojada—. Eso no es verdad... ¡no es verdad!

—Sí lo es.

—¡Pero si no puede ser, si no puede ser!

Filomena se desató en sollozos, dando riendo suelta al dolor que le torturaba el corazón.

¡Qué tormentosa pena la de aquella alma cariñosa, tan amante de todos y de cada uno de los individuos de la familia Collantes! La de don Juan le era profundamente antipática. ¡Más vanos y tonistas! ¡Al diablo con ellos! Pero la de don Ramón le era profundamente querida, vaya, ¡Sí eran su propia familia! Entre todos prefería a Margarita y a Elena. A ésta más que a la otra. Se habían criado juntas... Eran como hermanas. ¡Cómo había llorado ella la incurable ceguera de Elenita! Mil ideas contrarias, mil sentimientos encontrados le atenaceaban el cerebro; mil dardos se le clavaban en el pecho. ¡Qué cosas suceden! ¡Qué iba a pasar! Primeramente la vergüenza, la amargura de la familia... ¡Qué no dirían de ella las gentes, que no dirían de la familia de don Ramón, hasta entonces irreprochable! Después el enojo de Pablo que tenía mal genio. Y la pobre Filomena consideraba la desventura de Elenita, la cual, por su desgracia, parecía libre de un mal matrimonio, y a salvo de una seducción. ¡Con razón ella no pasaba al Juanito, que era tan insolente y tan despótico, y tan burlón! ¡Cuánto no habría dado por ser ella la víctima! Ella, al fin, no tenía ni padres, ni hermanos, ni parientes... Para ella la sociedad no significaba nada... ¿Qué era ella en el mundo? ¡Un cero, nada! Ella habría huido con su amante, habría escapado para ocultar muy lejos su vergüenza. ¡Ella! ¡Ella! ¿Qué importaba? A la desdicha suya, a su orfandad, bien podría unirse la deshonra...

Así suele suceder con las huérfanas... ¿Pero Elena? ¿Elenita? ¿La pobre ciega? ¡No, no, si aquello no era posible, no era verdad, no podía serlo!

Oculto el rostro entre las manos, la infeliz Filomena se bebía sus lágrimas. Elena callaba. Afuera, los canarios trinaban regocijados en la pajarera, y el canto festivo de los pájaros aumentaba la angustia de la pobre muchacha. Oíanse ruido de coches, silbidos de tranvías, los rumores diurnos de la polvorosa avenida...

—Yo —seguía pensando Filomena— haría por la señorita el sacrificio mayor... con tal de salvarla... Pero... ¿Cuál, Virgen santa, cuál? ¿Por qué hay males en el mundo que no tienen remedio?

En su cándida sencillez, en su limitación intelectual, le parecía que algo así como un palacio de cristal, un alcázar preciosísimo, límpido, luminoso, prodigio de hermosura, en el cual se albergaban lo mejor de la belleza y lo más selecto de la virtud, se había hecho pedazos; que una mano impía, la de quien nada sabía estimar, como no fuere perdición y fango... Filomena habría deseado volver a lo pasado, volver a Pluviosilla, a tiempos mejores, antes de la llegada de aquellas gentes, antes de la llegada de aquel infame, para decirle: "¡Fuera de aquí! ¡Fuera de aquí canalla!" Y ocultar a Elena, y ponerla en cobro. ¡Qué villano era aquel hombre que no se había detenido ante el infortunio de aquella infeliz criatura! ¡Ante la desdicha de aquella niña, para la cual no había en el mundo ni alegría ni luz!

¿Y si Juan no volvía? ¿Y si aun volviendo se negaba a cumplir la palabra empeñada? Y todo, todo quedaría arreglado en unas cuantas horas... ¿Por qué no habría de ser así? Con que Juan lo quisiera, bastaría. ¡Qué infamias las de estos señoritos decentes y ricos! Pero su corazón le gritaba: "¡No, no abrigues esperanzas!... Juan se va y no volverá en mucho tiempo... No se casará con Elena, y...

Un rayo de luz cruzó por la mente de la criada... Pero al disiparse la repentina claridad, sólo quedó una obscuridad inmensa, profunda, de sombras más y más negras.

—Si de mí se tratara... qué me importaría ser vista como la peor de las mujeres. ¡Qué me importaría que la señora y los muchachos, y la niña Margarita, y la misma niña Elena, me despreciaran!

Entonces se revolvió como una víbora en el corazón de la honrada Filomena, un sentimiento impío, rebelde a la razón, cruel, ponzoñoso... Sintió desprecio por Elena... un desprecio profundo, y se dijo, temerosa de escuchar su propio pensamiento, asustada de la dureza de su corazón: "¡Ella tiene la culpa! ¡Con su pan se lo coma!" Luego sintió ira, algo como un impulso poderosísimo de castigar dura y severamente, como la joven se lo merecía... Pero la ceguera de la joven ablandó la dureza inesperada y rápida de aquel corazón recto y nobilísimo, que se alzaba altivo e indignado contra la maldad, contra la vil escoria humana, contra la inmunda materia, contra la debilidad de lo que debía ser firmísimo e inconmovible como gigantesca mole de granito; ablandóse compasivo aquel corazón conturbado por la ruina inesperada de aquello que para él era o había sido, hasta ese día, hermosura y pureza, respeto y dolor, y nuevas lágrimas, lágrimas dulcísimas de compasión y de caridad, rodaron por el rostro de Filomena.

—¡Pobre niña! —así lo pensó la fiel servidora—. Debo compadecerla. Así compadece el Señor a los pecadores. Dios aborrece el pecado, pero se apiada del culpable y le ama tiernamente.

Enjugó sus ojos, y volvió a tomar la pluma.

—Elenita... seguiremos. Dícteme usted.

Filomena sonrió tristemente, e insistió:

—Dícteme usted; pero hable usted con franqueza, y dígale a ese señor... lo que debe decirle. Con energía...

Pronto quedó concluida la carta. Filomena la llevó al correo, y al volver, cuando tenía ante su vista el cielo azul, el valle, el bosque, el alcázar, y la avenida melancólica de Chapultepec orillada de sauces grises, por la cual venía, camino del panteón cercano, un tren fúnebre, díjose desesperada:

—¡Para qué vendríamos a esta tierra! ¡Dicen que parientes y trastos viejos... pocos y lejos! Y... si los parientes son ricos... ¡hechos añicos!

Lena esperaba en el comedor.

—Ya eché la carta, Elenita. Yo misma pegué el sello... Ahora cuénteme usted su desgracia.

Y entre lágrimas y sollozos escuchó Filomena la historia triste y lastimosa de aquellos amores.

LXX

Mientras tanto, en Pluviosilla, en la ciudad de las fértiles montañas y de las aguas parleras, Conchita Mijares recibía gratísima sorpresa.

La monologuista estaba en la ventana, esperando a Óscar, a su Óscar amadísimo, cuando el brillante lagartijo acertó a pasar en busca de su amiguita.

—¿Quién será ese? —dijo Concha, al verle venir— ¿Quién será? Yo conozco a todos los jóvenes de Pluviosilla... ¡Ese no es de aquí! ¿Qué andará buscando?

No tardó en reconocerle.

—¡Juan! —gritóle—. ¿Qué busca usted?

—¡A usted, Conchita! —respondió el mancebo atravesando la calle y dirigiéndose a la reja.

¡Grata sorpresa para Conchita! La imagen del mancebo no se apartaba de la mente de la joven. Los Collantes eran el constante tema de su conversación, y Collantes por aquí, grandezas por allá, de los Collantes hablaba, y como no hay sermón sin San Agustín, no había charla ni plática de Concha; en que los Collantes no aparecieran. ¡Qué elegantes, qué finos, qué guapos! ¡Qué palacete aquel, qué trenes, qué salones, qué comedor, qué departamento aquel de los muchachos!

A Conchita se le pasaban las horas contando grandezas, lujos y refinamientos aristocráticos y parisienses. Ya tenía cansadas a sus amigas, y tanto que cierta noche, en casa de Arturo Sánchez, al acabar el ensayo, como se tratase de cierta escena que requería suma distinción de modales, Concha tomó la palabra, y, después de charlar a su sabor, puso como ejemplo la elegancia de los Collantes, y tanto dijo de ellos, y los encumbró por tal manera, que Óscar, que oyó todo, se mostró enojadísimo, no pudo disimular su contrariedad, y exclamó:

—Te han sorbido el seso los tales Collantes. ¡El caso que te harán!

Entonces Paquita Rodríguez, la actriz cómica de la compañía, que no miraba con malos ojos a Óscar, se atravesó, diciendo:

—Día llegará en que tú pongas blasones en tus cartas, como esos caballeretes tus amigos... Caballeros —dijo en tono teatral—, tengo el honor de presentaros a la futura marquesa de Collantes.

Y agregó con trágico acento.

—¡Es... el destino manifiesto!

Picóse Conchita y, roja como un abadol, disimulando su rabia, creyendo que un sentimiento de rivalidad había dictado tales palabras, respondió audazmente:

—¡Ojalá! Háganmelo bueno.

Rieron todos a más y mejor, y Óscar verdaderamente disgustado, tomó el portante. Desde ese día, a "sotto voce" todos le decían la marquesa de Collantes.

La monologuista hizo entrar a Juan, llamó a su tía, y presentó al mancebo.

Mientras este platicaba con la buena señora, una excelente mujer, tan conforme con su pobreza como escasa de entendimiento, Conchita no apartaba sus ojos de los ojos del pisaverde. A poco se dio a comparar la modestia y sencillez de aquella casa tan humilde, con el palacete de don Juan.

¡Qué diferencia! ¡Qué diferencia ¡Cómo se entristeció Conchita al contemplar su pobre sala! El suelo de ladrillo, muy limpio, es cierto, pero desolador y vulgar; la media docena de sillas de pino, barnizadas y enteras, pero delatoras de una gran pobreza; cuatro sillones de rejilla, con velos tejidos de gancho y adornados con cintas de seda, en las cuales Concha puso toda su coquetería; una consola vetusta, y en ella dos jarrones de cristal azul, llenos de flores, obsequio de Arturo, un día de la Purísima; un espejito biselado, a cuyos lados lucían sus grullas y sus crisantemos —crisantemos decía la monologuista—; sendos pares de abanicos japoneses de muy dudosa procedencia; bajo la consola un lebrel de barro, como en atisbo de un gazapo; en los muros, en distintos sitios, en ingenios de alambre, retratos de amigos y parientes. Allí estaba Arturo Sánchez en traje de carácter, muy orondo y legendario, con ropilla y calzas, en no sé que drama de Peón y Contreras, *La hija del rey* o *El sacrificio de la Vida*; allí Paquita Rodríguez, envuelta en un mantón de Manila, prenda que para un sainete le prestó la gachupina de una especiería cercana; allí muchas amigas de Concha, en grupo desastrado y en traje de fantasía: una de *Noche*; otra de *Día*; una de gitana; otra de manola. En otro ingenio estaban las Collantes con sus hermanos Pablo y Ramoncito; en otro la viuda de un magistrado del Tribunal Superior de Justicia, fallecido en sazón a los setenta: una joven de linda cara, de ojos soberbios, de cejas arqueadas e intensamente obscuras; y allí en un marco de terciopelo, hecho por Conchita, una fotografía de Nadar: Juan, en traje de caza. En el centro de la estancia, una mesa circular, llena de monitos de porcelana y de figuritas de barro, producto de la industria de Puebla; y en medio un quinqué con una gran pantalla de papel encarrujado. A la derecha, en las sillas próximas a la ventana, un par de bastidores que delataban el trabajo largo y penoso de la bordadora. Las vigas pintadas de gris, las paredes desconchadas. En la ventana, en el desportillado pretil, dos lindos caracoles, y un silloncito, trono vespertino y nocturno de la ventanera Conchita.

Tristísima sala. ¡Cuán diferente de aquella casa, de aquel palacio de los Collantes!

Tomó la palabra Conchita, y lista y vivaracha, zalamera como nunca, charló con su gracia de siempre, pensando en que Juan sólo por verla había venido.

—¡No merece usted —repetía— que le reciba bien! Ni adiós me dijo. Por charlar con Elena no me vio usted, y en vano le esperé en la estación, donde según me dijeron debía usted estar para despedirse de mí. ¿Cuánto tiempo va usted a permanecer entre nosotros?

—Probablemente un mes; a menos que, como me lo temo, un día u otro tenga que salir para Veracruz. He venido a mudar de aires, antes de partir para Europa.

—¿Se vuelve usted a París?

—Voy a negocios de mi padre... Pero de seguro que tardaré mucho en regresar.

—¡Vaya! ¡Vaya con el francés! —se atrevió a decir la tía de Conchita—. ¿No le gusta a usted su patria?

—Sí, señorita; pero... usted comprenderá... que entre México y París... hay gran diferencia. Vine lleno de entusiasmo, con el mayor gusto, pero una vez aquí...

—Y yo que me prometía que aquí, en Pluviosilla o en México, doblará usted la cerviz, la cerviz rebelde, al florido yugo...

—Es difícil, Conchita... aún no es tiempo.

—Ahora... Como estará usted aquí un mes... —se apresuró a decir Conchita— podrá usted conocer esta tierra... Me ofrezco a distraerle a usted, porque aquí va usted a morirse de tedio, me ofrezco a distraerle... Convidaré a algunas amigas, y saldremos de paseo. ¡Aquí... el campo! Es lo único que merece ser visto... y menos de quien viene de México, y mucho menos de quien viene de París... De alguna manera he de corresponder a las atenciones de usted, y de su papá, y de todos.

Aceptó Juan. Al día siguiente, estuvieron de paseo. Concha invitó a varias amigas: a las Sánchez, a Paquita Rodríguez y a las Castro Pérez. Fueron a visitar una hacienda, y a la cascada de Agua Azul, uno de los sitios más bellos del valle de Pluviosilla, en las fértiles orillas del Albano.

LXXI

Los carruajes de punto, pedidos por Juan, esperaban a la puerta del hotel.

El joven, frente al espejo, daba el último toque artístico a su elegante y distinguida persona. Arreglóse por la décima vez la corbata; se atusó el perfumado bigotillo; tomó los guantes y el bastón, y salió precipitadamente, maldiciendo del ruido del cercano río que después de mover la turbina de un molino inmediato, se precipita en su propio lecho con estruendo de cascada.

Atravesó el comedor, donde unos excursionistas yankees, jamoneros de Chicago, o especieros de San Luis, prolongaban, charlando perezosos, una fastidiosa sobremesa, y, después de repetir órdenes al administrador, un francés amojamado, de patillas ralas, de perfil judaico, suelto de lengua y con aspecto de maestro de coros, se dirigió a la escalera...

Al llegar al descanso le detuvo un criado. La caja con los emparedados, los pasteles y el vino de Champagne quedaba en un pescante. Los cocheros estaban aguardando.

—Vamos... —murmuró Juan. En ese momento vino un camarero a darle alcance para entregarle una carta.

—Acaban de traerla...

¿De quién sería aquella carta? La letra del sobrescrito era desconocida... El joven no pensó que fuese de Elena.

—La leeré esta noche —díjose resueltamente, y se la guardó en el bolsillo. Minutos después llegaba a la casa de Conchita Mijares. En espera de Juan estaban allí, las Castro Pérez, Paquita Rodríguez, Arturo Sánchez, las hermanas de éste, y un mozuelo barbilindo, empleado a la sazón en la Tesorería Municipal y parte integrante de la susodicha compañía dramática; consueta de ordinario y a las veces actor muy aplaudido. ¡Aún hacen memoria los del grupo, de aquel negro de *Flor de un día*, papel en que el muchacho se conquistó grandes aplausos, fama perdurable en el mundo casero de las aficiones artísticas!

Juan dio golpe entre aquellas buenas gentes, así por la corrección como por la elegancia. Y, a decir verdad, estaba guapo el lagartijo; pantalón y americana de franela inglesa, de color alegre y apacible, cinturón de cuero amarillo obscuro; camisa marrón, con cuello y puños níveos; corbata ligera, larga, suelta, flotante, de suavísimo tinte plomizo; borceguíes de piel de Rusia aceitunados; sombrerillo marineresco, y guantes suecos: traje de exquisito gusto, muy en armonía con la palidez y la demacración del mozo, delatoras de su vida estragada.

Los contornos de Pluviosilla son encantadores. Por los cuatro vientos tiene sitios admirables; pero ningunos como aquellos que están al sur, en las márgenes del Pedregoso, del Albano y del Azul.

Por esa región la vega se extiende en amplísima curva, limitada por los cerros de Xochiapan, que no son más que estribaciones y contrafuertes de la Sierra: montes cubiertos de verdor perenne, sobre los cuales se superponen montañas y cumbres. El Albano, túrbido, rugiente, torrencial, divide esa parte de la vega, corriendo en profundo lecho pedregoso, cavado por las aguas de cien valles durante muchos siglos. Las riberas son tupido bosque: álamos de follaje inestable, argénteo y ligerísimo; ceibas de retorcido tronco, de ramas frondosas, de hojas aviteladas y de frutos carminados; senecios de áureas flores; fresnos bravíos, de brillante copa; ahuehuetes altísimos, en cuyos brazos de gigante cuelgan las tilancias cabelleras y flecos grises; heliconias sonantes, gala y primor de las umbrías; convólvulos muelles que constelan los cantiles con estrellas blancas, violáceas y rojas; trepadoras fortísimas que tienden en los alabes columpios enflorados; alfombras de musgo, donde ostenta el verde sus múltiples tonos, desde el tierno de la naciente caña sacarina, hasta el obscuro y casi negro de los vetustos encinares de las cimas. Y en aquellas espesuras, en aquellos bordes siempre húmedos y frescos, en aquellos árboles y en aquellas peñas, qué de flores, qué de frutos extraños, qué de orquídeas de inebriante aroma jaquecoso.

¡Y desde aquellos lugares, qué magnífico panorama! Pintorescos plantíos, pingües cafetales, anchas dehesas, vallados vivos que simulan lindes de selva, y luego, más allá, más allá, Pluviosilla, la devota y tórrida Pluviosilla, hija de las flores y de las aguas límpidas, buscada por las nieblas y amada de los céfiros, albeante al sol naciente, de guarda al sol occíduo, en la noche refulgente y magnífica. y más allá, mucho más allá, fondo del cuadro incomparable, inmenso anfiteatro de lomas, de colinas de montes, y sobre todo, sueño de los nautas y rey de las alturas —la tienda nívea del Citlaltépetl, semivelado por un girón de nubes alargado por los vientos vespertinos.

Declinaba el sol en un cielo despejado, y al caer derramaba en el valle finísimo polvo de oro...

Por las calles fangosas y desempedradas, iban los coches lentamente, muy lentamente, como si los guíase un cochero taimado y medrador.

Alegría cordial reinaba entre los paseantes. Se charlaba en cada grupo a más y mejor, y todo respiraba dicha y juvenil regocijo. Arturo departía con Paquita Rodríguez, y, admirado del espectáculo que el valle le ofrecía, sintóse poseído de la Musa, y se dio a improvisar sonoras espinelas, al modo de Peza, para las cuales se creía el poetilla hábil y heroico forjador. El escribiente barbilindo cortejaba a las Castro Pérez, quienes, como de costumbre, murmuraban y hacían trizas y rajas de Concha, por venir ésta con Juanito Collantes, sin otra compañía que un chiquitín, hermano de la Paca.

Al dejar el carruaje, al fin del llano y en la linde del cafetal, para bajar hasta la ribera del Albano, nuestro lagartijo ofreció el brazo a su amiguita, la cual iba de lo más sencilla y elegante, con su vestidito de percal y su gracioso sombrerillo coronado de flores montañesas.

Bajaban penosamente la tortuosa y quebrada vereda, sembrada de hojas muertas, tributo postrero del invierno, cuidadosos de caer por cualquiera de ambas orillas, entre las espinas amenazantes y los cardos ariscos, cuyas flores de jalde y de púrpura semejaban dardos sanguinosos clavados entre los ramajes.

¡Qué solemne el rumor del turbio Albano! ¡Qué majestuosa la voz del Azul, al precipitarse entre las rocas, bajo el toldo tremulante de los álamos, a través de los carrizales tupidos y lánguidos, sobre un manto de helechos, de begonias desconocidas y de inextricables trepadoras!

Despéñase el Azul en el Albano, desde pocos metros de altura, pero cae borbollante, encrespado, como rebelde a la pendiente que le arrastra, y al desbordarse se divide en seis chorros que se envuelven en bruma, que se deshacen en lluvia menudísima, en vagarosa y tenue niebla, que la luz del sol poniente, al pasar entre las frondas, esmalta con arabescos de iris...

En la opuesta margen, frente al soberbio y espumeante salto, un álamo potente, de copa magnífica, ornado de líquenes, helechos y licopodios, protege a los visitantes contra la lluvia, y en su tronco pulido, terso y blanco, guarda infiel y olvidadizo, cifras y fechas, nombres amados y amorosas memorias.

—¡Que abran la caja! —dijo a los mozos Juanito. Apresuróse a obedecerle el criado parisiense, y mientras todos admiraban el sitio, quedó lista la improvisada mesa, decorada con flores cogidas en el tránsito. El vino de Champagne se enfriaba en la cuba, y el "garçon" disponía en platillos elegantes pastas, emparedados y dulces...

En tanto que los demás recorrían la ribera en busca de flores, la pareja se detuvo al pie del árbol. Conchita quería grabar sus iniciales en aquel álbum rústico; pero Juan la hizo desistir de la empresa, diciéndole que oportunamente lo haría su criado...

—¿Por qué no? –suplicaba el joven con poderosa sugestiva insistencia.

Conchita paseaba su picaresca mirada de diablillo alegre a lo largo del río, y deshojaba, maquinal y nerviosamente, un ramo de campánulas silvestres que Juan le había ofrecido.

—¿Por qué no? —repetía el mancebo, con acento quejoso.

—No.

—¿Por qué no?

—Porque no.

Entonces Juan se inclinó detrás de la monologuista, y suavemente, muy suavemente, acercó sus labios al cuello de la señorita, hasta tocarle los rizillos de la nuca. Se estremeció Conchita en un espasmo, como si un bicho le anduviera en el cabello. Dióse cuenta del atrevimiento de Juan, y roja como una amapola vernal, se apartó de su caballero. Este dejó escapar cínica sonrisa, y, medio mohino y medio contrariado, dio unos cuantos pasos hacia atras.

—¡Paca! —gritó Conchita—. ¡Ven acá! —No la oían.

—¡Paca! ¡Paquita Rodríguez! ¡Ven que te llamo! —seguía clamando Conchita, sin conseguir que la oyesen, pues el sordo rumor del río y el estruendo del salto ahogaban su vibrante y limpia voz.

—Conchita... —volvió a decir Juan—. ¿Por qué no da usted oído a mis palabras?

—¿Quién cree en las promesas de los hombres? ¿Sabe usted las quintillas de Placido... las de *La flor del café*?

—No...

—Pues oído atento...

Y Concha, en tono escénico se soltó diciendo, esforzando la voz para ser escuchada:

— "De un poeta..."

—Usted no es poeta, pero... ¡vaya!

"De un poeta el juramento
¡En mi vida creeré,
Porque se va con el viento
Como la flor del café…"

—¡Ah! —exclamó Arturo, que escuchó al acercarse, los versos del poeta cubano. Y siguió diciendo con maléfica (o benéfica) intención:

"Yo repuse: tanta queja suspende, Flora, porque
También la mujer se deja picar de cualquier abeja,
Como la flor del café".

Una señal de Juan dirigida al "garçon" , puso término a la plática, y al burgués "oaristys". Sonó un taponazo, y pronto se congregaron todos en torno de la mesa. Juan hacía los honores discretamente, dirigiendo a todos sus invitados, mejor dicho, a los invitados de Conchita, frases galantes y afectuosas que dejaron encantadas a las Castro Pérez y a Paquita, y muy satisfechos al barbilindo y al poeta.

Se bebió a la salud de Juan y por su "próspero y bonancible viaje a través de las olas y los vientos". Así dijo Arturito en una elocuente reminiscencia clásica.

Atardecía. Era hora de regresar. Cuando llegaron a la dehesa, donde esperaban los carruajes, el sol se había puesto y sobre los montes orientales persistía leve y plácida claridad, bien pronto disipada por la noche.

Ni una nube en el cielo. El volcán dejaba perceptible su nívea mole, y Sirio y Canepo, y Proción y Aldebarán, centelleaban espléndidos. Fresco vientecillo susurraba en las arboledas, y el Albano dejaba oír más intenso y solemne el rumor de sus linfas torrenciales.

Al entrar en las calles de Pluviosilla nuestros paseantes pudieron admirar el orto de Selene. El satélite surgía rojizo por sobre las montañas de Mata-Espesa y de Villaverde.

Juan y Conchita venían en el último coche. El chiquitín languidecía cansado.

—Por fin, Conchita —decía insistentemente el terco lechuguino—, ¿corresponde usted a mi cariño?

—Es de pensarse… —respondió la monologuista, retirando su mano, de la cual iba Juan a apoderarse.

210

LXXII

Para hablar con el Dr. Fernández, doña Dolores acudió a buscarlo a la Catedral. Allí le halló. El canónigo estaba en el púlpito engolfado en un sermón pomposo. Hablaba de la eficacia de la caridad, y demostraba con frases enérgicas y sugestivas cómo una buena palabra, un consuelo, y hasta una mirada compasiva bastan para que se nos abran las puertas de los cielos.

Doña Dolores se resignó a esperar, y se puso a rezar sus devociones (que no eran pocas); Margot rezó las suyas (que no eran muchas), y luego, mientras la dama desgranaba su rosario, la joven se entregó a la admiración que causa en cuantos la visitan aquella majestuosa basílica, por gracia y obra de S. M. el Rey D. Felipe II (Q. E. G. E.) la primera del mundo hispanoamericano. Lamentaba la blonda señorita el desaseo de la Catedral, muy necesitada de cuidado y aliño, tales como aquellos que tenían para su iglesia los diligentes capellanes de Santa Marta, el aristocrático templo de Pluviosilla; lamentaba el desaseo, pero se extasiaba contemplando las vastas proporciones del grandioso edificio. Concluida la misa, iban y venían las gentes a lo largo de las naves; cesantes, viajeros, ociosos, buenas personas que antes de emprender la diaria faena habían venido a implorar el auxilio divino. Ante la capilla de la Virgen Dolorosa oraban mujeres y hombres en cuyo semblante se retrataban la aflicción y la angustia de una pena latente y aguda; media docena de beatas y unos cuantos caballeros piadosos, de rodillas a cada lado de la crujía, rezaban inmóviles.

Mientras, en el artístico y sombrío coro, a la sombra de los altos órganos churriguerescos, en la primorosa y tallada sillería de cedro americana, protegidos por una Virgen de Murillo el Divino, cantores y canónigos salmodiaban sexta, y los niños del coro, pilletines de carita rosada y copete grifo, dejaban oír su voz atiplada y nasal.

Cuando la salmodia se tornaba en rezo, percibía la joven los mil ruidos y las mil voces de las calles y de la plaza próxima: vocear de fruteros que pregonaban sus mercancías; rodar de carruajes; silbar de aurigas, pitazos de tranvía, clamoreo de granujas que ofrecían cuarenta pliegos de papel inglés por diez centavos; redoble de tambores y clarines en marcha; la campanilla de un sacristán que anunciaba en la puerta mayor la misa de diez y media, en el trascoro, ante la virgen del Judío, en el altar del Perdón.

En lo alto de las naves y en la cúpula, velando las pinturas, flotaban nubes de incienso, bregando por escapar y en lucha aparente con las ráfagas solares, que, al penetrar en el sombrío recinto, hacían ver el polvo que flotaba en el ambiente.

Margot, la ensoñadora Margot, dio rienda suelta a su fantasía, complaciéndose en restaurar la basílica, y en decorar ésta, no con el gusto en privanza, sino con aquello que le parecía más adecuado, con los prestigios y maravillas de un arte vetusto; de aquel arte plateresco que fue a su tiempo en arquitectura y en indumentaria lo que a la poesía fueron el culteranismo y los alambicamientos de Góngora.

Pero no quería la joven para la Metropolitana el plateresco extremo, profuso hasta parecer manirroto, por la prodigalidad de adornos y de intrincadas caprichosas floraciones; no, le quería sobrio, prudente, económico, discreto, con su variedad interminable, con su simbolismo diáfano, con su aparentemente rota simetría; no un arte enfermizo, delirante y decadente, que vive de lo abstracto y apela a lo estrambótico para realizar belleza; sino ese otro plateresco, que fue como meta en el término de larguísimo estadio, columna miliar que marcó el fin de una edad gloriosa; arte que sintetizó, por modo admirable, a la España aventurera y piadosa, galante y atrevida; arte expresivo de cultura suprema, que estalló en opulencias desbordantes, en rica conceptuosa poesía, al tocar la cumbre, antes de precipitarse, decadente y fatigado, por la vertiente opuesta, para dar con sus esplendores mágicos en las glebas áridas del prosaísmo.

¡Sabe Dios en qué libro había aprendido la joven tales cosas! Ello es que para Margarita el arte plateresco habría sido en la Catedral Metropolitana gráfico poderoso símbolo de la vida religiosa de México durante la época colonial. Y se decía, discurriendo en aquellos caminos por donde la llevaba en vilo "la loca de la casa": en cada época de alteza o de rebajamiento moral, el arte refleja el estado de los espíritus, y las artes todas toman carácter idéntico.

A los extravíos del culteranismo, el estilo plateresco; a los prosaísmos siguientes, la frialdad de esas iglesias con traza y ornamentación de cuarteles; a la poesía en uso, toda epilepsia y exotismo, el revoltillo de nuestros salones, donde se agrupan y amontonan las cosas más disímbolas, procedentes de cien puntos diversos de la tierra, sin carácter el conjunto, sin unidad el todo.

Había terminado el oficio matinal, y los canónigos, seguidos de salmistas y monaguillos, salían del coro con dirección a la sacristía.

Doña Dolores y su hija, que estaban arrodilladas cerca de la tumba del Libertador, se levantaron, apartando a unas mujeres del pueblo, que a la sazón pasaban, y al atravesar la nave central, frente al altar de los Reyes, díjose Margot, viendo el estupendo retablo:

—¡Así! Una cosa como ésta, sin postizos ni aledaños mal traídos.

Entráronse en la sacristía, y detenidas ante la puerta del chocolatero, suplicaron a un coloradito que llamara al Dr. Fernández. Pronto vino éste.

—Ya te esperaba, Lola —dijo el canónigo.

Y tendió a la señora mano cariñosa, y acarició paternalmente a Margarita.

—Ya te esperaba yo, hija mía —siguió diciendo el Dr. Fernández—; sé de que se trata... Sé a lo que vienes. Estoy enterado de lo que hablaste ayer con tu cuñado... Cené allá, y me lo dijo todo. Se muestra contrariado y quejoso.

—¿Quejoso?

—He procurado con el mayor empeño, hija mía —puedes creerlo—, convencer a Juan, mejor dicho, decidirle a proceder de otra manera. Pero ¡imposible, Lola!, ¡imposible! ¡Qué quieres! Los hombres de negocios, los del tanto por ciento, son así: muy capaces de tirar una fortuna, pero tenaces y crueles para cobrar un centavo... ¡así son!, ¡así!

—Pero... señor —dijo en tono afligido la señora— ¡Eso no es justo!

—Justo, sí, Lola. Di que no es caritativo...

—Falta saber si esa deuda...

—Esa deuda no ha sido saldada; lo sé muy bien, y no por Juan, sino por tu esposo; por Ramón, que mil y mil veces me habló de ella. Lamentaba día y noche no haber liquidado con su hermano...

—Sí así es... pagaremos.

—Vosotros, hija mía, debéis pagar... Juan debiera ser generoso, más generoso con los suyos...

—Lo ha sido —interrumpió Margarita.

—Sí... —respondió el canónigo, dejando ver en sus labios una sonrisa de dolor, que contrajo levemente su rostro rozagante y gordinflón— sí—repitió—, pero ha debido serlo de mejor manera.

—¡A qué brindarnos favor y auxilio! ¡A qué traernos! Señor: el carácter de Juan, bien me lo decía mi esposo, es muy desigual.

—Algo hay de ello, Lola.

—¿Qué me aconseja usted?

—Nada, hija mía... como no sea que tengas mucha prudencia, mucha. Comprendo tu pena, comprendo tu contrariedad... pero... ¡mucha prudencia! ¡Mucha prudencia, hijitas!...

—¡Y yo que me prometía regresar a Pluviosilla, para vivir allí tranquilamente!

—¡Espera!...

—¡Para qué?

—Pablo se abrirá paso aquí...

—¡Quiéralo Dios!

—Lo querrá, ¡que no todo ha de ser pena en esta vida!

—Me ocurre una cosa...

—¿Cuál es ella?

—Que usted... usted que tiene tanto ascendiente sobre mi cuñado, le hable, y le diga (de modo que no comprenda que lo hace usted por indicación mía), le diga: ¡que sea generoso con nosotros! Yo no tengo codicia ni ambiciones —decía llorando la señora—, pero hemos sufrido tanto; hemos pasado tan amargos días; hemos padecido pobrezas tales, que deseo calma, sosiego, descanso, tranquilidad...

—Lo haré con gusto, Lola, con mucho gusto, con la diligencia de que di muestras hace seis meses, en Pluviosilla, para poner paz entre Juan y vosotros.

—¡Gracias, señor, mil gracias! ¡Dios le pagará a usted esa buena obra!

—Hablaré con Juan, y luego iré a verte. Tengo apuntada tu dirección.

—¡Adiós, señor...! —dijo Margarita.

—¡Adiós!

—¡Él os acompañe, hijas mías!

LXXIII

Juan no volvió a acordarse de la carta que tenía en el bolsillo. Al regresar del paseo, metióse en "El Cometa de Plata" —una de las cantinas próximas al hotel— y se bebió dos vasos de ajenjo. Comió precipitadamente, mas no sin buen apetito, y después de apurar a tragos gruesos unos cuantos sorbos de café, pidió un abrigo ligero y salió en busca de Conchita Mijares, a quien debía encontrar con algunas amigas en el Jardín de la Plaza, donde suelen congregarse, en las noches calurosas, las pollas más bonitas de Pluviosilla. De allí, después de dar unas vueltas, no bien sonara el toque de queda, se irían a la casa de Arturo Sánchez, quien, muy modestamente, y pidiendo a Juan mil perdones, había invitado para pasar la velada y tomar una tacita de té.

En Pluviosilla, durante el invierno a días espléndidos y límpidos suceden otros de lluvia y chipichipi. A los esplendores de aquella tarde incomparable, a las maravillas de aquel crepúsculo de oro y de púrpura, a la diafanidad de aquel cielo, y a los prestigios de aquel oro lunar, siguióse, como Concha se lo estuvo temiendo, una noche húmeda y fría. Cuando Juan salió de la cantina, todavía estaba despejado el firmamento... Unas cuantas nubes solamente flotaban présagas de norte, allá sobre las cimas de los montes orientales, y la luna, triunfante, radiosa e inmensa, roja aún, ascendía en una gloria de vapores leves que iban agrupándose allá y más allá, en los picachos y en las cumbres, como la plumazón de un cisne recogida por manos invisibles. Densa nube negra subía presurosa de los valles de Mata-Espesa y de Villaverde. De pronto sopló vientecillo desapacible y húmedo, y el norte se apresuró a entenebrecer los horizontes, y a tender en la bóveda cerúlea sus luengos inconmensurables capuces. El río, tan ruidoso y gárrulo en las noches anteriores, callaba lánguido y aterido; la niebla invadía las calles, y lluvia finísima empapaba el suelo. Los focos eléctricos parecían velados en crespones y la esfera iluminada del reloj de la plaza se iba extinguiendo entre la bruma.

Sintió Juan ante aquel espectáculo la más honda tristeza; la tristeza desoladora de una ciudad chica, de mal piso, fangosa, sin carruajes, sin casinos, sin teatros... Levantóse el cuello del abrigo buscó los guantes, y, calzándoselos, echó a andar, procurando seguir por el lado más defendido contra e1 viento.

¿A dónde iría? ¿Al jardín? ¿Le aguardarían allí sus amiguitas?

—¡Iré allá! —pensó.

A pocos pasos se encontró con Arturo.

—En busca de usted iba yo... —díjole cortésmente el covachuelista—. Las señoritas nos esperan en casa.

Y siguieron por una de las calles laterales, cuyas malas aceras y cuyo piso quebrado eran insuficientes para quien, como Juanito, estaba habituado a ir y venir en carruaje, o a subir y bajar por las cómodas avenidas de la deslumbrante Lutecia, la Universidad de los Siete Pecados Capitales, como dijo alguno muy conocedor de la materia, hasta perderse por las calles del norte de la ciudad, y pronto estuvieron en la casa de Arturo.

Allí estaba toda la compañía, toda, sin que faltaran las partes de por medio. Se charló, se bailó; declamaron versos Conchita y Arturo, y éstos, con un sobrino de don Juan Jurado, recitaron la escena mas hermosa de *El Drama Nuevo*, la escena de Shakespeare con Alicia y Edmundo.

Sirvieron el té. Las hermanas de Arturo hicieron los honores, y luego al son de una música traída de una calleja inmediata, a falta de la del maestro Olesa siguieron bailando hasta las dos de la mañana.

Concha bailó con Juan casi todas las piezas, mereciendo las censuras de todos los presentes, porque al ir y venir por la sala, o de palique en un ángulo de ésta, la pareja no hizo más que charlar en francés, lengua que no entendía ningún otro de los presentes.

¿De qué hablaban con tanto interés y con tal entusiasmo, que la monologuista se decidió a parlar en pésimo francés? ¡Ah, picaruelo amor, qué pronto te descubrieron aquellas chicuelas!

Ello es que, cuando a las dos de la mañana, Arturo y Juan con Paquita y las Sánchez, fueron a dejar a Concha, esta dio una cita al enamorado doncel. Juan ofreció que acudiría puntualmente a la hora señalada.

Despidiéronse allí, después que Juan invitó al poetilla para que almorzara con él al siguiente día.

Al entrar en el hotel, un criado entregó al mancebo un mensaje telegráfico y una carta que desde media tarde habían llevado para él. La carta era de Elena. El mensaje era de don Juan, quien le decía:

> "Sal mañana para Veracruz, a fin de embarcarte al día siguiente. En París te encontrarás cartas mías e instrucciones claras y precisas. Avisa de tu partida, escríbenos de esa ciudad, y recibe saludos de todos".

LXXIV

Así hablaba la ceguezuela:

> "Esto es inexplicable. Te escribo y no me contestas, y he tenido que valerme de unas personas amigas, para que esta otra carta llegara a tus manos. No puedo explicarme tu conducta. ¡Por Dios que vuelvas, siquiera por un día, antes de partir para Europa! ¡Por Dios que regreses pronto! No sé qué cosa podré decirte que a ti no se te haya ocurrido. Juan, Juan de mi vida, ten compasión de esta pobre mujer".

Al llegar al término de este párrafo se acordó el mancebo de que tenía en el bolsillo otra carta, la cual debía ser de Elena. Buscóla aquí y allá, hasta que al fin dio con ella. El criado, al limpiar la ropa, la había encontrado y la había puesto en la papelera.

Tomó la cartita, abrióla nerviosamente y retirándola por breves instantes, dijo para sí: "¿Quién la escribiría? Esta letra no es de Elena... Es letra de mujer, y de mujer poco práctica en escribir... ¿Quién se habrá enterado en esto?"

Y siguió leyendo...

En el rostro de Juan se iba manifestando la impresión que aquella carta le causaba... Primeramente, algo así como una ofensa le irritaba por inoportuna y tiránica, provocadora de soberbio desdén; después cierto remordimiento doloroso, muy doloroso, conmovió aquel corazón mal educado, peor dirigido, ajeno a nobles sentimientos, menospreciador de todo aquello que no fuese la satisfacción de un capricho, el cobarde halago de una miserable vanidad. Juan no tenía idea del deber; no acertaba a condolerse del dolor y de la desgracia de otros, y rebelde al menor pesar, irritado contra la menor dolencia, sabía buscar en la morfina, en el éter, en el cloroformo o en el alcohol, alivio para una enfermedad, consuelo para cualesquiera penas por insignificantes que fuesen, y olvido para un desengaño. ¿Desengaños? ¡Cuán pocos, y eso en los primeros años juveniles, en Suiza!... Quiso noblemente a un compañero, a un colombiano, dulce y sincero al parecer. El muchacho se portó mal. Al cariño de Juan correspondió el mejor día con una vileza, que hirió al mozo en lo más vivo, y le decidió a cerrar su corazón a todo afecto y a todo sentimiento generoso. ¿Para qué? ¡Si él no necesitaba de nadie, sí, de nadie, porque era rico!... ¡Tenía su padre tanto dinero! Desde entonces se buscó amigos en el grupo de los más listos, entre aquellos que más se le parecían. Los mimos de la familia, la mocedad parisiense, y la vida frívola y ostentosa completaron la obra, y lo poco bueno que en aquel corazón pudo sembrar el buen abate Boncheur, aquel anciano tan cariñoso, tan discreto, y tan sabio, desapareció en el periodo critico de los veinte años, arrancado de cuajo por el vientecillo pestilente de los bulevares de París, y por los huracanes mansos de Montecarlo.

Sin embargo, algo quedaba de bueno en aquella alma "siempre deslumbrada por relámpagos de sombra", porque Juan, al llegar a cierto párrafo de la carta de su prima, sintió que algo muy penoso y triste subía dificultosamente hacia sus ojos. Sintióse condolido, y por su mente desfilaron en rápida hilera, como una bandada de palomas heridas, muchas infelices mujeres... Quedóse inmóvil ante aquella visión importuna; quedóse con las dos cartas en la mano, afligido, trémulo, casi angustiado...

Una lágrima asomó en sus ojos, abrasadora y fresca a la par... Un noble sentimiento conmovió aquel corazón duro... Una idea generosa aleteó en aquel cerebro vacío de altos pensamientos, y una oleada de plácida alegría le bañó benéfica, y le hizo sentir la delicia del deber cumplido, la regocijada serenidad de la conciencia satisfecha, el aroma místico y celeste del arrepentimiento y del bien.

Volvió a leer las cartas; leyólas atento, y reflexionó; y luego se levantó y se puso a escribir una larguísima. Al revisarla no le pareció buena, la hizo menudos pedazos, y escribió otra que corrió la misma suerte... De codos en el pupitre, ante el papel blasonado, con la cabeza entre las manos, resolvióse, después de algunos minutos de meditación, a hablar poco, y a decir mucho.

Así escribió:

"Mi querida prima:
Yo volveré prontamente, y tú te veras satisfecha en tus deseos. Ten confianza en mí. Yo arreglaré en París el asunto de mi padre, y volveré hacia ti a corazón ligero. Yo tengo una pena secreta. Espera. Te anunciaré de mi regreso y arribo.
Todo de ti.

Juan
Pluviosilla, 25 de febrero de 1805"

Dobló la carta, metióla en un sobre, puso el sobrescrito, según le indicaba Elena en sus dos cartas, y la colocó en el sitio donde el criado debía recogerla para llevarla al correo.

—¿Quién será esta Filomena? —díjose al asentar sobre la carta una hoja de papel para fijar el timbre.

Y procedió a la "toilete" nocturna, llena el alma de nobles anhelos y palpitándole el corazón de sentimientos cariñosos y compasivos.

Al meterse en la cama se acordó de que hacía muchos años que no oraba ni al acostarse ni al levantarse, y pasó ante su vista la noble figura del abate Bonheur. Volvían de una excursión botánica. El excelente maestro a quien ni las ciencias naturales, ni la Filosofía, ni la Filología, habían conseguido apartar de las cosas de tejas arriba, venía cerca de él. ¡Qué dulce su cariñosa voz! ¡Qué afecto! ¡Qué santos consejos! "No olvides —le repetía agitando en la mano femenil, pálida, exangüe, aristocrática y distinguida, un ramo de helechos—, que en nuestra propia conciencia llevamos un acusador, un reo y un juez".

Juan quiso rezar, pero no pudo hacerlo... Tenía en sus labios la dulce oración enseñada por los labios maternales, pero le faltaron fuerzas para unir a las palabras una férvida efusión cordial. Le acometió invencible pereza.

De un soplo apagó la bujía, y se revolvió friolento entre las ropas húmedas, pensando:

—Habrá que recomendar al "garzón" que eche esa carta en el correo... A las diez; pedir un tren especial; a las once ver a Conchita... Seria imposible partir en la tarde. Sí; un tren especial.

Sonó solemne y majestuosa la campana parroquial...

—¿Toque de fuego? —pensó el mozo— ¡Ah! Es el alba... el día que viene... el sol... luz... alegría...

Y se envolvió en las ropas, y se durmió, arrullado por el ruido del cercano río.

LXXV

A las ocho de la mañana se fue Juan a una casa de baños no distante del hotel. El norte había huído, y un sol magnífico, anunciador de la próxima primavera, derramaba en la soberbia y rica vega del Albano su incomparable luz. Los campos húmedos esplendían con sus mil tonos diversos, y las nubes que durante la noche velaron el cielo huían hacia los montes de ocaso: rasgando sus caudas vaporosas en los picos de la cordillera. En torno del Pico parecían enroscarse, ciñéndole un turbante de blondas. Detúvose Juan un momento ante la balaustrada del puente, y se puso a contemplar la ribera donde bananeros sonantes y sauces melancólicos se mecían al soplo del vientecillo matinal. El río medio enturbiado corría murmurante.

La triste mirada del mancebo seguía distraída el movimiento de las copas y el ondular de las hojas flabeliformes. Hacía memoria de su llegada a Pluviosilla diez meses antes; de la impresión que su prima le había causado, impresión penosa al principio al considerar la desdicha de la ciega; grata después, cuando pudo estimar la hermosura de ésta, y cuando llegó a estimar el ingenio vivo de la joven y su exquisita delicadeza para interpretar en el piano a Chopin y Mendelssohn, particularmente para tocar apasionadamente, con gracia y expresión singulares, las danzas de Cuba y los danzones veracruzanos. Al pensar en Elena se la imaginaba llorosa, triste, abatida y acongojada. ¡Pobre muchacha! ¡Era tan infeliz! Entonces pensó en que no había dicho al criado que llevara la carta al Correo. "¡Esta tarde! —díjose— ¡Tiempo hay de sobra!", y se fue poco a poco a la casa de baños. Pronto regresó, y mientras le servían el desayuno puso cuatro letras al superintendente del Ferrocarril Mexicano para pedirle un tren especial. Concluido el desayuno ordenó al criado que arreglara el equipaje, que llevara la carta al Correo, y que pidiera la cuenta del hotel; se mudó vestido, se acicaló y fuése en busca de Conchita Mijares. Debía encontrarla en la Sauceda. Allí estaría con alguna de ellas, con Paquita, o con otra amiga más íntima.

El paseo estaba desierto. Juan consultó el reloj y un tanto impaciente, echóse a vagar por las calles del centro, a la sombra de los ocotes y los abetos.

Los buenos propósitos que horas antes parecían señoreados de aquel espíritu, débil para todo lo serio y todo lo bueno, flaqueaban en él, y los esplendores de París, los placeres de la cosmopolita capital francesa, tentadores más que nunca al compararlos el mancebo con el silencio y el aburrimiento de la fértil Pluviosilla, le alejaban a cada instante de lo que él, sonriendo, llamaba su vuelta al buen camino. Mas a poco cierto misterioso sentimiento (desconocido para Juan hasta el instante aquel) le hizo volver, no sin energía, a sus propósitos de la madrugada. ¿Qué sentimiento era ese?

Tardó el mancebo en darse cuenta de él. Nunca se lo había imaginado así. Un sentimiento satisfactorio, que más lo sería si hubiera llegado por otros caminos: el sentimiento de la paternidad, sentimiento naciente, muy leve, acaso vago, de suaves lineamientos. Y con él cierto noble orgullo de virilidad; orgullo másculo, que se complacía de su existencia, y parecía ir en aumento, duplicando su energía, para fijarse robusto, poderoso, firmísimo en un niño delicado, risueño, gracioso, de hoyosas mejillas, de rostro como de rosas y de alabastro, con grandes ojos negros, en los cuales centelleaba doble luz; un niño en quien todos descubrían rasgos de la fisionomía paternal, en unión encantadora con la belleza materna; porque Elena era muy hermosa, ¡hermosísima!... Pero ¡ay!, en aquel momento, como una racha de viento que apaga al paso una hoguera incipiente, mil pensamientos inesperados le acometieron irresistibles... El sacrificio de una libertad que nunca tuviera freno... la vida en Europa con tantos y tantos amigos... la juventud prematuramente sacrificada en un hogar entristecido, sí, anegado en tristeza, porque no podría haber alegría ni recepciones, ni fiestas en el hogar de un hombre cuya esposa fuera ciega. Hermosa, sin duda, pero ciega y sin fortuna... ¿Podía Elena ser en su casa lo que él había deseado siempre, cuando pensara en casarse, esto es, una mujer "comme il faut": brillante, sugestiva, reina de sus salones en torno de la cual se congregaran o pudieran congregarse caballeros distinguidísimos, políticos, diplomáticos, banqueros, literatos, artistas?... ¿Una ciega? ¡Imposible!

—¡Eh! —exclamó acallando la voz que interiormente iba a defender a Elena—. ¡Eh! ¡No preocuparse! ¡A París! ¡Tiempo habrá para decidirse a resolver la dificultad! En último caso... el arreglo será fácil...

Y delante de Juan una mano invisible le mostró una cartera repleta de billetes de banco.

—¡Ea! —repitióse impaciente consultando por segunda vez el reloj—. ¿Cuánto tarda esa chica?

Iba a regresarse, cuando la descubrió en el extremo de la calle.

—¡Hela allí!

Adelantóse al encuentro de Conchita, la cual venía sola y avanzaba ligera y alegre como un pájaro.

Pasaron largo rato en la calle de abetos. Juan se gozaba en la ligereza de la joven, la cual, viva y decidora, para todo dicho galante tenía oportuna respuesta; para cada frase amorosa una contestación afable aunque oliente a comedia; y en cada situación apasionada un sonrojo que pasaba por aquella caruchita risueña, simpática, y expresiva, con la roja coloración de un sol que se va y se pierde entre cúmulos de fuego.

—¿A París? —dijo repentinamente la muchacha, después de un largo rato de silencio, durante el cual recorrieron por décima vez la calle sombría.

—Sí, ¡a París!... —respondióle su compañero en tono dulcemente sugestivo.

Conchita se detuvo, fijó la mirada en el suelo, y, al parecer distraída, pero en realidad hondamente preocupada, principió a apartar con la punta de la sombrilla los despojos crinados de los ocotes.

—¡Sí, a París! —repitió Juan.

220

—¿Y después? —preguntó la joven.

—A Italia.

—¿Y después? —volvió a preguntar Conchita.

—Regresaremos a París...

Entonces el mancebo trazó a grandes rasgos, con palabra viva, ardiente, rápida, insinuante, tentadora, mareante, embriagadora como veneno somnífero, el deslumbrante cuadro de la vida de París, de los encantos de una sociedad culta y elegante, dueña de mil bellezas y de mil diversas elegancias... La navegación feliz... las noches a bordo, sobre cubierta, bajo el constelado cielo de los trópicos... como dos recién casados que hacen viaje de novios, envidiados de todos aquellos que los ven... Después... Europa... El vértigo de los bulevares... fiestas, espectáculos... Los domingos en el campo, a las orillas del Sena... las barcas, el almuerzo bajo las parras, el vino de Champagne, centelleante en las copas, el regreso al fin del día, en el tren repleto de burgueses que vuelven ahitos y regocijados... Lujo... elegancia, trajes suntuosos... la existencia cosmopolita de la ciudad suprema... el Arte... la Gran Ópera... el Teatro Francés... los grandes artistas... los dramáticos célebres... la cena íntima en el restaurante de moda... ¡los hermosos días!...

Todo esto, dicho hábilmente, aunque con mil y mil giros y frases francesas... desplegando ante la chica un programa tentador de satánica urdimbre, que exponía ante Conchita magias y prestigios, siempre por ella presentidos, y millones de veces precisados por libros de viajes y novelas francesas...

Vacilaba la joven. Tenía miedo; pero no se daba cuenta de que estaba al borde de un abismo. Repentinamente la razón, en un relámpago, la hizo ver claro.

—Y... —dijo, no atreviéndose a expresar su pensamiento.

Juan la interrogó con un gesto. Concha no respondió, y pensativa se ocupó en plegar su sombrilla.

—¿Y qué?

—Y... ¿el mundo?... ¿la sociedad?... ¿mi familia?... ¿los padres de usted?

—¿De quién? —replicó Juan sonriendo.

Concha le miró sin comprender lo que le decía su amante.

—Dices... —contestóle Juan dulcemente— dices, los "padres de usted".

—¡Ah! —exclamó Conchita riendo graciosamente aunque cejijunta y cabizbaja—. ¡Ah! —repitió—. ¡Tus padres! —y agregó—: ¡la falta de costumbre...!

—Respóndeme; que no hay tiempo que perder... He pedido un tren para las siete de la noche... ¡Respóndeme!

—¿Y después? —tornó a preguntar la joven.

—Después... ¡los padres... todo lo perdonan!... y... llevarás mi nombre... Sólo de esta manera podremos vencer las ideas de mi familia. ¡Es tan rara! ¡tan caprichosa!...

Para ella no hay más que el dinero... Y yo te quiero porque... ¡precisamente porque no eres rica! Respóndeme... No hay tiempo que perder...

Vaciló un momento Conchita, o, mejor dicho, detuvo su respuesta, buscando en el fondo de su alma la audacia femenil que una vez lanzada, es irreparable e irresistible. Por fin dijo con voz reconcentrada y resuelta:

—Sí

—¡Gracias! —murmuró Juan, y poniendo una mano sobre el hombro de la joven, y alargándole la mano, estrechó ardientemente la diestra de Conchita.

Luego le dio el brazo, y hablando en voz baja, llegaron a la puerta principal de la Sauceda.

Algunas personas conocidas entraban a la sazón en el paseo. Saludaron cortesmente. Juan unió su brazo al de la monologuista, la cual contestó sonrojada.

—Bien —dijo Juan—, ¡a las siete!... No digas que hoy debo partir... ¡No faltes!...

—¡Adiós!

—¡Adiós!

La joven siguió calle abajo, mientras Juan tomó hacia la derecha, camino del hotel.

LXXVI

Arturito Sánchez acudió con puntualidad británica a la cita de su aristocrático y elegante compañero.

Se almorzó ricamente, y, a la usanza rosa (según dijo el refinado lagartijo), se bebió en toda la comida vino de champaña.

Trataron los mancebos de mil cosas diversas y, a la mitad del segundo servicio, el escribientillo-poeta, que no estaba satisfecho de los pocos medros que lograba en Pluviosilla, aprovechó la ocasión para conquistarse la protección de nuestro caballerete. Tímido al principio, franco después, y siempre discreto, porque el cantor ebene en tales cosas no era rana, pidióle cohorte y favor para encontrar en México un buen empleo: un empleo lucrativo.

—¡Aquí se muere uno de fastidio!... ¡Aquí, mi excelente y fino amigo, no hay porvenir!... Aquí se atrasa uno, se empolva... mejor dicho, no se adelanta: no puede uno adelantar ni prosperar... ¿Sueldos? ¡Una bicoca! ¡Y démonos por felices con no perecer de inanición!... ¿Progreso intelectual? ¡Ninguno! Pluviosilla va en depresión.Díganlo si no los periódicos... ¡*El Contemporadizador*! ¡Escrito por cretinos! ¿*El Siglo de León XIII*...? ¡Escrito por fanáticos y santurrones! Jurado que tiene talento y relevantes aptitudes periodísticas no logra jamás que vivan sus papeles... ¿Cultura literaria? ¡Pedir peras al olmo! ¡Es imposible seguir viviendo aquí!... Y óigame usted, mi buen amigo (aunque parezca inmodestia mía)... me siento con alientos, con brío; mi pluma es vigorosa... tengo fe en el porvenir... Lo que me hace falta es vivir en un centro literario... En lo que se llama un centro literario! ¡Si yo me viese allá, allá, en México, en esa ruidosa ciudad que no conozco, y que yo me imagino soberbia, deslumbrante, foco de ciencia, de cultura, emporio de artes, así como Madrid, como Viena, como París!

Juan refrenó una sonrisa. Arturo prosiguió:

—Allá, en ese México, al lado, o cerca de tantos periodistas, de tantos oradores, de tantos poetas, de tantos artistas, de tantos reyes del verba humano, del verba humano que irradia como el sol... ¡Si yo me viese allí al lado de todos esos hombres a quienes admiro y venero... mi suerte... sería otra!

Esto decía el escribientillo, acariciando con el índice y el medio el pie de su copa, complaciéndose en la limpidez del vino, y gozándose en seguir con una sonrisa y con ojos atentos las burbujillas que subían del fondo:

—Usted tiene mucho talento... —se dejó decir Juan—. Tiene usted "esprit".

Arturo, alentado, siguió diciendo:

—Usted está... ¡Vamos!, usted está en condiciones de hacerme bien, sirviéndome de valedor... (Emito esta palabra en su buen sentido...) Usted en la posición brillante con que la fortuna caprichosa le ha favorecido, con sus buenas y altas relaciones, puede valerme.

—¡Con gusto! —contestóle Juan con suma bondad, riendo internamente, al ver cómo su interlocutor pretendía cortar los espárragos en trocitos—. A mi regreso de Europa, que será próximo, vendré a Pluviosilla... Entonces me llevaré a usted a México, y entonces, ¡ya veremos! En casa, en las oficinas públicas, no faltará... ¡algo! Será usted presentado a mis amigos, y quedará usted satisfecho de mí.

—¡Salud! —dijo entre dientes Arturo, alzando su copa.

—¡Santé! —murmuró Juan, levantando la suya, y ahogó otra sonrisa, al ver el destrozo que de la elegante verdura hiciera su parlero comensal.

A la hora de los postres hablóse de viajes. Juan contaba las maravillas de París, ponderaba su belleza; charlóse de su intelectualidad, de sus placeres, y... terminó la comida.

Arturo se despidió para ir a su oficina.

—¿Cuándo nos veremos? —preguntó al salir.

—Mañana... —conrestó Juan—. Estoy invitado a comer en la Fábrica del Albano. El administrador es amigo de mi padre...

—¿A qué hora saldrá usted para allá?

—Pienso irme a las cinco...

—Entonces... no podré verle hasta mañana...

—Mañana —murmuró Juan, impaciente y deseoso de que Arturo se fuera.

No bien se fue el mancebo, Juan llamó al "garçon" y díjole en francés:

—¿Están listos los equipajes?

—¡Listos! —respondió el criado.

LXXVII

Obscura la noche; el patio de la entrada semialumbrado por un foco puesto en el extremo de un mástil; la estación desierta; el andén tenebroso; luz insuficiente en la oficina del jefe, donde apenas era visible la mesa de despacho esclarecida por una lámpara de petróleo; en los asientos del corredor de espera un mozo de cordel fastidiado y soñoliento; frente al restaurante silencioso, un velador que iba y venía meciendo su linterna, la cual asomaba entre las puntas de su sarape rojo; el tren listo: un vagón con dormitorio; y un carro de equipajes. La doble locomotora, próxima al carro y separada un tanto de éste, resoplaba de tiempo en tiempo, interrumpiendo la vibración ensordecedora de su caldera de alta presión. El humo de las chimeneas, traído hacia el andén por el húmedo vientecillo de la noche, hacía pavoroso el aspecto de aquel sitio tan animado durante el día.

El conjunto de edificios fronteros, galeras, talleres, cobertizos, acervo de leña y de carbón, tan obscuros como el piso cubierto de bulla y de balasto volcánico, era terrorífico. Detrás de las tapias que por el lado opuesto limitaban el recinto, en el espacio que dejaban libre las altas chimeneas, las arboledas de un jardín colindante dibujaban sobre la incierta irradiación de una cercana fábrica, quebrada silueta de ángulos agudos en la cual se adivinaban perfiles de abetos, y de fúnebres cipreses. Allá, por sobre la mesa fuliginosa de la cordillera, en un claro de cielo, pródiga en irisados cambiantes, fulguraba la más bella de las estrellas australes, el divino Canopo.

El "garçon" esperaba en la entrada del andén, cerca de tres mundos y entre maletillas y sombrereras.

224

—¿Quién irá con el señor?... "Cenaremos en el camino", dijo el amo... ¡Vaya! Parece que el compañero es merecedor de muchas atenciones...

Pensando en esto alzó una cesta, en la cual asomaban sus cabecitas típicas dos botellas de vino de Champagne. Después arregló la cubierta de otra cesta llena de comestibles, y, oliéndola, dijo para sí:

—¡Qué bien huele!

En aquellos momentos se llegó el jefe de la estación.

—¿A qué hora vendrá ese caballero?... necesito combinar mis trenes... Faltan diez minutes para las siete... —dijo el empleado, y, con las manos en los bolsillos, se echó a pasear delante de su oficina, por cuya ventana salía la luz de la lámpara a dibujar en las baldosas los cuadros de la vidriera.

El criado, en su jerga hispanogálica, contestó que su amo no debía tardar.

Dos garroteros, alumbrados por un farolillo, a gatas bajo los coches, revisaban el rodaje y lubricaban chumaceras. La gran farola de la máquina lanzaba a lo largo de la vía su poderoso haz de rayos, haciendo más densa la obscuridad de los costados. Sobre la tórrida y pacífica Pluviosilla extendía el alumbrado público su vaga claridad lunar.

Volvió el jefe:

—Está listo el furgón... pueden llevar los bultos.

El mozo de cordel vino con un camión y se llevó los baúles y los sacos.

Oyóse a poco el ruido de un carruaje que venia a todo correr. Era un coche de sitio. ¡Bien se le conocía desde lejos por el estrepito de sus ruedas pesadas y por el retemblido de sus vidrios!

Entró en el patio rápidamente, y vino a detenerse delante de la escalinata. Saltó del pescante uno de los aurigas y abrió la portezuela. Salió Juan, puso en manos del cochero un puñado de monedas, y después, volvióse para dar la mano a una mujer que se disponía a bajar del pesado simón. La dama misteriosa traía velado el rostro por un mantón. Antes de bajar alargó a su acompañante una caja.

—¡Es mi sombrerillo!... —díjole muy quedo.

Sonrió Juan, y tomó la caja. Dio en seguida el brazo a la tapada y paso a paso dirigiéronse al andén.

—¡Sapristi! —exclamó el criado, acercándose a recibir órdenes de Juan. Dióselas éste en francés, y le entregó la caja.

El "garçon" corrió al coche, y echó todas las persianas; colocó en sitio apropiado los bultos y maletillas, y salió a la plataforma, mientras por el extremo opuesto entraba la pareja. Era preciso partir cuanto antes. El joven, impaciente e inquieto, bajó en busca del jefe.

—¿A qué hora partirá el tren? —preguntó.

—Dentro de cinco minutos... —contestó el interpelado, después de consultar con una ojeada el regulador de la oficina—. Cruzarán en Atoyac con el número 7... —y agregó—: El criado tiene ya los billetes...

En ese momento llegó Arturito a la Estación. Había sabido en el hotel que Juan partiría esa noche, y corrió a la estación. Dirigióse al tren. En la puerta del coche se encontró al criado, quien le dijo dónde estaba Juan. Cuando por éste preguntó Arturito, pudo observar el poetilla que una mujer, cuyo cuerpo no le era desconocido, se entraba en el departamento extremo del vagón.

—¿Quién será ella? —pensó sonriendo y con la curiosidad consiguiente de quien de pronto se encuentra en camino de descubrir una aventura galante o pecaminosa—. ¿Quién será ella? —repitióse—. ¡Ese cuerpecillo cimbrador lo conozco yo!...

A la sazón salía Juan de la oficina. Arturo se detuvo cerca de la ventana iluminada, diciendo:

—¿Se nos marcha usted, amigo mío, sin decir ni adiós?

—Pero con el propósito de escribir a usted tan luego como llegara a Veracruz... Un telegrama de mi padre me obliga a salir inopinadamente. Ruégole que me despida cariñosamente de todas nuestras amigas. Escribiré a usted de París, y le remitiré libros nuevos que le serán a usted útiles; de los más remarcables.

Quedó enganchada la máquina; el conductor vino a presentarse; el jefe dio vía libre, se despidió de Juan, y anunció que el tren iba a ponerse en movimiento.

—¡Adiós, amigo mío! —exclamó Juan, abrazando al poetilla, mientras éste se deshacía en protestas de amistad.

—¡Dichoso usted! ¡Buen viaje, y pronto regreso!

Subió Juan a la plataforma, silbó la potente locomotora, lanzó un par de penachos de humo asfixiante, y partió el tren. Juan dijo el último adiós a su amigo, agitando los guantes, y entró en el vagón.

—¡Tengo miedo!... —díjole quedo Conchita Mijares, llorosa y angustiada—. ¡Si fuese posible detener el tren!

Serenóla el mancebo, levantó una cortinilla, y sentóse al lado de la joven, llamando la atención de esta acerca del aspecto de la ciudad, que parecía envuelta en una poética claridad lunar.

Concha miró hacia el caserío, sobre el cual resplandecían los focos eléctricos como estrellas caídas en techos y arboledas, y lanzando penoso suspiro, se echó a llorar.

LXXVIII

La intranquilidad de la pobre ceguezuela era de las más dolorosas. Pasaban las horas y la infeliz muchacha se vivía contando los minutos, y suplicando a Filomena que fuese al correo para buscar en la lista si había carta de Juan.

Mas tanta inquietud y tanto afán eran inútiles. Elena, angustiada, presentía el desdén de su primo, y retirada en su alcoba, pretextando malestar, desazonada y abatida, se hundía en los obscuros abismos de su infortunio.

Una mañana, el mismo día en que Juan salió de Pluviosilla, fue a la compra Filomena. Regresaba con el recado, y regresaba presurosa, tan de prisa, que por poco la atropella un carruaje, el de un general que habitaba cerca de la plazuela de Cartagena. Llegó Filomena en momentos en que, calzándose los guantes, doña Dolores y Margot se iban a México, al llamado del Dr. Fernández.

La criada entró contentísima en la alcoba de Elena.

—¡Niña!... ¡Ahora sí! ¡Aquí está! —exclamaba, mostrando por alto la cartita aristocrática, como si la joven pudiese verla.

—¡Aquí está! —repetía la criada.

—¡Gracias a Dios! ¡Dámela! ¡Dámela! ¡Me parece mentira lo que me estás diciendo!

Elena, con ansia creciente, tomó la carta, la besó, y aspiró largamente el perfume del que venia impregnada. Era el mismo que Juan usaba, el que dejaban sus vestidos y sus manos; fragancia elegante, aristocrática y embriagadora....

Filomena se complacía en contemplar el regocijo pueril de la ceguezuela, y en pie, frente a ésta, suelto el rebozo, en el brazo la cesta llena de verduras, la fiel criada, muda y absorta, lloraba de alegría.

—Vamos, Filomena: léeme esta carta.

—Volveré, señorita, volveré... Voy a dejar todo esto...

Fuese Filomena, y mientras la ceguezuela, estrechando cariñosamente entre ambas manos la deseada misiva, anhelaba poder leerla como saben leer papeles cerrados las sonámbulas y las pitonisas.

—¿Qué me dirá? ¿Me anunciará su venida? ¡Si; Juan es bueno! Digan lo que quieran, sí, ¡Juan es bueno! Su mal está en que le han mimado y consentido... Nunca le contrariaron la voluntad... ¡Por eso es tan imperioso y avasallador!... Pero... es bueno, sí que es bueno... y... ¡me quiere mucho!

Ante la pobre ciega surgió entonces, de entre las tinieblas que la envolvían, la figura imaginaria de Juan, tal como Elena la suponía, reuniendo en el conjunto rasgos característicos de familia, y pormenores fisonómicos dados por amigas y parientes; una figura apuesta y viril, en la que los ojos atávicos de los Collantes lucían sus negras y rizadas pestañas, y sus pupilas negras, brillantes y siempre húmedas...

Volvió Filomena, y con una horquilla que tomó del tocador de Margarita, abrió la carta.

El contenido de ésta hizo irradiar de alegría el rostro de la criada, pero nubló con negra tristeza el semblante de Elena...

—Juan... no volverá... —dijo aterrorizada.

—¿Por qué dice usted eso, niña Elenita?

—Porque así lo hace comprender esa carta... porque presiento, y así me lo repite este pobre corazón mío que nunca me engaña... Sí; no hay que hacerse ilusiones... Hace un momento, antes de que tú vinieras, antes de que me leyeras esa carta, pensaba yo de otro modo... ¿Por qué no acude Juan a mi llamado? ¿Por qué se está en Pluviosilla? ¿Qué hace que no se escapa, y viene y habla conmigo?...

—Pues a mí esa carta, niña Elena, me parece muy formal, muy seria, y... hasta muy cariñosa.

—¿Cariñosa? ¡Llamas cariñosa a esa carta? ¡Qué bien se conoce, muchacha, qué bien se conoce que no has amado nunca, que no has amado jamás como yo amo a Juan! ¡No, no, eso no puede satisfacer a una mujer enamorada, enamorada como yo!

Sollozaba Elena ahogando, o más bien, tratando de ahogar los sollozos.

—Acaso tenga usted razón... Lo que a mí no me gusta es que no veo franqueza en su primo de usted. Me parece que... ¡Vamos!, ¡que no procede con sinceridad!; ¿duda usted de él?

–¿Qué si dudo?... ¡Sí! ¡Sí! Filomena, por desgracia mía.

—¿Qué haremos?

–¿Que? ¡Escribir otra carta! Escribirla ahora mismo.

Y se pusieron a la obra.

Dictó la carta Elena, y dictóla enérgica, con brío varonil, diciendo al mozo cuáles eran sus deberes, apelando a su entereza y a su dignidad. "Dicen —dictó Elena— que las mujeres somos débiles. Quienes dicen eso se engañan. Los hombres suelen ser más débiles que nosotras. A veces, de puro egoístas tocan en cobardes. Y no creo que seas cobarde, ni que en este caso te portes como un mal caballero. Si tal hicieras, llegaría yo a creer que no eres merecedor del cariño y del amor supremo de una mujer que vale algo y que en algo se estima; no, ni de una mujerzuela infame, de esas que arrastran por las calles los últimos restos de una belleza consumida en el fango del vicio y en los muladares de la perdición. Tú harás lo que quieras; te conducirás en este caso como mejor te plazca, pero yo, ahora y siempre, seré superior a ti. No me parecen francas tus palabras;

228

así lo atestigua tu carta, esa carta fría, helada, sin expresión ni cariño, y lo que es peor, sin amor. Sí; sin amor, sin lo que espera una mujer del hombre a quien ha entregado su alma y su vida, cuanto ella es, cuanto ella vale. No seré yo quien te haga ver que en este caso, más que en otro cualquiera, hay circunstancias especiales… no seré yo quien te recuerde mi desgracia, y que, para colmo de ella, y esa será mi mayor desventura, no tendré la dicha de ver a mi hijo… Espero tu respuesta, tu respuesta a vuelta de correo. Si no vienes, si me contestas con una negativa, y huyes como un personaje de novela cursi, entonces… yo sé lo que tengo que hacer".

—¿Y qué hará usted, niña Elena?

—¡Nada! —respondió la ciega, con cierta expresión infinitamente dolorosa, alzando los hombros en un arranque de desdén y de hondo desprecio por la vida.

—¿Qué hará usted? —insistió la criada— ¿Decirle todo a la señora?

—No.

—¿Al papá de Juanito, a su tío de usted?

—No.

—¿Pues qué?

—Nada.

—¡Eso no es posible!

—¡Sí es posible!

—Dígame usted lo que piensa hacer —volvió a insistir la muchacha en tono suplicante.

—¿Sabes qué?

—¿Qué —preguntó con temerosa curiosidad Filomena.

—¿Sabes qué?

La criada contestó con un movimiento de cabeza diciendo que no. La ceguezuela, volviendo a todos lados sus ojos de mirada vaga e inexpresiva, dijo en voz baja, con miedo, como si temiera de sí misma:

—Me mataría.

—¿Y el niño?

—¡No! ¡No! —gritó Elena—. ¡Por él viviré! ¡Viviré para él, y sufriré todo, y padeceré cien mil martirios!

—Sí, niña Elena; si es usted buena, es usted cristiana… ¿no es verdad que una mancha así no la borra más que el amor maternal?

Quedóse pensativa la ceguezuela. Después de un rato, dijo resueltamente:

—Acabaremos.

Y dictó el resto de la carta en tono cariñosísimo.

—Ahora... —exclamó con acento resuelto— ciérrala y llévala al correo. ¡Y será la última!

LXXIX

Repatingado pacíficamente en su poltrona, calados los anteojos, el Dr. Fernández leía un periódico. En eso ocupaba el tiempo el buen canónigo desde su regreso del coro hasta las doce del día, hora en que ni minuto más ni minuto menos, se sentaba a la mesa, a comer, con excelente y fidelísimo apetito, los cinco platillos reglamentarios: el caldo tradicional, como el que los ilustres abuelos acostumbraban a tomar allá en los felices tiempos del virrey Bucareli; sopa, de pan frecuentemente, de arroz a veces; cocido de lo más pingüe y variado; pollitos en especia; algo de verdura; frijoles, sin los cuales no se la pasaba el buen señor, y... postres: algunos bizcochos, y dulces, y frutas, a las cuales era muy dado, por motivos de régimen interno. Pero si las gacetas, como solía llamar a los periódicos (y pocos entraban en aquella casa), no traían nada interesante, o habían salido sin nada digno de atención, entonces el señor Fernández mataba las horas en despachar su correspondencia, que no era ni larga ni numerosa, o en continuar sus lecturas favoritas (a las cuales consagraba las veladas), sus lecturas de Alamán, o de García Icazbalceta, el incomparable investigador de nuestro siglo XVI. Tenía el Dr. Fernández rara predilección por tal centuria de nuestra historia, y holgábase en discutir de ella y de las cosas de Nueva España en tales tiempos, de los hombres y acaecimientos de esos años. ¡Buenos ratos que se pasaba tratando de esos asuntos con Agreda y el P. Andrade! ¡Buenas corrían para él las horas verificando fechas, revolviendo códices y desembrollando mamotretos, cuando acometía la empresa de aclarar algún punto de la historia eclesiástica! Tenía preparado un libro biográfico de los deanes de la Metropolitana, y una edición de las actas del Cabildo, ilustrada con notas eruditísimas, en las cuales, al decir de Galindo y Villa, a quien fueron comunicadas confidencialmente, se dilucidaban muy importantes cuestiones, y se aclaraban muchos pasajes obscuros de Motolinia y de Mendieta. Cuando sus mencionados amigos reclamaban la publicación de esas obras, el Dr. Fernández se soltaba lamentando la frivolidad de los espíritus en los tiempos actuales, aplazaba la salida de sus librejos —como solía decir—, y repetía tristemente estos versos de un célebre poeta italiano, aplicándolos a nuestro país:

"Che ignora il tristo secolo
Gl'ingegni e le virtudi;
Che manca ai degni studi
L'ignuda gloria ancor".

¡Dulce placidezla de aquella casa montada a la antigua, ajuareada a la antigua, y mantenida sin variaciones ni mudanzas, como en los buenos viejos tiempos! ¡Grato silencio el de aquella morada! ¡Silencio serenador de toda inquietud del alma, sólo turbado por la campana con que el viejo portero anunciaba la llegada de alguna visita, o por el canto de unos canarios muy lindos, idílicos habitantes de una hermosa pajarera, hecha con mucho arte y conforme a la traza de la Colegiata de Guadalupe!

Leía pacíficamente un periódico el Dr. Fernández, y leíale sonriendo, como quien muy en su interior se burla de la credulidad de un ingenio. Tratábase en aquel papel, y en larguísimo artículo, de cosas de la monarquía azteca, muy anteriores a la conquista de Cortés, y el canónigo, que no creía media palabra de cuanto a esos tiempos rezan los libros, reía compadecido. Sonó la campana del portero, y, a poco, la campanilla del portón, y el criado que andaba por el comedor, arreglando 1a mesa, anunció a doña Dolores y a Margot.

—¡Bienvenidas! ¡Que pasen! —dijo, y tiró el periódico sobre el velador próximo y se quitó los anteojos.

No tardaron en entrar las señoras. El Dr. Fernández se levantó y se adelantó a recibirlas.

—¡Venís a buena hora, hijas mías! —exclamo al verlas—. Podremos hablar tranquilamente, pues tenemos buen rato para ello... Acaban de dar las once... Os esperaba a la tardecita... ¡Ea! ¡Sentaos! ¿Cómo va? ¿Cómo está Elena? ¿Qué dicen los muchacho? Ese Ramón... ¿estudia? Y Pablo... ¿progresa?

La dama contestaba con el semblante tales preguntas. Margarita murmuró:

—Todos bien.

—Sentaos —repitió el canónigo.

Momentos después agregó, ocupando su sillón favorito:

—¡Perdonadme, hijas mías, perdonadme, que os haya hecho venir, en vez de ir a veros, como era del caso, y como debí hacerlo... pero... ¡Ya lo sabéis! A mi edad anda uno achacoso o desmazalado... Desde los días de la Candelaria ando mal, y... a mis años todo se vuelve dolamas.

—¿Ha estado usted enfermo?

—Enfermo... no; pero a deciros verdad... no ando bien. Por eso no me visteis en la comida de Juan la noche que estuvo allá monseñor Fuentes...

—Echamos a usted de menos... —dijo Margarita—. pero mis tíos nada me dijeron...

—Sabed que en esos días guardé cama ... Un resfrío... la "influenza" según el médico... La tal "influenza" que, a lo que veo y todos miramos, saca fácilmente del paso a los señores facultativos... ¡todo es "influenza"!... ¡todo se vuelve "influenza"! Prediqué el día de la Candelaria, y a poco de bajar del púlpito me sentí mal... Y no creáis que estuve en cama muchos días... Tres nada más. Al cuarto vine a esta sala... El quinto fui al comedor... El sexto me eché a la calle. ¡Bueno soy para estar encerrado, y proceder contra mis hábitos y costumbres! No, hijas mías, cuando se me llegue la hora, y Dios me llame, lo cual no tardará en suceder, la muerte me ha de encontrar en pie. ¡Mientras, aquí vamos tirando!... Ya lo sabéis... Yo... ¡ni cama, ni medicinas, ni médicos! ¡Y así he sido siempre! Por eso el deán y yo hemos visto al Cabildo renovarse dos veces...

—Cierto es —contestó doña Dolores— que siempre tuvo usted excelente salud.

—¡Es de familia! Mi abuelo murió de noventa y cuatro años... Mi padre de noventa... Mi madre de ochenta y siete... Hemos sido de buena madera... ¡Ya me veis!, voy llegando a los setenta y ocho, y ni me canso ni me fatigo... Subo al púlpito, hablo la media hora de rigor... y así hablara una hora... bajaría tan listo y tan campante... En quince años no he faltado al coro más que en dos ocasiones: el año pasado cuando nos vimos en Pluviosilla y ahora en los días esos de que os tengo hablado...

Hizo una pausa el canónigo, sacó la tabaquera, tomó un polvo, se limpió la nariz con el amplio y bien doblado pañuelo de hierbas, se acomodó en el asiento, y cuando la señora iba a felicitarle por tan buena salud, prosiguió:

—Es preciso que Ramoncillo (¡que tiene, tiene su talento!) no desmaye ni pierda el tiempo. Sí; es preciso que cuanto antes haga la carrera... ¿de abogado, no es eso? ¡Vaya en gracia! No será santo... No sé quien dijo que en el cielo no hay más que un abogado, San Ivo, y eso... ¡Sabéis por qué? Porque no ha podido entrar en la morada de los bienaventurados un alguacil que le arroje de allí... ¡Estamos? ¡Bien! ¡Bien! ¡Que sea abogado Ramoncillo, y que Dios le dé clientes que estén en lo justo, y pleitos productivos. ¡Ya tendrá que subvenir a ustedes! ¡Y Pablo otro tanto! Pablo me parece un guapo chico... Su tío dice que es inteligente y apto para todo...

Margot, durante todo el tiempo que llevaba de hablar el canónigo, estaba entretenida en mirar el tapete, un tapete más que marchito, vetusto, pero de muy gallardos dibujos: grecas ligerísimas y ramos de adormideras en que las flores se abrían magnificas y opulentas de lozanía, y las hojas se encorvaban con prodigiosa flexibilidad. Doña Dolores estaba pendiente de los ojos y de los labios del canónigo.

—Sí; eso es lo prudente, Lola. Así conviene. No esperéis nada de Juan. La liquidación queda hecha... Efectivamente Ramón debía eso... Adeudáis algo; pero eso se arreglará fácilmente... y algo alcanzaréis.

232

—¿Pero cómo —apresuróse a decir la dama—, cómo si adeudamos podremos alcanzar algo?

—Muy sencillamente: se trata de unos encajes...

—¿Pero esos no son de mis hijas?

—Como es legado de Eugenia y de Surville...

—Es cierto...

—Pero... —interrumpió Margot, en quien, a pesar de su serenidad y de su discreción, se alzaron contrariados el bien parecer y el amor a las galas— pero eso no es posible...

—Vamos, criatura —replicó el canónigo antes de oír lo que la blonda señorita iba a decirle—, ¿para qué quieres tú encajes de esos? ¿No te parece que en ustedes galas tan ricas, pues encajes de esos son joyas de millonarias y de reinas, resultarían un escándalo, o eso que ahora se llama una... una...?

—Cursilería, ¿no es cierto?

—¡Eso! —contestó el Dr. Fernández, moviendo la cabeza.

—Convenido... pero mañana, cualquier día... —murmuró Margot.

—Comprendo, criatura, comprendo... Algo me sospecho de tus ilusiones y de tus esperanzas, buena niña... ¡Dios te haga feliz, como lo mereces!

—Cuanto a mí —dijo vivamente Margarita—, puede estar segura mamá y usted también, señor, que no deseo ni joyas ni encajes... Soy mujer, y soy joven, pero no me pago de galas ni menos de lujos... ¡Va una tan guapa con un vestidito de lana, de muselina o de percal! Mamá; por parte mía... no vaciles, salgamos pronto de este asunto que va haciéndose enojoso. Cuentas claras, dicen, conservan amistades... Pues entre parientes...

—Pero usted, señor, ¿no le hizo ver a Juan?...

—Más de lo que tú piensas y supones... Dejad esto en paz... y confiemos en Dios.

La dama y su hija quedaron silenciosas. La señora fijó la mirada en el suelo. La señorita jugaba con la punta de su pañuelo y contemplaba el monograma en el bordado delicadamente.

—Y yo... que había soñado en regresar a Pluviosilla, y allí comprar unas casitas; y que Ramón allí estudiara, y que Pablo volviese a su empleo en la Fábrica del Albano, donde le recibirían gustosos... y huir de aquí, de este bullicio, de este vértigo, de estas frivolidades, de esta vanidad, que en todo y por todo impera...

Doña Dolores decía esto en tono congojoso. El canónigo sintió en su alma toda la angustia de su amiga, y pensó: "Pronto me moriré... Mis parientes no son pobres... Gabriela vive en la abundancia... El chico ese tiene lo bastante para arrastrar por el mundo su desgracia... Al morir dejaré a Lola y a sus hijas... algo de lo que tengo..." y agregó en tono sentencioso:

—Dios te ayudará, Lola. El que cuida de los lirios del campo y de los gorriones, cuidará de tus hijas, que lirios son también.

Siguió hablando dulce y cariñosamente.

—Bien, señor... Pues... Ahora... el último favor.

— ¿Cuál, hija mía?

—Decir a Juan, como usted lo crea más conveniente y oportuno, que no se hable más de esto, que se pague... y me remita lo que reste a favor nuestro... Yo no sé lo que valdrán los encajes...

—Adviértote que han sido puestos en el valor que Surville les atribuye... Alcanzareis mil pesos...

—No hablemos más del asunto.

Dolores y su hija se despidieron, el canónigo las acompañó hasta la escalera. Al verlas irse, díjose:

—¡Pobres gentes! ¡Qué poco le costaría a Juan ser generoso!...

Y enseguida, al oír que el reloj de la sala daba las doce, dijo al criado que a la sazón salía del comedor:

—La comida.

LXXX

A las diez de la noche, tres horas después de la partida de Juan, una de las tías de Conchita Mijares se presentó en la casa de Arturo Sánchez, en busca de su sobrina.

—Salió a las cinco... no ha vuelto aún, y no sabemos dónde estará —decía.

—¡No ha venido por aquí en todo el día! —contestó una de las muchachas—. Tal vez salió de allá con intenciones de venir... En la calle se encontraría con algunas amigas y se iría con ellas. Cuando usted llegue ya estará allá. ¡Qué paseadora es Conchita!

—¡Pero, Dios mío, qué muchacha esa tan alocada y caprichosa! Siempre estoy yo con ella: "Concha: ¡por la Virgen Santísima!, que tengas más juicio y más cordura". Pero la niña no hace caso... Es nuestra cruz.

La buena señora se despidió desazonada y en sobresalto, como si presintiera una desgracia... Las Sánchez, aunque no muy discretas de ordinario, se quedaron comentando el incidente, y de comento en comento, llegaron a las apostillas y a los escollos, y decían:

—El viaje a México, y la permanencia en casa de las Collantes; el trato con los primos de éstas; el ir y venir con ellos; el andar en los salones de los ricachos, en una sociedad de la cual nada se imaginaba Concha, la traen perdida. Ha venido deslumbrada y llena de ambiciones... Juraríamos que ha llegado a soñar con un marido de la aristocracia, y que, enloquecida por tal sueño, a veces se cree en la opulencia, pisando alfombras y servida por lacayos vestidos con lujosísima librea... ¿No han observado todos (no sólo nosotras que la tratamos diariamente, sino hasta quienes apenas tratan con ella) que no habla más que de lujos y esplendores?

—¡Ahora me explico —dijo una— el empeño de Concha para que pusiéramos *Frú–Frú*! ¡Si no charla más que de palacetes y grandes comidas!

—¡Pasemos todo ello! —exclamó, interrumpiendo, la mayor—. ¿Creen ustedes que ha hecho bien Concha en subir y bajar con Juan Collantes? Yo creo que no. Ni las de su casa hicieron bien en permitirle que fuese sola al paseo. Sola, sí, porque de su familia no iba nadie... ¡Cualquiera diría que a ella, a las de su casa, les gustaban los galanteos de ese muchacho, que es simpático, ni quien lo niegue, pero que en lo que menos ha de pensar es en casarse, y menos con nuestra amiguita! Los ricos buscan ricas... (Eso lo sabe todo el mundo)... Y más esos ricos que tienen las costumbres francesas... ¡Quiá!

Así charlaron largamente.

Al otro día, cuando Arturo volvió de la oficina, llegó entre contrariado y burlón.

—¿Saben ustedes la gran noticia? —prorrumpió diciendo, al entrar.

—¡No! —respondieron las jóvenes, ya sentadas a la mesa y en espera de su hermano.

—Pues... prepárense a escuchar... ¡Un drama!... Vamos, ¡una comedia! Mejor dicho: un sainete... más interesante que cuantas obras y piezas hemos representado acá.

—¡Di, por Dios! —exclamó la menor de las hermanitas de Arturo, una chica que cortaba un pelo en el aire, y, lo que es mas difícil, a lo largo.

—Conchita Mijares... no aparece. ¡Ni quién dé razón de ella! Pero ya se dónde para la prenda.

—¿Qué estás diciendo?

—Lo que oyen. La mamá de Concha, por medio del licenciado Castro Pérez, ha acudido a la autoridad para que se averigüe el paradero de esa tonta... ¡No sé yo a dónde se fue la viveza de nuestra amiga!

—¿Y han aclarado algo? —preguntó la madre de Arturo.

—Nada; ¡pero se aclarará!

—¿Y desde cuándo desapareció la palomita? –dijo una de las muchachas.

—Desde anoche. Alguno la vio en la tarde, a eso de las cinco... Llevaba una caja... Tal cuentan.

Todas las hermanas de Arturo se miraron, como explicándose algo.

—¡Ah! Yo me lo explico... Anoche vino a buscar a Concha una de sus tías...

—¿A qué hora?

—A las nueve.

—No, mamá —se apresuró a decir Enriqueta—, después de las diez... Como ano-che... ya no le vimos... no pudimos decirle nada a Arturo.

—Bueno... pues ya sé dónde está Concha a esta hora —respondió el poeta.

—¿Dónde?

—En un vapor... navegando en aguas del Golfo, en compañía de Juan Collantes... con quien se largó anoche a Veracruz... en tren especial... Yo fui a despedirme de Juan, porque supe casualmente que se iba... y vi en el vagón a una mujer, cuyo aspecto y cuyo cuerpecito me eran conocidos... ¡Y vaya si lo eran! Entonces no acerté a decir quién era... ¡Hasta pensé que fuese alguna mujer que Juan había traído de México! Esta mañana, al saber del rapto... me di cuenta de todo.

—¿Es rapto? Nadie se roba... "rapta" (como dice Jurado) a una mujer. Las mujeres se van con quien ellas quieren que se las lleve, y... ¡esa es la verdad!... ¡Que no busquen disculpas! ¿Tengo o no tengo razón?

—Razón tienes... ¡Y de sobra! —contestó Arturo—. Después, ellas, las muy hipócri-tas, se quejan de su desgracia... ¡Con su pan se lo coman! Lo dice el refrán: al que por su gusto muere... ¡hasta la muerte le sabe!

—Cualquiera diría... que... te duele... —dijo Leonor.

—¿A mí? —replicó Arturito muy picado.

—A ti, hermanito mío, a ti, que bien sabemos que la marquesita de Collantes desde antes de ser marquesa, no te parecía costal de paja... ¡No lo niegues, hermanito mío! ¡La verdad primero que todo! Confiesa que el asunto te ha podido... No en vano has sentido amor por Concha. Ella tendrá mil defectos, ni quien lo niegue... pero... hay que conce-der que es muy simpática, y muy bonitilla! Díganlo si no las décimas que le hiciste, tan apasionadas y tórridas; que lo digan el interés y el cariño con que siempre representaste con ella. En *La hija del rey* eras un torrente de amor... caballeresco, ideal... insuperable... sublime. Un volcán... ¡en plena erupción!

Arturo, contrariado y puesto en berlina, sonreía, disimulando su desazón. Cierta-mente: Concha le tenía prendado por aquella viveza de ratoncillo y aquel ingenio ligerí-simo, con los cuales se atraía la monologuista a cuantos mozos se le acercaban.

—Ya... veremos el fin de esta novelita... —agregó Arturo, afectando indiferencia—Comprendo la exposición... adivino la trama... me doy cuenta de los resortes dramáti-cos... presiento el nudo y miro claramente el desenlace... o, mejor dicho, la catástrofe. Último acto: en París... ¡No lo sé, porque no conozco París! Pero... me lo imagino: "Le Moulin Rouge".

Y de Concha y de su escapatoria con Juan se conversó durante la comida.

Terminada la charla habló la madre de Arturo.

—Concha no es mala... Se resiente de mala educación... Tiene más talento que todos los de su casa... Se impone a todos con su viveza y con su charla, y... de allí procede todo.

—Cada cual en su fila... —agregó Arturo sentenciosamente— y *pax Christi*.

LXXXI

Pronto corrió la notica por toda la ciudad, y el nombre de Conchita iba y venía de lengua en lengua.

Es Pluviosilla pacífica de suyo, muy pacífica, y tanto, tanto, que a veces parece a quien la observa discretamente como laguna de aguas muertas. Sólo de tiempo en tiempo se anima y se divierte. Ni la política, perra vieja que ladra en todas partes, que muerde en muchas y rabia en algunas, es capaz de inquietar al vecindario y de perturbar la paz augusta y octaviana de que allí se disfruta. Necesítase de fiestas colombinas o de festejos finiseculares, como quien dice de algo merecedor de un carmen horaciano, para que se muevan y se entusiasmen aquellas gentes, y se reúnan y se agrupen, y se asocien al amparo de nombres florales (gravísimo escándalo para la Filología, nuestra señora), con el honesto propósito de echar la casa por la ventana. Sí; aquella paz y aquella tranquilidad beatíficas —olímpicas que dijo el otro—, son deleitosas. Pero como en este misérrimo planeta no hay nada completo, el "venticello" de la murmuración sopla suavísimo, al menor desequilibrio de la atmósfera; sopla dulce y festivo al principio, luego destemplado, y por último penetrante y pungente, lo mismo en casas y en calles que en mentideros y cantinas. Vientecillo suave, suavísimo, que no apagaría una cerilla, pero que aviva mil chispas ocultas en el rescoldo de las pasiones viles y embozadas, esas que como los caracoles no sacan los cuernos sino en los momentos oportunos; que se encastillan en el caracol del disimulo o de la reserva marrullera. ¡Cosas de pueblo que no han podido ser aniquiladas ni por el aumento de habitantes, ni por la prosperidad siempre creciente de la feliz y opulenta ciudad, la Manchester de México! ¿Cómo se habló de Concha? ¿Cómo fueron pasados por tamiz los antecedentes, méritos, cualidades y virtudes de todos los Collantes habidos y por haber? ¿Cómo la guapeza de Conchita fue puesta en tela de juicio, y cómo se la juzgó por la murmuración justiciera, la que no raja ni desuella, y se viste de Temis, y pronuncia sentencias y falla excátedra? Piénselo el curioso lector discreto, si sabe de lo que aquí se trata, y puntual y honradamente se refiere. ¡Cómo lamentaban muchos (piadosamente, por supuesto), el extravío de la muchacha, seducida por un chico sugestivo y por la tentadora perspectiva de un viajecito ameno a la deslumbradora Lutecia! ¡La mala educación —decían otros—, la mala educación que es la única que produce tales peras! ¡La falta de religión! —repetían los de más allá—. ¡La educación jesuítica! —voceaban en el grupo jacobino, a la sazón muy ardoroso, crudo y batallador.

En las casas, entre señoras mayores... ¡ni se diga! Ello es que Conchita andaba de boca en boca, y en ninguna parte se encontraba un temeroso que no se atreviera a tirar la primera piedra. Hablóse del asunto en la botica más concurrida; charlóse de ella en "El Siglo Eléctrico" y "El Cometa de Plata" y en juzgados y covachuelas no se quedaron cortos. Los mozos mordían de pura envidia; las muchachas no callaban, pero se mostraban más discretas y hasta piadosas. Las señoritas de Pluviosilla son más dulces que miel hiblea, y mansas y buenas como tórtolas. Oían, y, callaban compasivas, o fallaban con tino, dando muestras de altísima rectitud moral.

Los periódicos... ¡Ah! ¿Los periódicos? Esos, esos no tuvieron queda la pluma, ni trabada la lengua, y, a fuer de informadores, soltaron la sin hueso.

El Siglo de León XIII habló poco, poquísimo, al fin de su florilegio semanal:

"Cuéntase por ahí —dijo textualmente— la fuga de una palomita, con un pichón de rico plumaje, con un palomo semiparisiense y semimexicano, en busca de los esplendores de las capitales europeas. La autoridad no ha conseguido dar con la pareja., la cual, acaso, a estas horas navega viento en popa en las aguas del Golfo. ¿Él? Vástago mayor de un banquero hijo de Pluviosilla, residente por muchos años en París, y al presente radicado en la ciudad de México. ¿Ella? Una muchacha de no feo rostro, lista, con grandes dotes para el teatro dramático, y muy aplaudida en un teatro casero".

Y agregaba:

"Y si, lector, dijeres ser comento
Como me lo contaron, te lo cuento".

El Contemporizador, no fue más discreto pero sí menos castizo. Decía:

"RAPTO. Tiene noticia la autoridad de que una joven llamada C. M. fue raptada hace dos días por un joven acaudalado, educado en París, y de nombre J. C., miembro de una familia muy conocida en Pluviosilla. Motivos poderosos, al alcance de muchos abonados, nos obliga a dar sólo las iniciales de los prófugos. La policía anda sobre la pista".

Los sueltos anteriores fueron leídos en todas partes, y en todas partes comentados. Una noticia publicada en *El Diario Comercial* de Veracruz vino a aumentar el fuego de la chismografía: la lista de los pasajeros salidos en el trasatlántico *Júpiter*. En ella había una línea que decía sencillamente:

"Juan Collantes y esposa".

LXXXII

Concha, antes de partir, escribió una carta que en estos términos decía:

"Mi adorada mamá:
Debo explicarte mi conducta, antes de embarcarme; pero, primeramente, he de implorar tu perdón; tu perdón que no habrás de negarme. Hay almas que nacieron para vivir unidas. La mía y la de Juan son de esas. Esto lo dice todo. He dejado a ustedes, pero su recuerdo vive en mi corazón e irá conmigo. Yo volveré. ¿Cuándo? ¡Cuando sea yo la esposa de Juan! Entonces, los que ahora me censuran (pues ya me imagino lo que de mí dirán al saber de mi salida inopinada) me disculparán y serán bondadosos. El dinero es el rey del mundo, y todo lo puede. La vida de Pluviosilla me era fastidiosa, y justo es que, ya que ahí no pude encontrar un buen partido, yo me lo haya buscado hasta hallarlo. A las tristezas de aquí sucederán las alegrías de París y de Europa... ¡Viajes!... Viajes en Italia... en España... Las corridas de toros en Madrid y en Sevilla... La Grande ópera, y sobre todo... las representaciones del Teatro Francés, mi sueño dorado. ¡Ya sé que diréis que Juan me abandonará cualquier día... ¿Eso?... ¡lo veremos!, porque yo tengo más talento que él, ¡vaya, más de aquello con lo cual se hacen los sermones! Yo sabré bien lo que debo hacer. El resultado será el que yo quiero, el que yo me propongo que sea; y ese será, y no otro. Esta es la situación, y no hay que engañarse; que a la larga, "a la fin y a la postre" (como sabe decir el P. Anticelli), yo he de triunfar, porque pueden mucho los ojos de una mujer. Comprendo que al leer entre lágrimas y sollozos esta carta, diréis que soy ligera y vacía de cascos; comprendo cómo me acusaréis, cómo diréis perrerías de mí. ¡Paciencia, mamá, paciencia, tías! Todo se arreglará, aunque para el arreglo tenga que pasar algún tiempo. Entonces, ni yo, ni ustedes, tendrán que lavar, que planchar ni que hacer la cocina; entonces... ¡adiós bastidor! ¡No más bordados! ¡No más romperse los pulmones, bordando cifras para quienes van a casarse, o para que las novias, a excusas de sus padres, obsequien a sus pretendientes. Entonces nos reuniremos... Y... ¡qué de comodidades, qué descanso, qué días tan alegres! ¡Nada de inquietarse, nada de afligirse, mamá! Ahora no hay que hacer caso de lo que digan. Y volveré a

Pluviosilla, y entonces daré recepciones y fiestas, y los que ahora murmuran de mí se tendrán por dichosos si los invito alguna vez."

A Óscar, al pobre Óscar, a quien ustedes no quieren, pero que es un excelente chico, mas no para mí ni para mis deseos y aspiraciones, que me perdone; que ya me olvidará y amará a otra.

Estoy contenta, muy contenta, porque soy dueña del porvenir. Pero si he de decir verdad, si he de decirla, en estos momentos siento que mis ojos se llenarían de lágrimas, al pensar en ustedes, en aquella casita nuestra, donde hemos pasado tantas dificultades, tantas pobrezas, ocultadas noblemente; donde hasta miserias y hambres hemos padecido; sí, se llenan de lágrimas mis ojos, y siento que se me anuda la garganta, y que la pluma se me escapa de las manos. Me ocurre decirle a Juan: "¡Vete, yo me vuelvo a mi casa!" Pero el paso está dado. ¡Valor! Y... ¡adiós! ¡Adiós, mamacita! ¡Adiós, mis buenas tías! ¡Adiós! A mi papá, si algún día va por allá, decidle que lo quiero, a pesar de que él tiene la culpa de todo, porque no me ha dado más que las siete letras de mi apellido; sí, que lo quiero; pero que no me acuse ni me recrimine, porque, al hacerlo, él se acusaría y recriminaría.

¡Perdón, madre mía! Lo merezco porque este papel está bañado con mis lágrimas. Lo escribo mientras Juan ha ido a la casa del consignatario. Mandaré esta carta al correo, antes de que él venga, o la echaré en el buzón que hay a la puerta del hotel. De París volveré a escribir y les daré mi dirección para que me contesten. Dentro de dos horas estaremos navegando. Al ver perderse en la remota lontananza el Citlaltépetl, les mandaré a ustedes en un beso mi último adiós. ¡Un beso, mamá! ¡Otro para mis tías! Perdónenme, perdonen a su

Conchita"

Al acabar de leer esta carta, aquellas buenas y sencillas mujeres se echaron a llorar. Se miraban las unas a las otras, y ninguna se atrevía a despegar los labios.

LXXXIII

—No —decía doña Dolores—, yo he de hablar con mi cuñado, para hacerle ver que si tiene derecho, acaso discutible para cobrarnos esa suma, no lo tiene para que le paguemos lo que generosamente nos facilitó, halagándonos con promesas, a fin de que viniésemos a México.

240

—¡Mamá! ¡Mamá! ¡No te conozco! —dijo Pablo, acercándose a la señora; la cual, contrariada y mohina, se quitaba los guantes presurosamente, sentada en el sofá—. ¡No te conozco, Lolita mía! —añadió en tono cariñoso.

—¡Pero, hijo!

—¡No hay pero que valga! Piensa que...

—¡En nada puedo pensar!

—¡Mamá...!

—¡Hijo mío!

—Mira, mamá linda: la dignidad nos ordena callar. ¿Fue favor? ¿Sí? Pues recibirle como tal. ¿Fue cálculo? Pues... ¡darse por no entendidos! Humilla horriblemente la idea de reclamar la plena satisfacción de una merced...

—¡Ni merced ni favor!

—Es cierto... ¿Qué pedimos nosotros? ¡Nada! Pues si nada pedimos, ¿a qué reclamar?... ¡Callemos, y haremos santamente!

—Sí; pero...

—¿Pero qué?

—Pues que...

—¡Pues nada! Hoy, lo mismo que siempre... sin darnos por entendidos de lo que pasa.

—¿Y los encajes?

—Como si fueran... percales...

—¿Y las niñas? ¿Y tus hermanas?...

—Mis hermanas, mientras yo viva, tienen estos brazos, y estas manos, y esta cabeza... que... ¡para algo sirve!

—¡Es cierto, hijo mío! Eres muy noble... ¡Como tu padre!

—Vea usted, mamá: no pienso... ni he pensado... Sí; lo he pensado... He pensado en casarme... Vea usted que allá en la tierruca, en el terruño, hay unos ojitos, ojazos, que... lo diré, lo diré... porque tengo que decirlo... unos ojos, mamita... que parecen dos soles; una carita risueña, en la cual resplandecen en celestial consorcio la pureza, la bondad, la dulzura y la alegría! Pues bien, pues bien, una niña de cuerpo esbelto, muy bien educadita, muy cariñosa con sus padres y con sus hermanos, muy piadosa (sin gazmoñerías) , con un rostro rociado de lunares, y con un alma tan grande y tan tierna... me tiene cautivo... y... por usted, por mi Margot, por mi Elena, hasta por ese tarambana de mi hermanito Ramón, no pienso en casamiento. Y... ¡Vea usted!, ¡sería yo tan feliz! ¡Tan feliz!

—¡Gracias, hijo mío! —exclamó, abrazándole la dama—. Estimo en cuanto vale tu abnegación. Nadie mejor que yo sabe cuánto merece esa niña; nadie la quiere más que yo, y no sólo porque te ama, sino porque... es una joyita, una perla... y ¡qué perla!

—Pues... ¡óigame usted, mamá!; óigame: no me casaré jamás... porque todos mis esfuerzos son para usted: todo mi trabajo para ustedes. ¿Qué he hecho locuras? ¡Pocas! ¿Qué he malgastado? ¡Poco! Y no se repetirá eso, no se repetirá, se lo aseguro a usted, mamá.

–¡Gracias, Pablo! Tu mamá te lo agradece. ¡Eres digno de tus padres!

El rostro del mancebo resplandeció de júbilo y de honorífica satisfacción. En él nobles anhelos y espontáneo arrepentimiento eran como dobles alas que le sublimaban y le remontaban al cielo.

—Óigame usted, mamá.

—Te escucho.

—¡Ni una palabra! ¡Decir a todo que sí... y se acabó! Necesitan ¡pedírmelo! Aquí estoy yo para eso, que yo sabré ingeniarme... Ante todo y sobre todo la dignidad y la justa estimación de sí mismo.

—¿Y el porvenir?

—Como el presente. Como el porvenir será mejor... ¡Aprobar todo!

—¡Tienes razón, Pablo; tienes razón!

Doña Dolores se rindió a la generosidad de su hijo.

—Usted no conoce a mi tío. ¡Yo, sí! ¡Como que le trato diariamente, en su trono; en su reino, en el reino del comercio, en el cual, como en el juego y en la mesa, se conoce a las personas! ¡Mi tío es de lo más raro!... ¡Qué carácter tan desigual y caprichoso! El otro día reclamó porque a un empleado le habían dado un duro para pagar un carruaje, y... poco después... ¡diez minutos después!, a solicitud de quien un rato antes no le era grato... mandó que le entregaran quinientos pesos... En cambio... duda y recela de mí...

En esos momentos entró Filomena, llevando la correspondencia que el cartero, "el buen amigo, el cartero" acababa de darle: tres cartas, y dos periódicos mal enfajillados: *El Siglo de León XIII* y *El Contemporizador*. Dos cartas eran para doña Dolores, y la otra para Margarita.

Distribuyólas Pablo, y mientras leían la señora y la señorita, desplegó uno de los papeles para enterarse de lo que pasaba en Pluviosilla, aunque bien sabía él cuán pocas noticias locales traían los tales periódicos. De pronto exclamó la joven:

—¡Jesús! ¡Me lo temía yo... me lo temía yo! ¡Así tenía que pasar! ¡Mamá! Oye... óyeme tú, Pablo.

El joven dejó el periódico y se dispuso a escuchar.

—Oigan lo que me dice Marta...

Y la blonda señorita leyó:

"Te vas a llenar de asombro al enterarte de lo que voy a decirte. Tu grande amiguita Concha Mijares"...

242

A la sazón llegó Elena.

Apoyándose en los muebles, iba en busca del sofá. Pablo le dio la mano y la llevó a un asiento que estaba cerca del suyo.

—Sigan leyendo... Sabré qué novedades hay en el terruño.. .

Margot prosiguió:

"Concha Mijares ha dado la gran campanada... Es el platillo de todas las conversaciones. Da pena oír lo que dicen de ella. Yo no quiero ya oír lo que cuentan. Figúrate tú que de la noche a la mañana desapareció de su casa... La buscaron por todas partes y no dieron con ella. Decían que se había ido con el novio, un tal Óscar, que está empleado en la Fábrica del Albano. No sé lo que el pobre dirá, pero puedes estar segura de que no debe saberle a rosas el incidente, tanto más, cuanto que, creyendo la familia de Concha, su mamá y sus tías, que con Óscar se había ido la tortolita, acusaron a éste, y estuvo preso tres o cuatro horas, hasta que se aclaró que el infeliz era inocente. Eso me han contado..."

—¡Vaya! —exclamó Pablo—. ¡Esta sí fue comedia de veras!... ¿Que dirá Arturo Sánchez que se bebía los vientos por su monologuista?

—Sigue leyendo, criatura... —dijo doña Dolores.

—"Eso me han contado, no tardó en saberse la verdad, porque Concha le escribió a su mamá una carta de Veracruz, antes de embarcarse con su elegante caballero, con tu primito Juan..."

—¿Con quién? —preguntó la ceguezuela.

—¡Con Juan! —respondió Pablo, repitiendo las palabras de Martita.

—¡Eso no es posible! —replicó Lena—. ¡Historias y chismes de Pluviosilla!

Margarita volvió los ojos hacia su hermana, y tras una rápida vacilación, siguió leyendo:

—Juan Collantes, quien, según dicen, estuvo aquí pocos días, de paso para Europa. Anduvieron en paseos, y alguno vio a Concha, sola con él, una mañana en la Sauceda, el mismo día en que la pareja emprendió el vuelo. Salieron de aquí en la noche, en tren especial. Arturo Sánchez le contó a mi hermano Pepe que cuando él fue a despedirse de tu primo, cuyo repentino viaje supo por casualidad en el hotel, vio en el vagón a una mujer, cuyo aspecto no le pareció desconocido, ¡qué desconocido había de serle! y que no era otra que nuestra amiga..."

Un grito de Elena interrumpió la lectura. La pobre ciega se había desmayado...

Entre los tres la llevaron a la pieza inmediata, y la acostaron en la cama de doña Dolores.

Disponíase Pablo a ir en busca de un médico cuando la joven volvió en sí. Al cuidado de ella se quedaron Margot y Filomena.

—¿Pues qué ha sucedido, niña Margot? –preguntó la fiel servidora.

—Yo te contaré... —contestóle en voz baja la blonda señorita.

LXXXIV

Mientras, en la sala, Pablo y doña Dolores hablaban del asunto.

—En mala hora se ha enamorado Lena de su primo.

—¡Ya se le pasará, mamá! Esto que hoy ha sabido servirá de muy eficaz remedio. Juan no volverá a México en muchos años. No le gusta esto; le fastidia, le exaspera.

—Mil veces le dijimos a Lena quién es Juan; mil veces le hicimos observar el poco valer de ese muchacho... pero ella, ¡en sus trece!

—Yo también, mamá, yo también le dije lo mismo... ¿Y qué hizo? ¡Disgustarse! ¡Buen rato me dio, porque, ya conoce usted el carácter de Lena! Dulce y apacible al parecer, tiene momentos en que envenena sus palabras...

—¡Ten compasión de ella, Pablo! Considera que es muy desgraciada... No era así de niña. ¡Qué mucho que la ceguera le haya amargado el carácter!

—Algo conseguimos... Si a tiempo no le hablamos a estas horas serían novios...

—Así lo creo, hijo mío.

—Yo, hace más de un mes, le hablé a Juan del asunto, y le dije terminantemente que dejara en paz a mi hermana... Le hice ver que tales amores serían una locura... Para casarse con una ciega, se necesita un heroísmo tal... ¡Juan es incapaz de una idea generosa!... No hay en él nada noble... Es un niño mimado, corrompido en París. Le conozco muy bien. ¡Vaya si le conozco!

—Entiendo que ni Juan, ni Carmen, ni María, ni Alfonso, saben lo acaecido. Callémonos, y... adelante.

La señora volvió a sus cartas, y Pablo a sus periódicos. Cartas y periódicos hablaban del rapto. Las Pradilla referían el caso más o menos como a Margot se lo contaba Marta. El P. Anticelli, decía únicamente: "Ya sabrás la burrada de Concepción Mijares... ¡Era de esperarse! ¡Dios ponga remedio! Que lo que ha pasado sirva de ejemplo a muchas madres y a muchas hijas".

Pablo leyó a doña Dolores los sueltos de los periódicos, y una y otro lamentaron el afán informador de la prensa, que no se detiene ni ante la vida privada con tal de dar noticias.

244

Vuelta en sí la ceguezuela, se echó a llorar, pero luego se quedó aletargada o dormida. Cubrióla Margot con una colcha, y se fue al comedor con Filomena, a la cual contó brevemente lo que habían sabido y lo que en concepto suyo había causado el desmayo de Elena.

—Si yo le dijera a usted, niña Margarita... —se atrevió a decir la criada.

—Si supiera yo... ¿qué?

—No. ¡Es mejor que no lo sepa usted!...

—Algo me ocultas que me hará mal... Dilo, que a todo estoy dispuesta...

—Y... bien visto, tiene usted razón... Si tarde o temprano ha de saberlo usted... sépalo desde ahora...

—¡Di, por Dios! —exclamó Margot sobresaltada.

—¿Pero no se afligirá ni se apenará?

—Habla, ¡por la virgen santísima!

—Pues... lo diré... —respondió Filomena dolorosamente resuelta— Elenita esta enamorada de don Juanito...

—Ya lo he comprendido... ¡No es nuevo para mí!...

—Y son novios...

—¿Cómo lo sabes?

—¿orque Elenita me lo ha dicho...

—¡No, eso no es verdad! Ni Juan le ha dicho nada, ni Elena le habría correspondido sin decírmelo antes...

—Pues son novios ...

—Lamento el noviazgo. Con lo que ha pasado... se acabaran esos amores... Juan no ha de regresar en muchos años.

—No, pero... —y la infeliz criada vacilaba— pero... hay algo muy grave, niña, muy grave... ármese usted de valor... para oírlo...

—¡Me asustas, mujer! —Exclamó Margot, abriendo sus grandes y hermosos ojos, asaltada por una idea horrible— ¡No me digas nada!

—Niña... —respondió Filomena con acento suplicante y doliente—, pero... ¡si es preciso que lo sepa usted!

Vaciló Margarita, y después de unos cuantos minutos de silencio decidida a oír lo que iban a decirle, murmuró con dulzura.

—Dímelo.

Y Filomena, en voz muy baja, casi en secreto, dijo al oído de la joven unas cuantas palabras...

Quedóse atónita Margot, como si le hubieran anunciado que segundos después iba a ser precipitada en un abismo sin fondo...

—¡Eso no puede ser ¡Eso no es cierto!...

—Sí, niña... ¡es cierto!

—Mujer... ¡tú te has vuelto loca!

—¡Ojalá, niña Margarita!

—¿Cómo lo sabes? —preguntó Margot, temblando de pies a cabeza, angustiada, próxima a sollozar, llenos de lágrimas los ojos.

—Lo sé... porque ella me dijo.

—¿Ella?

—Sí.

—¿Cuándo?

—La semana pasada... ¡Si yo le he escrito las cartas para ese señor, y yo misma las he llevado al correo!

Un relámpago de cólera cruzó por el rostro de la hermosa señorita, la cual dejó escapar con tono de severísima represión:

—¡Filomena!

—¡Niña! —murmuró dulcemente la criada—, ¿qué podía yo hacer?

Bañada en llanto siguió diciendo:

—¡Cómo he padecido desde que lo supe! Ese secreto me quema el alma, es como una víbora que se me ha enroscado en el corazón... ¡Cómo he llorado! Desde ese día no puedo dormir... Me he pasado las noches bañada en llanto... ¡Qué desgracia!

—¡Pobre de ti, Filomena! ¡Eres una santa! No digas nada. Yo hablare con Elena... y después... ¡Dios dirá!

Secóse los ojos, y se dirigió al teléfono. Llamó y pidió comunicación con la casa de su tío, y con el departamento de su primo.

—Alfonso... ¡Alfonso? ¿Eres tú?... Bien... ¡Cuánto me alegro!... Sí, porque necesito hablar contigo... ¿A qué horas?... Antes... a las tres... No... A las tres... ¿sin falta? Te lo ruego... Me urge hablar contigo... Te espero... ¡Adiós!

LXXXV

—¿Quién te ha dicho eso? —respondió la ceguezuela, erguida y con suprema altivez irritada.

—No hay para qué decirlo. Dime, ¿es verdad?

—¿Para qué deseas saberlo?...

—Para acudir en tu auxilio, Lena —contestó la joven dulcemente, oponiendo su ternura y bondad angelicales a la aspereza de su hermana.

—Nadie debía habértelo dicho.

—Han hecho bien en decírmelo...

—Filomena me ha traicionado...

—¡Filomena es un ángel, criatura! Eres injusta al hablar de ella así. No es tiempo ya de tratar de eso... Cuéntame todo...

—Es duro, muy duro, el tener que contártelo...

—Piensa que me lo cuentas, a mí, a mí, a tu hermana, a tu buena Margot.

Elena relató la triste historia, y al terminar, dijo:

—Lo demás... Que te lo diga una carta... Toma esta llave... Abre el ropero, y en una caja de guantes, en la caja que él me regaló, está la carta.

Precipitóse la joven, y con interés tormentoso leyó la carta de Juan. Guardóla y volviendo a la cama donde permanecía la ceguezuela, díjole indignada:

—¡Juan es un canalla! Debe volver... Yo haré que vuelva... y pronto.

—No volverá... —respondió la ciega.

—Pero...

—¡Que no vuelva jamás! Yo viviré con mi deshonra... Viviré para el ser que late en mi seno, Margot. ¡Líbreme Dios de ser su esposa! Ayer lo ansiaba, se lo pedía urgentemente... ¡Ahora no! ¡Es un villano, un canalla!... Tienes razón: un canalla.

—Te engaña la cólera... Le amas... Su destine es el tuyo. Yo hare que comprenda... Tú, Lena mía, sé dócil. Acaso todo esto pase inadvertido para mamá y para nuestros hermanos...

—¿Piensas que sería yo feliz, que pueda ser feliz al lado de Juan?... Desgracia por desgracia... prefiero la vergüenza de mi deshonra, a vivir a su lado. Juan no me ama, y no volverá... Así lo pienso desde que Filomena me leyó esa carta que acabas de ver... Y yo... ¡lo adoro!

Oyóse la voz de Alfonso que llegaba.

—¡Silencio, Lena! No te levantes... Estás delicada... Lenita mía... —agregó acariciándola— calma, calma, y mucha fe en Dios.

La hermosa señorita enjugó sus ojos, se arregló el cabello, y mirándose en el espejo del tocador, se pasó rápidamente por el rostro la borla de pluma.

—Quietecita, Elena... ¡Y pide a Dios que me ayude!

—¿Qué vas a hacer?

—¡Quietecita!... Muy quieta, muy quieta.

Y salió precipitadamente al corredor.

LXXXVI

—Ven acá... —dijo Margarita a su primo, tomándole una mano, y llevándole al sofá—, ¡ven acá! ¡Estoy muy triste! ¡Muy triste! ¡Muy afligida! Necesito de tu cariño y de tus consuelos...

Alfonso la contempló un instante, embelesado ante la ideal belleza de la blonda señorita.

—¿Tú has llorado, Margot?

—No... —contestó ésta, sonriendo dolorosamente.

—Sí; tú has llorado... Sabré la causa de ese lloro... Nunca miré en tu rostro una expresión tan angustiosa... ¿Qué te apena? Estás acongojada...

—No...

—Sí, alma mía.

—Siéntate aquí, a mi lado, y escúchame. Quiero que me escuches, pero con mucha atención, con mucho cariño, con toda tu bondad, con la infinita bondad de tu alma. Alfonso: ¡tú eres bueno!

—¿Bueno yo? ¿Antes? ¡Quién sabe! De lo que estoy cierto es de que voy siendo bueno, merced a ti, merced a tu amor... Deseo ser bueno, y serlo más y más cada día... porque tú eres buena... Margot: ¡eres un ángel!

—¡Galante está el señorito! —repuso la joven, en cuyos labios se dibujó una sonrisa de alegría, rápida y efímera, y en cuyos soberbios ojos centelleó un relámpago de satisfacción—. Eres bueno —siguió diciendo— y... yo quiero que lo seas más y más. No comprendo, que una mujer ame a quien sea malo. ¡Imposible! El amor es verdad, bondad y belleza. ¡Sólo Dios ama a quienes le ofenden! ¡Dios, que murió en la cruz por todos los pecadores! ¡Dios que se regocija más cuando entra en el cielo un culpable arrepentido que cuando llega un inocente! No puedo comprender que haya amor para un canalla. No merece ser amado quien no es capaz de amar. Un hombre malo no puede sentir amor... ¿Sabes lo que dijo Santa Teresa?

—No...

—Pues la Santa dijo que ¡si Satanás fuera capaz de amar, dejaría de ser quien es!... Pero... —agregó nerviosamente— ¡hablemos de otra cosa!

—¿Qué te apena alma mía? Nunca te he visto así... Padeces... Dícenmelo tus ojos... me lo revela tu semblante... Cuéntame tu pena.

—Voy a contártela... porque con tal objeto te llamé.

248

—Cuando me hablaste esta mañana, me dije: ¿qué me querrá Margot? Sí... porque es la primera vez que me llamas por teléfono...

—Temía yo molestarte...

—A tiempo me llamaste... En ese momento iba yo a salir...

—Bien, pues óyeme; pero, te lo pido con todas las fuerzas de mi alma, escúchame con mucho cariño, con suma paciencia.

—Con todo mi amor.

—¡Es tan triste; tan doloroso, y tan atroz lo que vas a saber... que... no sé cómo empezar!

—¿De qué se trata, alma mía? Me has puesto en desazón... ¿Se trata de la liquidación esa de mi padre con tu mamá?

—¡No! —replicó la joven con viveza—. ¿De dinero? ¡Quién piensa en eso! La liquidación está hecha y aceptada.

—Pues... entonces... ¿de qué?

—De algo gravísimo.

—¿Qué será ello?

—¿Tienes noticias de lo que Juan ha hecho en Pluviosilla?

—No.

—Pues lee en esos papeles que están ahí, a tu lado, en ese sillón... No —dijo interrumpiéndose—, ¿para que? Yo voy a decirte en pocas palabras lo que cuentan esos periódicos, y... lo que nos dicen de Pluviosilla personas verídicas y bien impuestas...

Alfonso interrogó a su prima con una mirada.

—Juan... se ha llevado a Concha Mijares. La fuga, el rapto, como dicen los periódicos, ha causado grandísimo escándalo.

—¡Juan es capaz de eso, y de mucho más!

—¡Vaya si lo es!

—¿Y eso es lo que te apena? Él es un calavera incorregible... Ella... ¡tú la conoces mejor que yo! ¡Peor para ellos!... Mi padre nada sabe... No es esta la primera locura de Juan... En Trouville y en Niza...

—¡No me cuentes asquerosidades, Alfonso!

—No, señorita mía... no las contaré...

—Yo soy quien las va a referir.

Cuando Margarita dijo esto tenía los ojos llenos de lágrimas, y trémula y afligida retorcía impaciente la borlilla de seda de un cojín. Alfonso, conmovido por el llanto de su prima, compadecido de la pena profunda que la atormentaba, sintió impulsos de acariciar aquella linda cabeza rubia, doblegada por el dolor, pero se contuvo, y limitóse a ofrecerle el pañuelo.

—Sí —dijo Margarita, como rompiendo interno diálogo—, yo las referiré... las referiré haciendo un esfuerzo supremo a la manera de quien se ve obligado a tocar un sapo repugnante, o a tomar un lienzo inmundo.

—¡No puedo comprenderte, Margot! —contestó Alfonso, inquieto y agitado por la urgencia de su curiosidad.

—¡Ojalá no me comprendieras!

Alfonso palideció sobrecogido de susto y asaltado por un presentimiento vago, pero atormentador.

—Habla... No acierto a adivinar lo que quieres que adivine.

—¿Observaste alguna vez la inclinación de tu hermano hacia mi hermana?

—Sí.

—¿Observaste también la predilección de Elena para Juan?

—Sí.

—¿Sí? Pues... bien...

—Te comprendo... que son novios y que las locuras de mi hermano han venido a malograr las esperanzas y las ilusiones de esa pobre niña, ¿no es eso?

—Algo más.

—¿Algo más? No te entiendo. ¿Qué más puede ser? No te comprendo...

—No quieres comprenderme, o mejor dicho, no puedes comprenderme...

Margarita se detuvo un instante, ahogando un sollozo.

Dominóse y dijo:

—No me entiendes, y... ¡Y yo no sé cómo decirte lo que a decirte voy!

—Margarita mía... —dijo Alfonso suplicante, tomando a la joven una mano— ¡Margarita mía... habla sin temor!

—La creciente palidez de tu rostro, lo inquieto de tu mirada, lo trémulo de tu voz me indican... que ya vas entendiéndome.

Y la joven retiró su mano de entre las manos de su amante.

—Me espanto de lo que estoy pensando...

—¡Sin duda has acertado ya! Y Juan se ha marchado, y al irse da un escándalo, contesta fríamente a los ruegos de Elena, le dice que volverá... y la infeliz ciega, mi pobre hermana... cuyo infortunio no tiene nombre, reunirá una deshonra a su desdicha... ¡la desventurada... no tendrá en sus dolores... ni el consuelo de verse en los ojos de su hijo!

Atónito el mancebo se puso en pie; pero a poco volvió a su asiento, se acomodó en él, se mesó el cabello, y abatido, sombrío, sin una palabra que acudiera a sus labios, fijó en el límpido cielo invernal, en el girón cerúleo que desde allí se descubría, una mirada de horrorosa desesperación. Margot sollozaba convulsamente.

Después de un largo rato de silencio Alfonso prorrumpió:

—¡Eso no tiene nombre!

—No lo tiene... —repuso Margarita, y continuó en tono más sereno—: Ni mamá ni mis hermanos saben nada... pero tendrán que saberlo... Hoy lo supe yo...

La joven refirió entonces lo acaecido esa mañana al tener noticia de la fuga de Concha Mijares, y cómo Filomena, en los últimos días piadosa depositaria de tal secreto, se lo había descubierto algunas horas antes.

—¿Qué haremos? —preguntó Alfonso después de escuchar el triste relato.

—¡Eso mismo me pregunto yo, Alfonso!

—La situación es atroz, Margarita mía.

—Sí que lo es.

—Si Juan estuviera aquí...

—¡Si Juan estuviera aquí! —exclamó Margot en un arranque de cólera—, si Juan estuviera aquí... Pablo se encargaría de arreglarlo todo!

Alfonso no contestó. La joven siguió diciendo:

—Ha huido como un cobarde, como un ladrón nocturno... ¡Qué tiempos estos! Es honrado, honradísimo, quien no se toma un centavo ajeno... Merece cárcel quien se hurta unos cuantos duros, una cartera, un reloj, o una joya... Y no hay presidios para quien roba el honor, para quien inunda alma y familia en océanos de hiel y de oprobio. Da asco el ir por esas calles... ¡Con cuántos bandidos, robadores de honras, no nos encontramos diariamente, a cada paso, en esas calles ruidosas, en esa brillante ciudad, en ese cenagal pestífero! ¡Y tenemos que saludarlos, que contestar a sus palabras, que darles la mano!... Y eso no es sólo aquí, ¡es en todas partes!... Dan asco la humanidad y la vida. No vale la pena la vida, si hemos de saber o de sospechar tales cosas... Juan ha huido como un ladrón... Un caballero debía...

—Seamos justos, Margot... Ese viaje lo dispuso y lo ordenó mi padre... No disculpo a mi hermano, antes, por lo contrario, me causa horror su proceder... pero él no pensaba en hacer ese viaje, que obedece, tal creo, a una operación mercantil.

—Acaso... Pero Juan no ha debido irse. Cuando se rueda así, tan miserablemente, por los abismos de la maldad, basta caer en tamaños pudrideros, sólo un canalla se queda y sigue revolviéndose en los fangos del fondo. El hombre de valer, el hombre de corazón hidalgo, el hombre bien nacido, el hombre de honor, se levanta y sube, sube, aunque al terminar el ascenso esté moribundo. ¿Tengo razón, o no la tengo? Respóndeme.

Alfonso contestó que sí, moviendo la cabeza.

—Y ahora, ¿qué nos falta ya? Nada. ¿Desgracias? ¡Hemos tenido tantas! Por algo se llevó Dios a nuestro padre. ¿Pobreza? La tenemos; pero la hemos llevado noblemente, y la sufrimos con alto decoro. Bajamos, no de la opulencia, pero sí de una buena posición y, entonces, como antes, supimos siempre conservar y seguir mereciendo la estimación y el respeto de todos. Ahora... ¿Qué nos queda? El recurso de ir a ocultar nuestra deshonra y nuestra vergüenza en el rincón de una aldea... Y eso será lo único que, tal vez, nos haga dignos de una sombra de respeto, de un sentimiento compasivo. Un retiro olvidado... será para nosotros la única ambición.

—¿Y si Juan vuelve, y vuelve pronto, y se casa con Elena?

—Entonces... entonces dirían las gentes que mi hermana soportaba el enredo ese... el lío... ¿no dicen así? ¿El lío? El lío de nuestra amiga Conchita Mijares. Y dirán más: que aquí, en esta casa honradísima, tuvo principio esa novela naturalista... que nosotros la vimos principiar, y hasta dirán que la favorecimos.

—¡Exageras, Margot!

—Me ocurre otra cosa: si tu hermano viniera, y como buen caballero se casara con Elena, ¿la haría feliz? Responde.

—¿Quién penetra en las sombras del porvenir?

—¡No la haría feliz! En Juan no hay alteza de carácter, ni sentido moral... ¡No he podido encontrar en ese espíritu ni un sentimiento noble, ni una idea generosa!...

—Ya te lo tengo dicho ...

—¡Infeliz Elena!

—Margarita mía: es preciso que Juan regrese... y cumpla con su deber... Hoy mismo impondré de todo a mis padres.

—Quienes se opondrán a esa boda...

—¿Por qué dices eso?

—Porque ese casamiento sería una locura...

—¡Pero para mi hermano!

—¡Tú puedes pensar así, pero yo no! No quiero ver triplicado el infortunio de Elena. Además... por otros motivos tus padres se opondrán a esa boda.

—¿Por cuáles?

—Mis tíos tolerarán, en último caso, que alguno de ustedes se case con una pobre... pero después de la falta de Elena, sí, falta (con dolor lo confieso) dirán y con justicia, que mi hermana no merece a Juan.

—El caso es excepcional.

—Sí lo es...

—Por lo mismo, hablaré con mis padres.

—Al venir a tu encuentro, al llamarte por teléfono esta mañana, para que supieras de este dramita íntimo, pensaba yo rogarte que me acompañaras a ver a mis tíos, para pedirles solemnemente, de rodillas si era preciso, que hicieran regresar a Juan y le obligaran a reparar su falta. Ahora pienso de otro modo. Lena sería muy desdichada al lado de Juan... ¡Eso es patente! ¿Un matrimonio? ¡Desgracia sobre desgracia! Además, Elena no lo pide, ni lo desea.

—¿Por qué?

—No le ama... —y Margarita se apresuró a enmendar su respuesta— Sí, sí le ama. ¡Esa es su única disculpa!, ¡le ama, pero... no le estima!...

—Hablaré con mis padres.

—Yo no haría tal.

—Es mi deber...

—Ciertamente.

—Ellos estarán de la parte nuestra.

—Acaso... pero, ¿qué se conseguiría?

—Que obliguemos a Juan a reparar su falta.

—Es decir... a aumentar la infelicidad de mi hermana... ¿Qué mujer podrá ser feliz al lado de Juan? ¡Ni Concha Mijares! Pues imagínate a una ciega al lado de ese hombre...

—¡Por la virgen santísima, Margot!

La blonda señorita quedó en silencio, doblando y desdoblando el pañuelo que Alfonso le había dado. El joven, cabizbajo y mudo contaba las flores del tapete, mientras en su cabeza se revolvían pensamientos encontrados. Al cabo de un largo rato de cavilación, dijo incorporándose en el asiento:

—Margarita mía: te amo con toda mi alma. En ti he encontrado un ángel redentor. De mí, del indiferente, del maleado por cien filosofías perversas y ponzoñosas; del entenebrecido por la flamante literatura, has hecho un hombre religioso, un creyente; de quien arrastró sus primeros años juveniles por los bulevares de París y de Viena, has hecho un hombre de altas y serenas aspiraciones; del cansado de la vida, del pesimista incipiente, hiciste un satisfecho de la existencia; de quien lloraba desengaños, hiciste un enamorado, dichoso y feliz, porque es dueño de tu corazón, de tu alma, de tu destino y de tu felicidad; del que desfallecía desencantado hiciste un mozo que sueña azules sueños... Te amo y me amas... Pues bien, pediré tu mano, y serás mi esposa... Esto, en lo cual pienso desde hace muchos días, vendrá a tiempo; y resolverá en parte la tremenda dificultad en que estamos... Nos casaremos, se casará Juan con Elena, y la tempestad habrá pasado. Mañana pediré tu mano.

—¡Jamás! —exclamó la blonda niña, irguiéndose con dignidad regia—. ¡Jamás! Juan ha abierto entre nosotros dos un abismo. Te amo, sí; te amo. No porque eres guapo e inteligente y rico... ¡Te amaría aunque fueses un mendigo! ¡Te amo porque eres bueno! ¡Te amo, te amaré siempre... hasta la hora de mi muerte... y después, mas allá, en el cielo! Pero no puedo ser tu esposa. El decoro me lo impide... Me lo veda la dignidad. La vida que te había consagrado tiene ya otro destino. Hace un momento, mientras tú callabas, y yo jugaba con este pañuelo, lo he resuelto.

—¿Un convento?

—¡No he nacido para monja!

—¿Qué destino es ese?

—¡Ser para ese niño infeliz una madre abnegada y cariñosa!

—¡Por Dios, Margarita! ¿No me amas?

—¡Con toda mi alma, con todas las energías de mi ser!

—¿Pues... entonces?

—¡No insistas! Esta noche (Dios me dará fortaleza) sabrán mi madre y mis hermanos lo que pasa. Me escucharán (siempre me escuchan y siguen mis consejos), y nos iremos de aquí, muy lejos de aquí, a ocultar nuestra desgracia y nuestra vergüenza.

—¡Margarita!... Me amas y no podrás olvidarme...

—No quiero olvidarte... Vivirás en mi corazón.

—Una súplica... No digas nada a los tuyos, mientras yo no hable con mis padres. Hoy no podré hacerlo, sino muy tarde... Papá está citado por el secretario de Hacienda... El empréstito ha sido cubierto en Londres... Tal vez Juan llegue tarde.

—¡Haz lo que quieras!

Quedose pensativa Margot. A poco dijo:

—Alfonso: Dios sabe cuánto te he querido y cómo te amo; Él sabe que te amaré siempre... Digámonos adiós.

—Margot... —suplicó el mancebo.

—Dicho y resuelto está. Mi dignidad de hermana y mi decoro de mujer que se complace en vivir por sobre los fangos de este mísero mundo, me apartan de ti. ¡Guárdeme Dios de que diera yo motivo para que alguien tuviera derecho a decir que yo tolero o disimulo lo que la sociedad ignora aún, y que tal vez no quede oculto! ¡Guárdeme el cielo de parecer que transijo con ciertas cosas!

—¡Margot!... —murmuró tímidamente Alfonso, rendido a la enérgica resolución de la joven.

—¡Digámonos adiós! Tu presencia en esta casa será mal vista en lo futuro... y nosotros no podemos evitarlo. Será mal vista... No por causa tuya, que eres acreedor a la mayor estimación... ¡Por causa de Juan! Se diría que el interés... se diría que nuestro rebajamiento moral... En fin, ¡no quiero hablar de eso! ¡Adiós, Alfonso! ¡Sé digno de tu alma nobilísima! Acaso te olvides de esta pobre mujer que tanto te quiere... ¡Se olvida con tanta facilidad en esta vida! Si algún día quieres casarte... busca para compañera de tu vida una joven que te quiera tanto como yo; que te quiera mucho, ¡porque como te amo yo, nadie te amará! ¡Elije una esposa merecedora de tu amor!

—¡Ten piedad de mí, Margarita!

Entonces la rubia doncella se levantó asió las manos de su primo, se las estrechó apasionadamente, y le bañó con una inmensa mirada de amor y de ternura. Después, bajos los ojos, el acento trémulo, díjole: ¡Adiós!

Lágrimas de fuego cayeron en las manos de Alfonso. Salió éste con el corazón hecho pedazos, pero iluminada el alma con la remota claridad de una dulce esperanza. Al salir de aquella casa, tal vez para siempre, pudo oír el desgarrador y congojoso llanto de Margarita.

En ese momento entró Elena en la sala. Margarita corrió a su encuentro, y las hermanas se abrazaron.

—¡Todo lo he oído! —exclamó la ciega—. Has hecho muy bien: lo que tu piensas... pienso yo... Comprendo tu sacrificio... ¡Perdóname, Margarita, perdóname!

La joven apartó los brazos que la sujetaban, y secándose los ojos, se dirigió al escritorio, y muy de prisa, con ansia febril, pero con el pulso firme y resuelto, escribió larguísima carta, en cuya cubierta puso:

Al R. P.
P. Anticelli, S. J. Iglesia de Santa Marta.
Pluviosilla.

LXXXVII

La escena fue larga y enojosa. Oyó don Juan a Alfonso, y dijo con ruda franqueza:

—Siempre creí que esa familia... fuera para nosotros causa de muy graves disgustos. Yo, Alfonso, entiéndelo, ni quito ni pongo rey... ¡Allá se las avengan! Algo así me esperaba yo, aunque no creí nunca que las cosas llegasen a tal punto. ¡Parece que la familia de mi Ramón está destinada a ser nuestra mala sombra!

—¡Preocupación tuya, papá!

—No, Alfonso; no es preocupación mía.

—Tiene razón tu padre, Alfonso. ¡Buenos ratos le dio tu tío! Y cuenta que Juan hizo por él cuanto pudo... Prueba de ello es la liquidación que acaba de hacer con Lola... ¡Y qué trabajo no ha costado el arreglo de la tal liquidación!

—Bien, mamá —replicó el joven—, pero ahora no se trata de eso... ¡se trata de que mi hermano se ha conducido mal; de que ha abusado de la confianza nuestra, y de la confianza de mi tía y de mis primos; de que ha robado el honor a una pobre muchacha, prima suya, buena y digna de mejor suerte!

—¡Buena, dices? ¡Los resultados lo comprueban!

—De cualquier manera, mamá... —repuso Alfonso respetuosamente— Juan no es inocente. ¿Quién tuvo razón, antes de ahora para hablar mal de Elena? ¡Bastante tenía la infeliz con su ceguera!

El banquero, repantigado en su asiento, fumando un habano, seguía atentamente la conversación.

—Confieso que Juan ha debido portarse de otro modo. ¡Pero quién nos asegura que el muchacho, cuya cabeza de chorlito es mi eterna pesadilla, no haya sido víctima de un plan bien fraguado, y que no haya caído en un lazo?

—Mamá... ¡por Dios!

—Desengáñate: el P. Grossi, que no sólo es un sabio y un santo, sino también un hombre de mundo...

—Y cuyo influjo puede ser fatal en esta casa... —interrumpió diciendo Alfonso.

—¡Por lo contrario, Alfonso! Me parece benéfico, muy benéfico, ¡muy benéfico!... Ustedes, tú, y tu hermano, no lo quieren, porque no les gusta nada que huela a iglesia. ¡Consecuencia de las ideas que trajeron de Suiza! ¡No sé yo cómo educan en esos colegios tan afamados! El P. Grossi me lo anunció un día. Me dijo que estuviese yo alerta. Me parece que estoy oyendo sus palabras... "Mi señora: cuide usted a esos muchachos... porque me parece que las primitas los quieren atrapar..." Y después me dijo, lo que ya sabía yo, que los enlaces entre parientes no son buenos; que traen mil... (no recuerdo que palabra usó) mil... perturbaciones, físicas y morales; que por eso han degenerado muchas dinastías; y me dijo que si yo no creía en eso, que lo consultara yo con el Dr. Mendizábal, o con el Dr. Lavista; que por ese motivo la Iglesia, en su portentosa sabiduría, es tan discreta en ese punto; que la ciencia ha venido a darle la razón a la Iglesia. Sí, sí, ¿quién es responsable de que Juan no haya caído en un lazo, hábilmente tendido?

—¿Qué motivos tiene usted para pensar así? —preguntó Alfonso contrariado, y más que contrariado, afligido.

—No los tengo... pero, ya me conoces, peco de maliciosa.

—Lo cual puede extraviar a cada rato el recto criterio de usted.

—Di lo que quieras... pero yo no olvido nunca aquello de... piensa mal y acertarás... ¿No eres novio de Margarita?

—Sí...

—¡Pues ya lo ves!... ¡Qué casualidad que las dos hermanas se hayan enamorado de los dos hermanos!

—¡Mamá!

—Cuando el dinero no abunda, hijo mío...

—¡Maldito dinero!

—Que sirve para todo...

—Hasta para que Juan cometa infamias... y llegue a París... no con una princesa rusa, sino con una princesa azteca.

—¡Ello es que sirve!

—¡Hasta para darlo a puñados al P. Grossi!

Y volviéndose a don Juan, díjole:

—Papá, ¿cree usted que mi hermano ha procedido bien?

—No.

—¿Cree usted que debe volver, y volver pronto a reparar esa falta?...

—Sí; pero... si conviene...

—¡Pues no ha de convenir!

—¡Ya has oído a tu mamá!

—Sí: tengo la creencia de que, desde que llegaron a México, se dijeron: "¡A casar a Margarita y a Elena con Alfonso y con Juan!"

—Mamá... ¡Margarita vale mucho!

—No lo dudo...

—¡Es un ángel!

—Que se quiere casar contigo.

—¡Ah! Mamá... ¡Si usted supiera!

—Cuéntame eso que quieres que yo sepa.

—Que Margarita con una energía y con una dignidad sublimes... hoy, hace unas cuantas horas, ha rehusado mi mano.

—Procedió cuerdamente... porque ni tu padre ni yo aprobaríamos tal casamiento... ¿no es cierto, Juan?

El banquero, alzó los hombros desdeñosamente.

—Sepa usted, mamá, que si Margarita aceptara mi mano, nada me detendría... ¡nada!

—¡Eres dueño de hacer lo que te plazca!... Pero no contarías con tu padre, ni conmigo... Ya lo he dicho: no aprobaré jamás enlaces entre parientes... Tú, Alfonso mío... tienes mejor destino...

Alfonso volvió los ojos hacia su padre que permanecía inmóvil.

—¡Bien!... No insisto. Margarita rehúsa mi mano con motivo de la infamia de Juan... Si éste cumpliera como caballero... acaso Margarita se rendiría a mis súplicas... ¡Papá! —dijo el joven en tono solemne— ¿No se cree usted obligado, en conciencia, a llamar a Juan para que se case con Elena?

Tardó en responder... Lanzó por fin una bocanada de humo, y dijo secamente:

—No.

—Esa familia tiene razón; esa familia... Dígame usted: si Pablo hubiese seducido a mi hermana María... (el ejemplo es horrible, ¿no es verdad?) ¿qué harían ustedes?

Ninguno contestó.

—¡Favor de responder, papá!...¡Mamá... responda usted!

Alfonso, abatido, sentóse impaciente en un sillón. Estaba pálido, y sus ojos brillaban como los de un loco...

—¡No sé lo que haría! —respondió fríamente el capitalista—. ¡No me había ocurrido semejante cosa! Un matrimonio dura toda la vida...

Entonces habló doña Carmen:

—¡Por María! ¡Por ella me opongo y me opondré siempre a ese casamiento! No quiero que esa niña inocente sepa lo que no debe saber... Nuestra tolerancia importaría un mal ejemplo que mi conciencia me impide dar, Juan... No permitas que mi hijo regrese... ¡Que se quede en Europa! Me es penoso vivir lejos de él... pero estoy dispuesta a ese sacrificio.

—No volverá —dijo secamente el banquero. ¡Cómo que para salvarle le hice marchar a Francia!

Quedóse Alfonso atónito: no sé qué muy negro, algo muy tenebroso, bajó de su cabeza hasta su corazón, , haciéndosele pedazos; algo que lastimaba en aquella alma sensible y delicada los más puros afectos: cierto desprecio por sus padres.

—Te autorizo... para que digas a tu tía... —terminó diciendo el banquero, tras breve pausa—, que lo sé todo; que no soy, como pudiera suponerlo un descastado; que señalo a Elena una pensión vitalicia...

Sintióse Alfonso abochornado, y pensó: "¿Y por qué no señalar otra pensión a Conchita Mijares?" Iba a decirlo, pero el respeto filial le hizo callar humildemente. Levantóse, se despidió, besó en la frente a sus padres, y subió a su departamento.

LXXXVIII

Cuando Alfonso subía la escalera, el camarero que le esperaba allí se apresuró a encender los focos de la habitación. Entró el mancebo, y el criado se acercó para ayudarle a desvestirse.

—¿Qué hora es? —preguntó el joven.

—Las doce —le contestó el mozo.

—Toma ... —dijo en voz baja Alfonso, entregándole sombrero, guantes y sobretodo—. Y... ¡vete!

El criado dejó a un lado, en el divancillo, cuanto había recibido; encendió la bujía de la mesa de noche; mulló los almohadones; arregló el edredón, sobre el cual se desbordaba el embozo de una sábana riquísima; puso en la cama la camisa de dormir, e iba a retirarse, cuando le ocurrió, atendiendo al mal humor de su amo, que debía insistir en que éste aceptara su auxilio para desvestirse. Acercóse el camarero, pero Alfonso, al verle cerca, despidióle bruscamente, repitiendo:

—¡Vete! ¡Vete!... Despiértame a las nueve.

Inclinóse respetuosamente el camarero, y se fue.

—¡No apagues! —gritóle el joven, a tiempo que se extinguían los focos eléctricos, dejando ver, por un instante, el rojo efímero de su alambre incandescente.

Regresó el criado.

—Decía usted...

—¡Que no apagaras!

Salió el camarero, y los focos volvieron a encenderse. Quitóse Juan la americana, el chaleco, la corbata y los puños, púsose el batín, y echóse a pasear a lo largo de las habitaciones, desde las alcobas hasta el saloncito. Ardíale la cabeza, y en su cerebro mil y mil pensamientos se agitaban y revolvían en formidables luchas. No se daba cuenta de lo que pensaba, ni de lo que deseaba pensar. La voluntad parecía como aniquilada en él. Nervioso, inquieto, febril, iba y venía, sin detenerse para nada, sin que pudiera serenarse, sin conseguir calma para su espíritu conturbado y dolorido. Deseaba silencio, y el ruido de los carruajes que pasaban le causaba impaciencia. A veces era el de un coche de sitio cuyos vidrios retemblaban horrorosamente; otras el solemne, uniforme y sordo de un tren rico, tirado por soberbio tronco, cuyas fuertes, poderosas pisadas, resonaban a compás en la calle solitaria. El reloj de "La Esmeralda" dio las doce... Otros relojes públicos las dieron también. Por fin hubo silencio... que pronto fue turbado por el vocear de un vendedor que pregonaba las últimas castañas... Impaciente y contrariado, detúvose Alfonso en el saloncito, encendió un cigarrillo y se sentó en el sofá. ¡Cómo le entristeció el suntuoso aspecto de aquella estancia, que iluminada por varios focos, velados por una pantalla de seda parecía de marfil! ¡Cómo se le vino a la memoria la esbelta y prócer figura de Margot, aquella mañana en que vino con Elena a visitar aquel departamento! "Aquí estuvo sentada —se decía Alfonso—, aquí posó sus plantas, encantada del gusto y de la elegante disposición del saloncito y del gabinete". Entonces todo sonreía, todo era amable, como el cielo de Niza en una mañana de primavera... ¡Cuán pronto se mudan las cosas! ¡Qué rápidamente se van los buenos y hermosos días, y qué pronto llegan las horas tristes y las tardes nubladas! Pero él... nunca había sufrido tanto, ni se había sentido atormentado por una pena tan honda. Bien recordaba él aquella tarde, cuando en Niza, viniendo en un faetón, de vuelta del Paseo de los Ingleses, supo de labios del barón de Kamienski (aquel pianista polonés, tan hábil y tan listo, y que tocaba tan lindas mazurcas) ,del casamiento de Ruth con el inglesito... Y... ¡ciertamente que sintió como si le hubieran clavado un dardo en mitad del pecho! Pero aquello... era otra cosa muy distinta de ésta... Aquellos amores fueron un delirio... una copa de vino de Champagne después de una batalla de flores... y nada más... Pero ahora... ¡perder a Margarita! ¡A Margarita, tan bella, tan dulce, tan inteligente, tan buena!... ¿Y por qué, por qué? ¡Por causa de Juan! ¿Por qué había de pagar él faltas de otro? Y quería encontrar en la conducta de Margarita algo digno de censura... ¿Era orgullosa, con ese orgullo que suelen tener los débiles, los pobres y los humildes, y que a veces raya en terrible insolencia; orgullo que los hace erguirse cuando se sienten heridos o lastimados por la superioridad social de la riqueza? No. ¿Era una comedianta que por primera vez representaba dramas tirantes y patéticos? No. ¿Sería cierto lo que mi madre piensa —se decía receloso—, que estos amores, los de Margot conmigo, y los de Juan con Elena, obedecen a un calculado plan? ¡No!... y apartó de sí, enérgicamente, aquella idea satánica, y al apartarla, le pareció ver la dulce y angelical figura de su blonda prima. ¡No! No!

Y levantóse, arrojó el cigarrillo en una escupidera cercana y volvió a pasearse por las habitaciones, como abrumado por un pensamiento que le oprimía el espíritu y le envenenaba el corazón.

—Mis padres —pensaba— no están en lo justo... ¡Qué idea tienen de la honradez!... ¡Y ese P. Grossi que aconseja cosas tales! ¿Qué le diré yo mañana a Margarita? ¡Esto de confesar que mis padres miran este asunto... como le miran... es atróz! Y si me dice... ¡no me lo dirá, no, pero tiene que pensarlo!, que mis padres... valen muy poco... ¿qué hare yo? ¡No! ¡Jamás!... Escribiré.

Fuese al gabinete, y escribió esta carta:

"Margarita:

No me esperes, porque no iré. Me falta valor para ello, y bien sabes cómo y cuánto te amo. Respeto tu resolución; pero en mí no muere la esperanza. Me amas, lo sé; me amas, y yo he puesto a tus plantas mi vida y mi alma. Día llegará en que, pasadas estas borrascas que así azotan mi dicha y entenebrecen mis sueños más hermosos, más puros y más nobles, serena tu alma y resignado tu corazón, vuelvas a aceptar un afecto que hoy se ve inmolado en aras de tu decoro y de tus sentimientos, cruda e infamemente heridos. ¡Tienes razón, mucha razón! Pero yo la tengo también para quejarme de mi fatal destino. Margarita mía: en mí no morirán ni el amor ni la esperanza. Tú me enseñaste a levantar mi espíritu a muy altas regiones, a esas regiones para las cuales me has llevado en alas de tu fe. Resignado pero triste, confiaré en Dios. Para estas luchas; para estos combates de la vida, tú me has dado fuerzas; tú has robustecido mi corazón. ¡Qué triste y dura es la vida! Pero yo me acuerdo de aquellas palabras de Mad Craven, escritas de tu mano en una tarjetita que llevo en mi cartera:

"La vida no puede ser nunca enteramente feliz, porque no es el cielo; ni enteramente desgraciada, porque no es más que el camino que al cielo nos conduce".

¡Gracias, Margarita mía!

Pasarán años y años, y viviré para amarte, y procuraré siempre ser digno de ti.

Alfonso"

En otro pliego escribió lo que sigue:

"Hablé con mis padres. Larga y penosa fue la conferencia. ¡A qué contarte pormenores! ¡Cómo he padecido! Mi padre me autoriza para decir a ustedes que Elena gozará, desde hoy, de una pensión vitalicia, ¡Yo he sido el primero en desaprobar este ofrecimiento!"

Al pie trazó una rúbrica.

Luego dobló la carta, plieguito a plieguito, la metió en un sobre, le pegó, púsole el sobrescrito, y tiró la pluma.

Falto de sueño, se tendió en el sofá y allí, luchando inútilmente, sin lograr unos cuantos minutos de reposo, revolviéndose a cada rato sobre los cojines, ansiando que amaneciera, pasó largas horas de insomnio penosísimo. Sintió frío, se levantó en busca de abrigo, trajo una manta zamorana, se envolvió en ella, y se acurrucó en una poltrona.

Rayaba la aurora. La campana de la Profesa llamaba a misa, y a misa llamaban las cien iglesias de la populosa ciudad, que, despierta ya, dejaba oír, desperezándose, sus mil ruidos y voces matinales: paso de coches, clamor de tranvías, el rodar pesado y torpe de las carretas trajinantes, silbidos de locomotoras...

—¡Ya es de día! —exclamó Alfonso, pensando que no había oído el toque de alba, tan solemne y majestuoso, en la soberbia catedral. Dejó la poltrona, y abrió el balcón, por el cual entraron en la estancia oleadas de aire fresco, y las claridades purpúreas de un espléndido crepúsculo. En ese instante se apagó la luz eléctrica. La bujía de la mesa de noche flameaba mortecina.

LXXXIX

A las seis de la tarde recibió Margarita la carta de su primo. Contestóla inmediatamente, y así decía:

"Te repito lo que ayer oíste de mis labios: te amo con toda mi alma; pero nuestra felicidad es un imposible. Bien sabe Dios que era tu cariño la realización de mis sueños. Estimo tu afecto y agradezco los propósitos nobilísimos de tu amor. Seré fiel a tu afecto y a tu memoria. Ellos serán para mí alivio y consuelo, el único rayo de alegría en mis horas de tristeza. ¿Me dices que en ti no ha muerto ni morirá la esperanza? ¿Quién penetra los arcanos de lo porvenir? ¿Quién adivina sus misterios? ¿Quién pudo pensar, hace pocos meses, cuando la dicha nos sonreía, que la maldad y la infamia vinieran a entenebrecer el cielo límpido de nuestro amor? ¿Te acuerdas de lo que conversábamos aquella tarde, en el balcón, cuando te di la tarjetita con las palabras de Mad Craven? ¡Qué de cosas me decía mi corazón, présago de infortunios! ¡Dichosa de mí si he conseguido que ames a la vida! ¡Dichosa mil veces, si he sabido despertar en tu alma tan nobles anhelos! Confiar y esperar. ¡Es tan breve la vida!"

Dos días después, a eso de las nueve, trajo el cartero varias cartas: dos para Pablo, en las cuales varios amigos de Pluviosilla le hablaban de la fuga de Concha, otra de las Pradillas para doña Dolores, quienes le hacían varios encargos: telas, y una medicina; otra del P. Anticelli, para Margot.

Tomó esta su carta, y se fue al jardincito. Allí, cerca de una tapia, bajo las enredaderas polvorosas, sentada en el banco rústico, se impuso la joven de la letra jesuíta.

"Apresúrome, conforme a tus deseos, a contestar tu carta. ¡Sea todo por Dios, hijita mía! Te compadezco con toda mi alma, y te he encomendado vivamente al Sagrado

Corazón de Jesús, que es fuente inexhausta de fortaleza y de consuelo. Dios, en sus altos designios, acaso en su infinita y misteriosa misericordia, prueba así a sus elegidos, y depura y acrisola las almas al fuego del dolor... Sepamos darnos cuenta de que no se mueve la hoja del árbol sin la divina voluntad.

Todo esto que me cuentas me lo temía yo, y recuerda las insinuaciones que yo hice a Dolores el día que vinieron ustedes a decirme adiós. No sólo insinuaciones, sino recomendaciones también. En alguna de mis cartas volvía a tratar del asunto.

A tu consulta debo contestar: que el caso es gravísimo y que Elena es quien debe resolverle atenta a las circunstancias, y de acuerdo con los preceptos divinos. Ella, ella, es quien debe decidir. Ciertamente que la felicidad de ese matrimonio no es probable. Oigan humildemente la opinión de Dolores, y después decidan, pero sin vacilaciones ni debilidades, con brío y fortaleza de buenos católicos. Es cosa imposible, así me lo parece (y tú palparás las dificultades) ocultar a Dolores tamaña desgracia. Opino que, con prudencia y tino, cosas que a ti no te faltan, debes enterarla de todo. Cuida de que Pablo, que es algo belicoso, no haga tonterías.

Pon el asunto en manos de Nuestro Señor, e implora la intercesión de la santísima virgen. Ellos acudirán en auxilio vuestro si los invocáis con un corazón sincero, libre de odio y de rencores. Perdónanos nuestras deudas, así como nosotros perdonamos a nuestros deudores.

Sea cual fuere el resultado, no dejéis de ser dignos, y compasivos, y piadosos, con la cieguita, a quien saludarás de parte mía muy cariñosamente.

Saluda también a Dolores y a tus hermanos.

A tus oraciones encomienda este pobre anciano que pronto comparecerá ante el supremo tribunal de Dios.

P. Anticelli S. J."

XC

Margarita se pasó la noche meditando en lo que debía hacer al siguiente día.

¿Cómo preparar el ánimo de doña Dolores? ¿Qué haría para serenar el de Pablo, que era de tan irascible carácter? La señora recibiría la tremenda noticia con entereza, como que le sobraban en casos supremos aplomo y energía... ¡Pero... después! Aquella desgracia iba a quebrantar su salud, hasta entonces completa, y pena tan honda, más tarde o más temprano le costaría la vida. Pablo, de ordinario blando y sereno, tenía en ciertos momentos unos arranques de cólera que causaban miedo. Por eso Margarita no le contrariaba nunca, ni le exasperaba, lo cual siempre le dio magníficos resultados. Así lo hizo, meses antes, para separarle de la mala compañía de Juan, que le iba siendo nociva, más que nociva, perniciosa. Ella, con dulzura y cariño, conseguía todo de sus hermanos. Ramón era caprichoso, pero no persistía en sus caprichos. Pablo era arrebatado, pero no contrariándole, a poco, tan luego como reflexionaba un punto, parecía miel. Y aquello no podía ser diferido, ni era conveniente dejarlo para más tarde. ¿Qué se conseguiría con ello? ¡Nada! Días más, días menos... llegaría el momento de decirlo todo, pues, como decía el cariñoso P. Anticelli, no sería posible ocultarlo a doña Dolores. Además: Elena necesitaba de cuidados ... ¿Dejarlo para más tarde? Había en hacerlo mil peligros... "Y yo necesito del auxilio de Pablo —pensaba Margarita—, porque sin él no podría yo hacer nada..."

La blonda señorita daba vueltas en su lecho presa de insomnio, oyendo la respiración tranquila e igual de Elena, que dormía en el otro lado de la alcoba...

Margot suspiraba por el nuevo día... ¡Cuántas veces no volvió sus ojos hacia la cerrada ventana para descubrir las vislumbres de la claridad matutina en las hendeduras de la puerta, ansiando por los rumores matutinos y por la luz del sol, tan gratos y consoladores a quienes sufren o padecen! ¡Qué lento iba el tiempo! Lamentaba la joven la pereza de las horas... más no tardaba en desear que aquella noche fuese eterna; como si por ello cesaran o desaparecieran la aflicción y el pesar. La mente fatigada de Margarita, aquel pensamiento suyo tan agitado desde hacía varios días, huía de las causas que le tenían en brega, e iba a refugiarse en dulces memorias, en los prados serenos de los recuerdos gratos, al borde de las aguas límpidas y gárrulas de los felices días... Margarita, volviendo hacia otros tiempos, repasaba cosas y escenas de su niñez... y la imagen de don Ramón se le aparecía risueña y afable, cariñosa y complaciente, obsequiosa y tierna. ¡Era tan bueno aquel padre!, ¡amaba tanto a los suyos! la vida habría dado él por evitarles el menor disgusto! ¡Quería tanto a Elena, tanto, particularmente desde que cegó la pobre niña! ¡Qué dolor tan grande para él, si viviera y llegara a enterarse de aquel infortunio, de aquella deshonra; si supiese de aquella mancha caída en un nombre tan limpio!

Ardíanle las sienes a Margarita, y a cada rato volvía las almohadas, en busca de la frescura que se prometía hallar en los lienzos... Hallaba consuelo, y entonces pensaba en Alfonso, en el inteligente y buen muchacho que tanto la quería, a cuyo lado habría sido ella tan feliz. Sí, sí, porque eran dos almas gemelas, idénticas, criadas la una para la otra.

Por fin sueño piadoso vino a adormecerla...

Muy tempranito estaba en pie. Se vistió y se dispuso para ir a misa. Antes de salir, sin acabar de componerse el manto, entró en la alcoba de sus hermanos y llamó a Pablo. El mozo se despertó impaciente y contrariado.

—¿Qué quieres? —contestó desperezándose y revolviéndose entre las ropas.

—Me voy a misa...

— ¡Óyela por mí!

—Me voy a misa... Levántate y ve a buscarme a la Parroquia... Necesito hablar contigo largamente... pero no aquí... Donde estemos solos, donde nadie pueda escucharnos.

—¿De qué se trata?

—¡Ya lo sabrás!

Y mientras la joven salía, Pablo se incorporó sobre las almohadas, hizo un esfuerzo y se sentó al borde de la cama.

Cuando terminó la misa, ya estaba Pablo en espera de su hermana.

—Vamos —dijo esta, apoyándose en el brazo de Pablo— vamos a la Alameda... Allí hablaremos... Es muy grave lo que vas a oír...

Margarita se mostraba serena, tranquila, en cierto modo indiferente al asunto, como alardeando de entereza.

Fresco vientecillo movía las copas de los fresnos, y en toda la arboleda los gorriones regocijados cantaban la plácida sinfonía primaveral. El aire olía a rosas.

Quien hubiera seguido de cerca a los hermanos, habría podido darse cuenta, por los movimientos del mancebo, de la impresión que le causaban las palabras de Margot. Primero de curiosidad vivamente azuzada; luego de sorpresa cuando levantó las manos, abiertas las palmas; en seguida de espanto cuando las dejó caer; de cólera cuando se echó el sombrero hacia arriba; de rabia, al dar un paso atrás, cerrando los puños, como si tuviera sendos revólveres; de impotencia cuando crispando los dedos torció los brazos... y, por último, de preocupación, de pena, de profundo y cruel dolor, o de impotencia desesperante, cuando buscó un asiento a la vera de la calle menos transitada.

Margarita se mostraba impasible, estoica, minuciosa al referir el drama. ¡Qué dulzura, qué cariño! ¡Cuántas veces posó su manecita enguantada en el hombro de Pablo! ¡Cuántas veces le acarició el rostro con cariño de madre mimosilla!

Hablaron allí durante dos horas. Algo preguntó la joven con insistencia definitiva, porque Pablo se levantó haciendo una señal de asentimiento, y ambos tomaron el camino de su casa...

Los esperaban para desayunarse. Ramoncillo, listo para irse a la escuela, había dejado encima de la silla el libro y el sombrero; doña Dolores, sentada a la mesa, charlaba con el chico risueña y afable; Elena permanecía en su alcoba. Había pretextado tener sueño.

—¡Déjenla dormir! ¡Pobrecilla! —dijo la madre.

El desayuno fue triste. Nadie hablaba. Margarita procuraba animar a todos, pero le era imposible tejer conversación. Pablo a duras penas pasaba bocado.

Cuando doña Dolores acabó de desayunarse, Pablo consultó su muestra y dirigiéndose a su hermano, díjole, dando un castañetazo:

—Te quedan tres minutos para tomar el tranvía... ¡largo! ¡A la escuela!

El mocito se levantó, respetuoso como siempre a las órdenes de su hermano, se despidió de Margarita y de Pablo, besó a doña Dolores en la frente, y se fue.

—Mamá —dijo Pablo, en tono zalamero y acariciador—, vamos a la sala. Margarita y yo tenemos que decirte unas cositas...

Y acariciando a la dama, llevóla por el corredor. Desde allí gritó con acento afectuoso:

—Margot... ¡te esperamos!

—¡Voy allá! —respondió la blonda señorita.

—Filomena —dijo esta a la criada, en tono urgente—, llegó el momento temido. Vete al lado de Lena... No te separes de allí, y no la dejes ir a la sala.

XCI

—Y bien —exclamó la señora, trémula, y bañada en llanto, mirando angustiada a sus hijos—, esto acabará con mi vida por mucha que sea la fortaleza que Dios me dé para sobrellevar este infortunio. Tras de la pobreza (acaso la miseria)... vino... la deshonra.

—¡Calma, madre mía! ¡Esto no tiene remedio! Si la voluntad de Elena es esa... callemos. Callemos nuestra desgracia. ¿Aceptar dinero? ¡Jamás! ¡Antes me volaba yo el cráneo! Hoy mismo recogeré en el despacho papeles y documentos que allí tengo, escribiré a mi tío, dándole... las gracias... Cuanto a Juan... ¡algún día volverá! ¡Si me fuera posible ir a buscarle! Nos iremos de aquí a donde convenga, y cuando sea oportuno. Las gentes honradas y laboriosas no se mueren de hambre... Nos iremos de aquí para que nadie sospeche lo que ha pasado, y seremos con Elena dulces, compasivos y piadosos. Que ni una palabra, ni una queja de nosotros le recuerde su falta, y la deshonra de su nombre.

—¿Y con ese niño, o niña, lo que sea? —preguntó doña Dolores, ahogando un sollozo.

—¿Separarle de Elena? ¿Separarle de nosotros? ¡Jamás! —exclamó Margarita, presa de convulsa agitación.

—¡Nunca! —añadió Pablo imperiosamente.

—¡Pobre criatura! —sollozó la dama—. ¡No en mis días! Será la única alegría de mi vejez. Pero... ¿qué diremos, cuando alguien pregunte de quién es ese niño?

Nadie respondió. Margarita y Pablo se vieron atónitos, sin saber ni qué decir ni qué pensar.

En ese instante se abrió la puerta de la pieza contigua, y apareció Filomena.

Todos levantaron la cabeza, y la miraron como para decirle, severamente, que su presencia era inoportuna en tal sitio y en aquel momento.

La criada se acercó tímida y sonrojada: se adelantó hacia el joven, y con repentina resolución, dijo:

—¡Perdónenme el atrevimiento!... ¡Dispénseme usted, niño Pablo! Si preguntan de quién es el niño... ¡Pues... digan que es de usted... y mío!

Índice